# 과잉에 관하여

De surcroît

**De surcroît : Études sur les phénomènes saturés**

by Jean-Luc Marion

«Quadrige», 2010

Copyright © Presses Universitaire de France/Humensis, Paris, 2001

Korean Translation Copyright © Greenbee Publishing Co., 2020

All rights reserved.

This Korean edition was published by arrangement with Humensis through Shinwon Agency Co., Seoul.

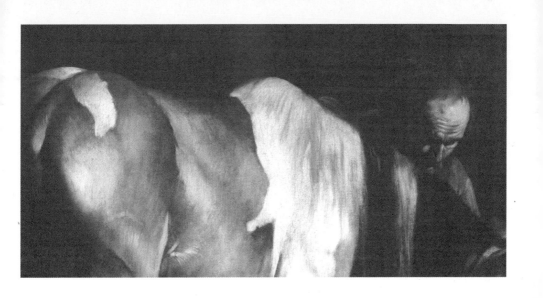

# 과잉에 관하여:

### 포화된 현상에 관한 연구

장 뤽 마리옹 지음 | 김동규 옮김

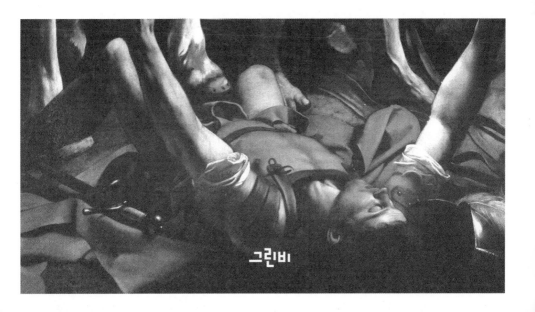

그린비

**일러두기**

1 이 책은 Jean-Luc Marion, *De surcroît: Études sur les phénomènes saturés*, Paris: Presses Universitaires de France, 2001을 저본으로 삼아 우리말로 옮기고, 2010년 같은 출판사에서 나온 '카드리주판'의 수정 및 추가된 내용을 모두 반영하였다.

2 각주 중 옮긴이 주는 별표(*)를 써서 구분하였고, 내용에 덧붙인 경우에는 '—옮긴이'로 표시하였다.

3 독자의 이해를 돕기 위해 원서에서 저자가 프랑스어로 번역하지 않고 직접 인용한 그리스어 원문 등을 우리말로 번역하였다. 또한 원문을 제시한 저자의 의도를 살려, 우리말 번역과 원문을 함께 실었다.

4 단행본과 성서의 편명은 겹낫표(『 』)를, 단편과 논문, 그림과 강연 제목은 홑낫표(「 」)를 써서 표기하였다.

5 외국 인명이나 지명은 국립국어원의 '외래어 표기법'을 따르되, 표기 원칙이 정해지지 않은 것은 일반적으로 통용되고 있거나 굳어진 표현을 사용하였다.

# 소개의 말[*]

현상들은 언제나 의미를 지닌 직관의 현상들에서의, 심지어 더 흔하게는, 직관의 한 결여를 지닌 그 현상들에서의 고요한 충전adéquation을 따라 나타나는가? 혹은 어떤 것 —— 포화된 현상 —— 은 우리가 현상들에 부과하고 싶어 하는 모든 개념이나 의미작용에서의 직관의 억제할 수 없는 과잉surcroît 덕분에 나타나는 것은 아닌가?

이 물음은 (『환원과 주어짐: 후설, 하이데거, 그리고 현상학에 관한 연구』Réduction et donation: Recherches sur Husserl, Heidegger et la phénoménologie, 1989에 등장한) "환원만큼, 바로 그만큼의 주어짐Autant de réduction, autant de donation"이라는 원리에서 야기되었고, (『주어진 것: 주어짐의 현상학에 관한 시론』Étant donné: Essai d'une phénoménologie de la donation, 1997에서는) 주어진 것과 보여지는 것을 펼쳐냄으로써 주어짐을 해방시키는 문

---

[*] '소개의 말'은 2010년 〈카드리주판〉의 뒤표지에 실린 저자의 글이다.

제로 이어진다.

　　이러한 것들을 되풀이하여 획득한, 포화된 현상들의 네 가지 유형 각각을 그 자체로 연구하는 일이 남아있다. 사건(양을 따라 포화된 것), 우상 또는 그림(성질을 따라 포화된 것), 살(관계를 따라 포화된 것), 그리고 마지막으로 아이콘 또는 타인의 얼굴(양태를 따라 포화된 것)이다. 다음으로 연구할 것은 이 네 유형의 결합이다. 이는 우리의 최고 수준의 역설들의 역설을 지닌 포화된 현상 — 계시 현상 — 을 주제화해야만 비로소 사유할 수 있다. 이 경우 문제는 (자크 데리다Jacques Derrida의 유익한 비판에 반대하며) 신비신학의 세 가지 계기(긍정, 부정, 과장)를 예시적인 포화된 현상의 성취로서만이 아니라 모든 초과의 현상성의 반복으로 이해하는 것이다.

　　왜냐하면, 과잉과 관련해서, 그것은 자신을 보여주는 주어진 것의 초과에 관한 문제이자 초과를 새롭게 해명하는 문제이기 때문이다.

J. -L. M.

# 〈카드리주판〉 머리말

이 책의 초판과 『환원과 주어짐』 및 『주어진 것』으로 종결되는 3부작이 나온 지 10년이 지났지만 이 책이 지지하는 논지들 가운데 수정할 것은 딱히 없다. 다만 몇 가지 언급만큼은 꼭 덧붙여야겠다. 첫째, 포화된 현상은 예외적인 사례가 아니고, 그렇기에 주변적인 현상성도 아니며, 정반대로 그 평범성이 곧 다수성이란 결과를 낳는다(나는 나의 다른 책 마지막 장에서 이 논지를 발전시킨 적이 있다. 『보이는 것과 계시된 것』 *Le Visible et le Révélé*, Paris: Les éditions du Cerf, 2005). 이 경우 개념이나 의미의 결여(또는 더 정확히 말해 직관의 초과에 직면하면서 일어나는 개념이나 의미의 무한정한 증대)로 특징지어지는 포화된 현상은, 어떤 경우, 원리상 비-지식의 정립에 이를 수도 있다(『부정적 확실성』*Certitudes Négatives*, Paris: Grasset & Fasquelle, 2010).

태양 아래에는 형이상학 너머의 더 많은 현상들이 있고, 심지어 초월적 현상학도 그 현상들을 나타나게 할 수 있다.

# 머리말

여기서 다루는 것은 과잉surcroît ──개념에 대한 직관의 초과l'excès, 포화된 현상의 초과와 규범을 넘어선 포화된 현상의 주어짐의 초과 ──에 관한, 곧 재차 거듭되는 과잉에 관한 문제이다.[1]

무엇보다도 이 책은 과잉을 다룬다. 현상은 언제나 하나 또는 여러 의미를 갖는 직관의 고요한 충전을 따라 나타나는가 아니면 직관에 대한 충전으로부터 측정되는 하나의 결여에 의거해서 나타나는가? 그렇지 않다면, 그 현상들 가운데 어떤 것들 ──역설들── 은 우리가 그 역설들에 할당하고자 하는 모든 개념과 의미에 대한 직관의 환원 불가능한 과잉 덕분에(도 불구하고) 나타나는 것이지 않은가? 암시적인 것에 불과하지만, 이러한 물음은 여기서 주어짐의 우위성 문제로부터 출발

---

1) 에밀 리트레: "Surcroît: *s.m.* 1. 어떤 것에 더해짐. 힘, 수, 성질의 증가 […] 3. De surcroît: *loc. adv.* 게다가, 덤으로(en plus)" (*Dictionnaire de la langue française*, ed. Émile Littré, Paris, 1875, t. 4, p. 2096).

하여 현상학적 기획 전체를 철저하게 다시 파악해보려고 하는 우리의
연구가 시행된 이래로 불가피하게 형성된 문제였다.[2] 이런 점에서 "환
원만큼, 바로 그만큼의 주어짐"이라는 원리를 획득했을 때 포화된 현
상에 대한 물음은 명시적인 것이 될 수 있었고, 실제로 그런 일은 상당
히 신속하게 일어났다.[3] 그런데 의미작용 및 개념상에서의 직관의 초
과는, 우리의 결정적 시각에서 볼 때, 범례적으로 성취되는 주어짐을
따라서만 그 의미가 전부 포착될 수가 있다. 다시 말해, 주어진 것étant
donné은 자신se을 주는 것과 자신을 보여주는 것 사이의 관계를 가능한
엄밀하게 알려준다.[4] 그럼에도 불구하고 『주어진 것』은 여전히 네 가
지 포화된 현상(23절)과 계시Révélation라는 가장 탁월한par excellence 포
화된 현상(24절)에 관해서 매우 막연한 관점을 제공해줄 따름이다. 따
라서 좋은 기회가 있을 때, 체계적으로 이 문제를 기술하여 다시 파악
해보는 것이 좋겠다고 생각했다. 더 나아가 다양한 형태로 과잉의 문
제를 더 깊이 다루는 것은 필수적인 과제였다.

　　이 과잉의 사례는 『주어진 것』이라는 책에서 제시된 논지를 따라
야기된 설명과 해명의 요청으로 말미암아 우리에게 부여된 것이다. 이

---

2) Jean-Luc Marion, *Réduction et donation: Recherches sur Husserl, Heidegger et la
phénoménologie*, Paris: Presses Universitaires de France, 1989.

3) "Le phénomène saturé", ed. Jean-François Courtine, *Phénoménologie et théologie*, (장-
루이 크레티앙Jean-Louis Chrétien, 미셸 앙리, 그리고 폴 리쾨르와의 공동저술), Paris: Critérion,
1992. 이 첫 번째 논고는 여전히 포화된 현상의 네 가지 유형에 있어서, 아이콘과 계시를 혼동
하고 있다. 아이콘과 계시는 그것들이 갖는 현상학적 지위의 불가분의 차이와 더불어, 1997년
에 가서야 비로소 구별된다. p. 33과 pp.133 이하를 보라.

4) Marion, *Étant donné: Essai d'une phénoménologie de la donation*, Paris: Presses
Universitaires de France, 1997. 나는 명백한 인쇄상의 오류가 교정된 1998년 판본을 인용
할 것이다.

책에 담긴 연구는 호의를 담아 전개된 매우 탁월한 수준의 학술적 질문에 응답하기 위해 선별된 것이다.[5] 그렇다고 해서 본 연구가 별다른 준비 없이 고안된 것은 아니다. 정확하게는 『주어진 것』의 출간 이후, 그들이 나에게 보여준 명증성이 항상 희미하게 보인 것은 아니었기 때문에, 이 기획은 다음과 같은 단순하고 명석한 방식으로 예상되는 문제를 중재할 수 있을 정도의 수준에서 신속하게 고안되었다. 먼저 모든 현상성에서 주어짐이 우위성을 갖는다는 논지를 반복하고(1장), 포화된 현상의 네 가지 유형을 각기 더욱 정확하게 개괄한다(2~5장). 마지막으로 6장에서는 계시라는 한층 더 대표적인 포화된 현상의 가능성을 확증하는 일을 시도한다.

우리는 이 작업을 통해서 포화된 현상이라는 개념 자체를 더 명확하게 나타내고 현상학에서 이 개념을 수용할 수 있는 정도의 충분한 신뢰가 형성되기를 바랄 뿐만 아니라 이 책 『과잉에 관하여』를 통해, 『환원과 주어짐』에서 시작하여 『주어진 것』으로 이어진 이 3부작의 결론이 내려지길 바란다. 이런 점에서 본 작업은 지난 작품에 쏟아진 관심이 다시 주어짐 자체로 돌아가게끔 하는 데서 시작된다 ─ 정의상 이것은 끝이 없는 작업인데, 왜냐하면 이 일은 "[…] 결코 맞바꿀 수 없

---

5) 나는 여기서 파리가톨릭대학교와 P. 필리프 카펠(P. Philippe Capelle)에게, 로마 라 사피엔차 대학교와 마르코 M. 올리베티(Marco M. Olivetti) 교수에게, 독일현상학회와 루돌프 베르넷(Rudolf Bernet) 교수에게, 하버드대학교 신학대학원과 로널드 티만(Ronald F. Thiemann) 교수에게, 빌라노바대학교와 존 D. 카푸토(John D. Caputo) 교수에게, 그리고 라발대학교와 장-마크 나르본(Jean-Marc Narbonne) 교수, 테오 드 코닝크(T. de Koninck) 교수에게 감사의 뜻을 표한다.

는 금 조각"[6](앙리 베르그손) 같은 것이기 때문이다. 그래서 우리는 과잉을 원한다.

---

6) Henri Bergson, *La pensée et le Mouvant*, in *Œuvres*, ed. A. Robinet, Paris: Presses Universitaires de France, 1959, p. 1395.

# 차례

# 과잉에 관하여:

## 포화된 현상에 관한 연구

# 1장
# 주어짐의 현상학과 제일철학

## 1. 철학에서 우위성이라는 것에 관해

시대에 뒤처진 것일지는 모르나, '제일철학philosophie première'이라는
것은, 상징적인 것이면서도, 바로 그만큼 현실적인 것이며, 논쟁과 격
동으로 가득 찬 주제이다. 또한 '제일철학'에 대한 요구가 생긴 이래,
제일철학의 정체성 및 제일철학의 수립을 결의하는 문제가 마치 취사
선택의 문제 내지 철학의 주변부로 밀려난 문제로 간주되지 않았다는
점은 그리 놀라운 일이 아니다. 사실상, 철학은 단지 유용한 것에 지나
지 않는, 곧 어떤 학문에 의해서, 또는 만일 그것이 학문의 역할에 대한
주장을 한다면, 어떤 다른 학문에 의해서도 대체될 수 없는 것처럼 보
이는, 그런 단순한 가능한 지식으로만 남아있을 뿐이다. 그런데 현대
의 학문이 여전히 철학에 최소한의 도움을 요청할 수 있을까? 철학에
귀속되는 고전적 모형modèle ancien, 즉 일차적으로 학문의 '원리'와 '토
대'를 탐구하는 역할은 '형이상학의 종말'로 인해 이제 낡은 유물이 된

것처럼 보이기도 한다.

여기에는 최소한 두 가지 이유가 존재한다. 확실히, 첫 번째 이유는 각 학문들이 다양한 계기로부터 획득된 것이기 때문에, 항상 억누를 수 없는 진보적 운동을 따라, 결국에는 언뜻 보기에 철학에 대해서 자기들만의 자율성을 자임하는 것처럼 보인다는 데 있다. 다시 말해 철학에 대하여 역사적인 것 외에 다른 어떤 채무도 인정하지 않을 뿐만 아니라(이런 점에서 역사의 내부에서 시작된 철학은, 학문의 역사가 점점 더 섬세하게 수립되었다는 점을 깨닫게 해주는 그 연대기를 따라서, 그 존재 자체가 다른 것들로부터 더욱더 분리되고 있는 실정이다.) 모든 실증적 영역들이 그 수취인을 찾아내는 상황에서, 역으로 철학의 물음은 여전히 철학 자체에 고유한 영역이 남아있는 경우에야 엿볼 수 있다. 철학이 철학 자체를 다시 정의할 때, 한편으로는 과학에 대해 이차적 차원의 지식(인식론)으로, 다른 한편으로는 언어의 정확한 사용 형식에 대한 단순한 탐구('언어분석', '언어적 전회' 등)로 자신을 이해할 경우, 이제는 철학 자체가 제일의 무엇이라는 것을 의심하게 되는 지점에 이르고 만다. 그런데 이 문제는 특별히 현대 학문——철학으로부터 자기들의 '원리principes'를 찾지 않기 때문에 현대의 학문은 자기들 나름대로 스스로를 규정하게 된다——이 '원리' 일반을 소유하거나 심지어 재탐색하는 일로부터 스스로를 단절시킨다. 20세기 초반부터 여전히 오점으로 남겨져 있는 것이 바로 '토대의 위기crise des fondements' 같은 것인데, 우리가 잘 알고 있는 것처럼, 이것이 수학과 소립자 물리학의 진보를 가로막지는 않는다. '형이상학의 종말'이라는 체제——또한 다른 징후들 가운데 형이상학의 종말을 특징짓는 것들——하에서 '원리'나 '토대'는 더 이상 특정 학문이 요구하는 어떤 것으로 탐구되지 않는다. 아니 오히려 학문은, 그 스스로 자유롭게, 그리고 잠정적으로, 학문이 존재할 수 있는 '사태 자체chose même'가 무엇이건 상관없이, 또는 사태 자체에 도달하기를 원하지 않기 때문에 학문이 도달할 수 있는 규정적 필증성에 이르기 위한 그 어떤 주장도 하지 않으며, 그저 자기들의 필요와 가설을 따라 결론을 내려버린다. 학문상에서 방법의 지배권은[1] 오늘날 '학'les sciences을 지명하기 위해서 편의상 우리가 고집하고 있는 기술la technique의 문제가 되었고, 사실상 '학'은 그 스스로 절대적 진리로서의 기초에 관한 가능성과 관심을 **파악하는** 일에서 벗어나 버리고 만다. 다시 말해 이는 그 결과가 무엇이든지 간에, 진리의 문제가 삭제되거나 회피되는 질서 속에서야 비로소 효율적인 결과가 나타난다는 사실을 충만하게 충족시킨다.

이런 상황에서 철학 자체는 사라질 수도 있다. 왜냐하면 또 하나의 학문이 아니라 학문의 '원리'와 '토대'를 확보하는 책임을 지닌 '제일철학'이 사라질 수 있기 때문이다. 이러한 도전(지난 2세기 동안의 물리학, 오늘날의 생물학)과의 충돌이 그치지 않을 경우, 다른 학문과 관계하는 '제일철학'은 제일철학으로서만이 아니라 단순히 철학으로서도 사라져갈 정도로 쇠약해지겠지만, 결과적으로 오늘날에도, 우위성의

---

1) 프리드리히 니체: "19세기를 특징짓는 것은 과학의 승리가 아니라 학문상에서의 과학적 방법의 승리이다." *Der Wille zur Macht*, §466, ed. Peter Gast, Stuttgart: Kröner Verlag, 1964, p. 329; *Nietzsche Werke: Kritische Gesamtausgabe*. eds. G. Colli and M. Montinari, in *Nachgelasrene Fragmente 1888-1889*, Bd. VIII, 3, Berlin: Walter de Gruyter, 1972, 15 [51], p. 236. 공정하게 말하자면, 이 최후의 승리는 르네 데카르트와 데카르트 세대에 가장 크게 준거하고 있다.

요구 내지 최소한 어떤 한 형태의 우위성은 그 정의상 철학을 유지시키는 활력소가 된다. 철학은 본질상, 그것이 그 특유의 본질과 일치를 이루는 '제일철학'의 지위를 요구함으로써만 존재한다. 왜냐하면 제이철학 내지 영역적 학문(이미 아리스토텔레스의—Φυσική, 영혼—학문이 그런 것처럼)이 되거나 별안간 철학으로서의 지위를 상실해버릴 수 있기 때문이다. 실제로 두 용어는 같은 것이다——형용사가 없으면 명사는 자취를 감춘다. 우리는 어떤 점에서 절망적이긴 하지만 그것 없이는 철학 자체가 사라질 수 있는 우위성을 요구하기 위해 철학에 비난을 가할 수는 없다. 그러므로, 철학의 원리가 '제일철학'을 전제로 삼는다면, 우위성에 관한 요구의 적법성에서보다는 우위성의 유형의 규정의 문제가 난점으로 나타날 것이다. 또한 직접적으로, 그 난점은 본성상 다음과 같이 변화한다. 곧 철학이 그 자체로 존속하기 위해서는 우위성을 정의하고 수립하는 것과 관련한 문제가 반드시 다루어져야 한다는 것이 또 다른 난점으로 제기된다. 우리는 더 이상 '제일철학'이 사유할 수 있는 것으로 남아있는지를 묻지는 않을 것이며, 오히려 우위성에 대한 어떤 규정이 정당하게 실천될 수 있는지를 물을 것이다.

이로써 그 물음은 더 가공할만한 것이 되면서 동시에 더 단순해진다. 철학은, 한편으로 다른 어떤 학문이 철학을 몰수하거나 궁극적으로 철학을 탈취하기 위해 철학을 잠식시키면서 발생할 수 있는 것이 아닌 영역과 작용을, 다른 한편으로 다른 모든 지식의 가능성의 조건으로 스스로를 부과할 수 있는 영역과 작용을 그 자체로 소유하여 사용하고 있는가? 이 이중적 물음은, 명증적으로, 우위성의 영역과 가능성의 범위를 동시적으로 재정의한다는 사실을 함축한다.

## 2. 최초의 두 가지 제일철학

'제일철학'이란 구syntagme는 우리가 알고 있는 대로 아리스토텔레스에게서 유래한 말이다. 그는 자신의 논의를 전개하는 가운데 이 말을 도입하는데, 이는 더 나아가 우리가 참조한 대로, 이와 같은 φιλοσοφία(철학)란 용어, 지식의 한 항목이라는 일반적 의미, 더 정확하게는 ~에 대해 나타나는 지식이라는 일반적 의미만을 제일철학이라는 말에 부여한다. 따라서 이것은 저 유명한 『형이상학』*Métaphysique* E(6)권 1장에서, 지식의 항목들이 나타내는 내용을 따라 지식의 위계를 부여하는 문제와 관련한다. 지식은 세 가지 영역에서 나타날 수 있다. (i) 운동하는 물체(곧 무규정적인 것)이지만, 적어도 분리되는 물체로 간주되는 자연. (ii) 분리되지는 않지만 (곧 존재적으로 불완전한 것) 적어도 불변하는 (인식 가능한) 실재들로 간주되는 수학. (iii) 마지막으로, 하나의 φύσις τὶς μία(원천, 기원), 신적인 것. 이것은, 만일 그러한 것이 발견될 수 있다면, 불변하는 것이고 그러므로 인식론적으로 완전히 인식이 가능하며, 완벽한 실재로 분리되는 것이다. 이런 조건에서, 우위성은 그 불변하고 분리된 영역을 검토하는 φιλοσοφία에 수여되어야 한다. 우리는 해석의 전통에 있어, 중세와 마찬가지로 현대(베르너 예거Werner Jaeger, 하이데거Heidegger, 피에르 오방크Pierre Aubenque)의 해석을 통해 그리스가 지식에 관한 논쟁을 특권화했다는 사실을 잘 알고 있다. 만일 제일철학이 정의상 하나의 예외적인(분리되고, 불변하는 신적인) 영역에 직접적으로 연결된다면, 여지없이 그것이 제일의 것이기 때문에 ──이해할 수 없는 규정을 정당화하는 해석학이란, 아리스토텔레스에게서, 이런 방식의 보편적인, καθόλου οὕτως ὅτι πρώτη(제일의 것이기에 또한 보편적인) 신에 관한 학문이 갖는 우위성이다 — 이러한 보편성을 따라 철학적 우위성을 가정하기를 요구할 수 있다. 분명하면 서도 의심의 여지가 없는 이 결정적인 논의가 다른 식으로 은폐되어서는 안 된다. 왜냐하면, 무엇보다도 본질적인 조건을 만족시킬 경우, 여전히 Φιλοσοφία πρώτη(제일철학)의 보편화만이 논쟁의 주제가 되기 때문이다. οὐσία(실체)가 나타난다는 것은 그 권위가 보편화된다거나 그 권위를 보편화할 수 있다는 것만을 뜻하지 않고, 특별히 이러한 하나의 οὐσία가 그저 주어진다는 것이 필연적 사실임을 뜻한다. 또한 아리스토텔레스는 실제로 이 제일철학의 조건을, 어떤 경우에서건 그러한 불변의 본질이 존재한다면, εἰ δ' ἔστι τις οὐσία ἀκίνητος(변하지 않는 실체가 있다면)이라는 가정 아래 정립해낸다.[2]

이러한 신중함이 여기서 이치에 맞지 않는 시대착오적 무신론의 표지로 이해되어서는 당연히 안 된다. 다른 한편으로, 그것은 아리스토텔레스에게는 낯설지만 우리 시대 — 이 점에서는 필연적으로 니힐리즘적인 태도를 갖는 시대 — 에는 그와 다른, 또 다른 방식으로 이해될 수 있다. οὐσία ἀκίνητη(불변의 실체)가 우리에게 의미하는 바는 무엇인가? 그러한 실재의 현존, 또는 (신적인) 불변의 특징이 초래할 수

---

2) 『형이상학』 E 1, 1026a 29∼31과 뒤에 나오는 『형이상학』 K 7의 유사성은 분리될 수가 없을 것이다(이 점에 대해서, 나는 다음 논문의 입장을 따른다. Emmanuel Martineau, "De l'inauthenticité du livre E de la *Métaphysique* d'Aristote", *Conférence*, n° 5, automne 1997). 우위성의 다의적 본성은 그 목록이 실체에 의한 우위성으로 정확하게 결론이 내려지는 『형이상학』 Δ 11의 정의로 먼저 나타난다(1019a 3 이하). 그런데 최종적인 우위성, 최종 심급에서의 우위성은 무엇일까? 이 난점에 대해서는 다음 문헌을 보라. Pierre Aubenque, *Le problème de l'être chez Aristote: Essai sur la problématique aristotélicienne*, Paris: Presses Universitaires de France, 1962, pp. 38 이하, pp. 45∼50 등.

있는 아포리아를 여기서 검토하지는 않을 것이다. 왜냐하면 바로 그러한 특징이 아포리아인 한, 이는 전적으로 나의 탐구와는 거리가 먼 주제가 되기 때문이다.[3] 부동의 본질이 안고 있는 난점을 다음과 같은 οὐσία(실체)의 단순한 특징이라고 간주해보자. 이 말에 대한 라틴어 형이상학의 용례는 적어도 그 난점을 해명하기 위해 두 가지 번역어를 사용해왔다. 이로부터 현대의 모든 철학적 언어의 모방작이 등장하게 되는데, 실체substance와 본질essence이 바로 그것이다. 이러한 양분은 의심의 여지 없이, 범주적 술어를 허용하고, 술어가 아닌 하나의 통일체 안에서 δυνάμις(가능태)에서 ἐνεργεία(현실태)로의 이행을 통해 성취되는 것과 같은, 기체(즉 질료성)와 대조되는 οὐσία에 대한 아리스토텔레스의 이해를 결여하고 있다. 만일 이것이 Z(7)권의 마지막 장, 그리고 특별히 Θ(9)권에 나오는 ἐνεργεία 개념에 준거하여 Z(7)권에서 비롯되는 일차적 난점을 해결함으로써 단순화되는 문제가 아니라면, 앞서 제시한 이중의 번역은 아리스토텔레스가 확고하게 사유했던 것에 접근할 수 없게 만들기에 충분한 것이 되고 만다.[4] 이 말의 기원이 지닌 아포리아는, 'substance(실체)'의 번역이 결국 아무 구별 없이 수용되고, 실체substance라는 개념이 데카르트의 (또한 이미 중세의) 비판을 감내하는 가운데, 주어substrat와 술어prédication에 의거한 해석에 특권을 부

---

3) 다음 문헌에서 강력하게 증명된 것처럼 말이다. Rémi Brague, *La Sagesse du monde: Histoire de l'expérience humaine de l'univers*, Paris: Fayard, 1999.
4) 다음과 같은 특별한 저작에서, '신성화된' 활용법에 영향을 받지 않은 채로 증명한 것을 볼 수 있다. Rudolf Boehm, *Das Grundlegende und das Wesentlich*, La haye: Martinus Nijhoff, 1965; *La "Métaphysique" d'Aristote: Le fondamental et l'essential*, trad. Emmanuel Martineau, Paris: Gallimard, 1976.

여하는 바로 그만큼 더 많은 해악을 입은 채로 자신을 드러낸다. 그런데 substance로 퇴락한 οὐσία(실체)가 안고 있는 가장 명백한 아포리아는 중세의 작가들이 천착한 주제이기도 한데, 이는 데카르트에 의해 성별된consacré 다음과 같은 논증에도 존속하고 있다. 실체는 그 속성이 없이는 파악되지 않으며, 나중에 가서 "우리를 촉발하지 않는 […]"[5] 그러한 실체(여기서는 연장과 사유)가 비로소 우리에게 직접적으로 알려질 수 있다. 속성과 우연에 대한 실체의 인식론적 의존성에 의거하지 않고서는 실체가 그 자체로 알려질 수 없다. 그리하여 흄, 그리고 특별히 칸트는, 결국 실체를 단순한 지성의 기능(더 이상 존재자의 범주가 아닌 지성 개념)의 요청을 따르는 맥락에서만 받아들여지는 것으로, 다시 말해 정확하게는 οὐσία가 아리스토텔레스로부터 벗어나, 엄밀하게는 현상들에게만 그 타당성을 제한시켜버리는 논리에 지나지 않는 것으로 만들어버린다. 니체가 실체에 대하여 최종적인 자격박탈을 시행한 것은 당연한 귀결이다. 니체에게 실체라는 것은 다른 모든 형이상학적 우상과 마찬가지로 묵살되어야 할 망령된 개념에 불과하다. οὐσία를 실체(주어)로서가 아니라 본질로 이해하면 이 아포리아를 피해갈 수 있을까? 실체적 형상(또한 의심의 여지 없는, 목적의 인과성)에 관한

---

5) *Principa Philosophiae* I, § 52. 이는 적어도 다음 작업들을 개정한 것이다. Jean Duns Scot(Johannes Duns Scotus), *Ordinatio*, I, d. 3, p. 1, q. 3, n. 139(*Opera omnia*, ed. Balic, t. 3, p. 87); F. Tolet, *Commentaria* […] *in "De Anima"*, I, 1, 11, q. 6 (ed. Venise, 1574, *in* Étienne Gilson, *Index scolastico-cartésien*, Paris: F. Alcan, 1913, p. 280); F. Suarez, *Disputationes Metaphysicae* XXX–VIII, s. 2, n. 8(*Opera omnia*, ed. Charles Berton, Paris, 1856, t. 26, p. 503). 내가 쓴 *Questions cartésiennes II*, Paris: Presses Universitaires de France, 1996, chap. III, § 2, pp. 99 이하를 보라.

데카르트의 거부와, 로크와 흄에게서 비롯하는 내적 관념의 거부가 있고 나서, 비트겐슈타인의 제이철학에서 모든 '플라톤주의'의 부정이라는 주장이 나온 다음, 이제 오늘날의 본질 개념에는 어떤 것이 남아있는 것일까? 또한 결과적으로, 이 맥락에서조차도, 본래적으로 아리스토텔레스적인 οὐσία(실체)의 의미 가운데 어떤 것은 지지할 수 있다고 하더라도, 여전히 그것은 더 강한 반론에 스스로 노출될 수 있다. παρουσία(현전)와 οὐσία의 친밀한 공명 속에서, οὐσία는 곧 존재자의 존재가 현전의 우위성으로, 말하자면 현전에 힘입어 존재자가 지속함으로써 존재를 쇠약하게 만드는 지속성의 우위성으로 환원된다. 이를 통해서, οὐσία 그 자체는 그 가설적 통일성에 있어서, 존재자의 팽창l'inflation을 위해 존재망각과 맞물리기 시작한다. 실체론L'ousiologie은 무엇보다도 실체론이 성취되는 바로 그 순간, 존재자의 존재에 대한 물음의 릴레이relais를 이어간다. 실체론은 우선 존재에게로 방향을 설정하려고 자신의 존엄성을 내어줌으로써 자신의 우월성을 현전의 단순한 확실성으로 격하시키고 만다.

그러므로 οὐσία에 대한 관심에서 비롯하는 '제일철학'의 정당화는 아리스토텔레스에게서조차도 가설적인 것으로 남겨져 있다. 이에 제일철학은 부동적이고 분리된 (신의) 권위를 나타내는 것으로 주장되는 것이 아니라 단순히 그 권위 자체가 그것 자체(그저 οὐσία로)에 이르지 못한다고 하더라도 정의되고 이해될 수 있다는 식으로 그것을 용인해버림으로써, 우리는 제일철학이 무력한 것에 불과한 것처럼 보인다는 결론을 내리기에 이른다. 결과적으로, οὐσία는 철학을 위한 우위성을 보증하거나 특징지을 수 없다.

'제일철학'이라는 개념의 실질적 수립이, 이처럼 해당 문제와 관련해서, 아리스토텔레스보다는 그의 후예들에게서 더욱 진전된 '형이상학'과 같은 것으로 전개된다는 주장도 합리적으로 반박될 수 있다. 다만 여기서의 논의가 세부적인 철학사를 서술할 권리를 가지고 주장하는 것이 아니기 때문에, 그저 곧장 토마스 아퀴나스의 입장을 다룰 것이다. 더 정확하게 말해서, 나는 다음과 같이 도입된, 규정되지 않은 '형이상학'이라는 주제 아래, 아리스토텔레스에게로 귀속되는 독특한 학문의 세 가지 다른 의미를 재정의하는 아퀴나스의 시도를 좇아갈 것이다. "사실상 예비적으로, 존재하는 것으로 말해지는 실체를 고찰하는 한, 형이상학은 신에 관한 학문 내지는 신학으로 일컬어지게 된다. 존재자를 고찰하고 존재자로부터 따라 나오는 것이 형이상학이다. 형이상학은 또한 그것이 사물의 원인을 고려하는 한, 제일철학이라고 불리게 된다."[6] 따라서 우리는 이렇게 이해할 수 있다. 실체에 의존하는 (그리고 우리 현대인에게는, 실체 일반의 실행 불능으로 고통받는) 신에 관한 학문은 그 두 가지 다른 학문에 의해 강화될 수 있고 강화되어야 한다. 우선 우리는 존재로서의 존재에 대한 학문을 통해, 형이상학 metaphysica이라는 주제를 수용한 『형이상학』 Γ(4)권 1장에서 아리스토텔레스가 이미 정립했던 절제된 의미를 받아들이게 된다. 우리는 본질적으로 토마스 아퀴나스에게로 돌아가는 이 혁신이, 다음 두 가지 사안의 중요성을 규정할 것을 알고 있다. 첫 번째 혁신은, 존재론이라는

---

6) Thomas Aquinas, *In duodecim libros Metaphysicorum Aristotelis expositio*, ed. M. R. Cathala, Rome: Marietti, 1964, p. 2.

학으로 종결될 것이다. 다음으로, 두 번째 혁신은 그 자체로 존재-신-론onto-théo-logie의 애매성에 집중할 것이다. 그런데 이 두 가지 특징이 오늘날 매우 문제적인 것이라는 점은 아주 분명한 사실이다. 우선 존재론은, 아리스토텔레스의 『형이상학』 Γ(4)권 1장에서 초래된 것과는 확연하게 대립하는, 존재하는 한에서가 아니라 알려지는 한에서의 존재에 대한 학문으로, 역사적으로 보면 오로지 17세기에만 전개된 학문이다. 그런 다음, 여기서 나온 존재-신-론은 '제일철학'의 우위성에 헌신하는 것과는 거리가 멀고, 그것을 다른 우위성, 즉 신에 대한 우위성과의 어려운 양립가능성에 노출시키기 때문에, 철학의 우위성을 보장한다기보다, 그 우위성을 둘로 나누고 약화시킨다. 이제 이 점을 보충하기 위해, 명시적으로 **제일철학**philosophia prima으로 정의될 뿐만 아니라 무엇보다도 그 용어상 Φιλοσοφία πρώτη(제일철학)라는 것과는 놀라울 정도로 상이한, 여기서는 **신학**에 부가된 제2의, 제3의 새로운 학문이 남게 된다. 그것은 더 이상 οὐσία(실체)를 고찰하는 문제가 아니라, 이제부터 원인의 보충적 단계를 통해서 분리되는 '제일철학', 사물들의, οὐσίαι(실체들)의 causae(원인들)를 고찰하는 문제가 된다. 이제 신이 창조된 존재자(존재자적 인과성)만이 아니라 그 존재자성과 **존재**esse(존재론적 인과성)의 원인인 것처럼, **제일철학**에서 비롯된 원인들에 대한 고찰은 Φιλοσοφία πρώτη가 또 다른 방식으로 고찰했던 것 ── 신 ── 으로 안내할 것이다. 그럼에도 불구하고, 아퀴나스는 이러한 접근의 한계를 다음과 같이 고착시킨다. 신 안에서, 원인은 οὐσία에서는 제외되고 순수 **존재**(로부터)로 실행된다. 이러한 치환은, 우리에 대해 '제일철학', 또는 더 정확하게 말해서, 철학을 위한 우위성을 정당화시키기에 충분한 것인가? 이는 의심의 여지 없이 다음과 같은 논쟁을 일으킬 수 있다. 이 문제에 대하여, 원인이라는 개념은 모든 형이상학의 범주들처럼 사물 자체로부터 추방되어야만 하고, 또한 순전한 '단순한 본성'(데카르트)이나 '지성 개념'(칸트)으로 국한되고 만다.[7] 가능한 경험의 한계를 넘어선, 구체적으로는 감성적 직관의 한계를 넘어서는 것들의 초험적transcendant 활용의 비적법성은 다음과 같은 결과를 초래한다. 인과성은 신적인 것에 이를 수 없고, 그렇기 때문에 여기서 '제일철학'을 보증할 수도 없다. 더 일반적으로 말해서, 원인은 더 이상 우리에게 어떤 안전한 우위성을 허용해주지 않는다. 왜냐하면 원인('설명')과 결과('입증') 사이에서 우선성을 역전시킬만한 가능성이 나타났기 때문이다. 실제로 현존existence은, (데카르트와 니체가 정립해낸 것으로써) 오직 현존만을 논하는 원인에 앞서 일어난다.[8] 게다가 심지어 아퀴나스도, 인과성의 실마리를 따라 신에 도달한 다음, 일종의 자기원인의 적합성을 거부하고 원인에 의거하지 않는 존재esse incausatum로서의 신을 남겨두면서, 신을 원인에 준거시키고 종속시켜 파악하기를 단호하게 거부했기에, 그 또한 근대라는 새로운 시대와는 어긋나는 사람이

---

7) 나의 다음 연구를 보라. "Konstanten der kritischen Vernunft", eds. Hans Friedrich Fulda and Rolf-Peter Hortsmann, *Vernunftbegriffe in der Moderne*, Veröffentlichung der Internationalen Hegel-Vereinigung 20, Stuttgart: Klett Cotta, 1994. 이것은 다음 문헌에 수록되었다. "Constances de la raison critique-Descartes et Kant", *Questions cartésiennes II*, chap. VIII, §4, pp. 298 이하.

8) René Descartes, *Discours de la Méthode*, in *Oeuvres de Descartes, publiés par Charles Adam et Paul Tannery*, Paris: L. Cerf, 1897~1913[지금부터 AT로 표기], VI, p. 76, 6~22; Friedrich Nietzsche, "Les quatre grandes erreurs", *Crépuscule des idoles*, trad. Henri Albert, Paris: Flammarion, 1985, §§1~5.

되는 것은 아닐까?[9] 따라서 다시 여기서, 원인은 철학을 위한 우위성을 보증하거나 자격을 부여할 수가 없는 οὐσία(실체)에 지나지 않는다는 것은 필연적 귀결이다.

### 3. 세 번째 제일철학

그럼에도 불구하고, '제일철학'의 이러한 두 번의 부정은, 마치 그 부정 자체에도 불구하고, 그와 대조적인 의미를 열어주는 방식으로 완전히 다른 결과를 나타내는 것이 아닐까? 우위성으로부터 배제된 처음 두 가지 것에 대해서, 그것들은 실제로 또 다른 선행성, 우위성으로부터 논증을 전개한다. 이제부터 여기서 말하는 우위성이란 항상 선결하는 인식을 지지하는 조건들에 ──정확하게── 앞서는 우위성을 상실해 버린, 원인과 실체οὐσία에 관한 인식의 우위성과 관련한다. 그런데 여기서부터 왜 존재적인 것l'ontique의 우위성을 인식작용·la noétique의 우위성으로 대체하는, 곧 인식의 우위성을 따라 직접적으로 우위성을 정의하는 일이 검토될 수 없는가? 이 경우 새로운 우위성과 관련하여 '제일철학'의 세 번째 형식을 정립할 수 있지 않은가? 이러한 가설들은, 이 문제와 데카르트가, 그리고 그와 동시에 칸트가 검토한 명시적 전술을 정의하는 일을 더욱 정당화시킨다.

---

9) 토마스에 관해서는 우리의 다음 연구를 보라. "Saint Thomas d'Aquin et l'onto-théo-logie", *Revue Thomiste* 14. 1995/1, pp. 31~66. 이 논쟁 일반에 관해서는 다음 문헌을 보라. Albert Zimmermann, *Ontologie oder Metaphysik? Die Diskussion über den Gegenstand der Metaphysik im 13. und 14. Jahrhundert, Texte und Untersuchungen*, Leiden/Cologne: E. J. Brill, 1965.

데카르트가 "[…] 제일철학에 대한 성찰Meditationes de prima Philosophia
…"이라는 주제를 정당화할 때, 그는 어떤 애매성도 남겨놓지 않고서,
자신의 새로운 '제일철학'을 특권화한다. "[…] 나는 특별히 신과 영혼
은 거의 다루지 않고, 다만 철학화해서 알려질 수 있는 모든 제일의 사
물 일반을 다룬다." 다른 서신을 보면, 동일한 논지를 반복하는 가운
데, 그는 "[…] 순서를 따라 철학함으로써"[10]라는 말까지 보탠다. 그러
므로 데카르트는 더 이상 존재적으로 특정하게 특권화된 οὐσίαι(실체
들) 내지 αἰτίαι(원인들)로 (분리된 본질, 작용하는 본질, 신 등) 시작하지
않고 다만 순수하게 인식작용의 선행성을 따라 논의를 시작한다. "[…]
이런 계열은 어떤 종류의 존재자ad aliquod genus entis, 즉 철학자들이 자
신들의 범주 안에 설정한 것과 연관되는 것이 아니라, 어떤 하나가 다
른 것에서 인식될 수 있는 한에서unae ex aliis cognosci possunt 모든 것을
특정한 계열로" 배치하는 "근거들의 질서"를 따르는 인식작용의 질서
가 곧 논의의 시작점이 된다.[11] 다른 어떤 것을 전제하지 않으면서 어
떤 것(단순한 본성)에 대해 제일 먼저 알려질 수 있는 것이 있다면, 그것
은 또한 가능한 유일한 진리가 (그 결합이) 무엇이건 간에 철학에서 제
일의 것이 된다. 그것이 유한한 진리의 문제(ego sum, 나는 존재한다)
이건, 추상적 진리의 문제(ego cogito, 나는 생각한다)이건, 형식적 진리
의 문제(평형 상태, 형식, 균등성 등)이건, 또는 공허한 진리의 문제(ego

---

10) Descartes, *Lettres à Mersenne*, 11 novembre 1640, AT III, p. 235, 15~18, p. 239, 2~7.
11) Descartes, *Regulae ad directionem ingenii*, VI, AT X, p. 381, 10~14; *Règles utiles
    et claires pour la direction de l'esprit en la recherche de la vérité*, trad. Jean-Luc
    Marion and Pierre Costabel, La Haye: Martinus Nijhoff, 1977, p. 17.

dubito, 나는 의심한다)이건, 그렇지 않으면 그것이 더 추상적이고 단순한 다른 것들로부터의 연역을 통해 알려질 수 있는 현존하는, 무한한, 또는 물리적인 진리 등의 문제이건 간에 말이다. 왜냐하면 결코 존재자로서가 아니라 오로지 알려지는 것이 되는 것으로서의 제일항의 위계화 안에서 존재적 탁월성이 인식작용의 탁월성에 종속되기 때문이다.

그 자신이 데카르트적임에도 불구하고, 칸트가 "[…] 사물들 일반에 대한 **선험적인** 종합적 인식들(예컨대, 인과성의 원리)을 체계적 교설로 제공한다고 과시하는 존재론이라는 의기양양한 명칭은 순수 지성의 순전한 분석학이라는 겸손한 명칭으로 대치되어야 한다"[12]고 주장할 때, 그는 그렇게 함으로써 인식에 대한 두 가지 선행적 우위성으로 통하는 길을 열어준다. 하지만 실제로, 칸트는 오로지 자신이 파괴했다고 생각하는 근대 **존재론**ontologia의 의미를 역설적으로 복원시켜주는 οὐσία(실체)에 대한 그 이전의 전형적인 존재적(ontic, 인과관계적) 우위성을 말소해버린다. 실제로, 이 용어에 대한 고클레니우스의 부정확한 도입(1613년)이 있은 다음, 형이상학이라는 용어를 올바로 정화해낸 클라우베르크는, "사유 가능한 존재자로 말미암는 보편철학 […] 동시에 사유하는 정신에 앞서는 그 어떤 것도 고려하지 않고, 단일한 것으로 시작하는 제일철학"[13]이 시작되는 논증을 통해 ——**어떤 것 내**

---

12) Immanuel Kant, *Critique de la raison pure*, A247/B303.
13) 요하네스 클라우베르크: "우선 우리는 존재하는 것의 세 가지 의미를 구별해야만 한다. 그것은 (이성이 가지적이라고 부르는) 사고될 수 있는 것을 지시하며, 결코 그것에 대립될 수 없는 것을 지시한다. 또는 그것은, 아무도 그것을 생각하지 않더라도, **대체로** 참으로 있는 어

지 **실체**가 아닌 가지적인 ──이 새로운 학문의 특권화된 대상을 정당화시킨다. 이런 점에서 인식작용의 우위성은 '제일철학'을 재정초하는 일뿐만 아니라 존재론, 아니면 오히려 언제나 존재론이라는 근대적인 이름 아래서 이해되는 형이상학과 제일철학을 연결하는 일까지도 가능하게 한다 ──여기서 존재론이라는 근대적 이름은 **생각하는 자아**ego cogito에게서 인식이 가능한, 나타남의 **선험적** 조건에 응답하는 인식 가능한 것, 다시 말해 **파악할 수 있는 것**으로 환원되는 한에서의 존재 일

---

떤 것을 지시하며, 이는 무에 반대된다. 그것은 일반적으로 우유들로 간주되는 것의 반대인, 실체와 같은, 그 자체로 존재하는 사물을 의미할 수 있다. / 이제, 세 번째 의미를 따라 받아들여진 존재자가 원리상 그 속성과 분할을 통해 존재철학에서 설명되는 것이긴 하지만, 우리는 이 물음에 대한 더 나은 이러한 이해를 위해서, **사유 가능한 존재자**로 말미암는 보편철학을 개시하고, 동시에 **사유하는 정신**에 앞서는 그 어떤 것도 고려하지 않고, 단일한 것으로 시작하는* 제일철학을 개시하면서, 첫 번째 및 두 번째 수용점과 관련하는 몇몇 사안들을 특권화한다. Entis initio statim tres distinguendae significationes. Nam vel denotat omne quod cogitari potest (distinctionis causa nonnullis vocatur *Intelligibile*) et huic non potest opponi quicquam; vel notat id, quod revera *Aliquid* est, nemine etiam cogitante, cui opponitur Nihil; vel significat *Rem*, quae per se existit, ut Substantia, cui solent opponi Accidentia. / Quamvis autem Ens in tertia significiatione acceptum, sit potissimum illud, quod in Ontologia per sua attributa ac divisiones explicatur, tamen *ad meliorem* hujus *notitiam* comparandam nonnulla de Ente prima et secunda acceptione praetermittemus, incohaturi universalem philosophiam ab *Ente cogitabili*, quemadmodum a singularis incipiens* prima philosophia nihil prius considerat *Mente cogitante*." 이 말은 여기서 명시적으로 우리를 다시 데카르트에게로 돌려보낸다. "[제일철학은] 그러므로 그것이 다루는 대상의 보편성 때문이 아니라 만일 우리가 신중하게 철학을 전개하기 원한다면 그것을 통해 시작해야만 하기 때문에 그렇게 불린다. 다시 말해, 우리 자신의 정신과 신과 다른 것 등에서 시작하는 제일철학은 데카르트의 여섯 차례의 성찰 속에 담겨있다. 그 원리들의 첫째 부분은 그것의 요약을 제공한다. *[Prima philosophia]* sic dicta non propter universalitatem objecti, de quo agit; sed quod serio philosophaturus ab ea debeat incipere. Nempe a cogitatione suae mentis et Dei, etc. Haec prima philosophia sex Meditationibus Cartesii continetur. Summam ejus etiam prima pars Principiorum exhibet"(*Metaphysica de Ente quae rectius Ontosophia*⋯, Groningue, 1647[1], Amsterdam, 1663[3], §§ 4~5, d'après *Opera philosophica omnia*, Amsterdam, 1691, reprint Darmstadt, 1968, t. 1, p. 283.)

반에 대한 인식의 학을 말한다. 이 최종적 형태가 지니는 인식작용의 우위성은 결국 확고부동한 '제일철학'을 정초한다.

우리는 이러한 전이와 단일한 인식하는 의식의 심급에서의 우위성의 재토대화가 전적으로 나Je의 우위성에 달려있음을 단박에 알게 된다. 그런데 나 자체는 '제일철학'의 우위성을 추구하기에 충분할만큼 철저한 방식으로 자신을 토대로 놓을 수 있고, 새로운 시작을 알리는 우위성에 관한 자신의 주장을 정당화할 수 있는가? 바로 여기서 철학은 의문시되고, 니힐리즘을 향한 그리고 니힐리즘으로 들어가는 행진을 하게 된다. 여기서 두 가지 중요한 논변이 작동한다. 우선, 나는 초월적 지위를 가정함에 있어 나의 인식작용의 우위성을 적법하게 실행할 수 있다. 초월적 지위란 그것이 다른 것들 가운데 하나의 대상이 아니라, 그 자체로 초월적인, 대상들에 대한 인식 가능성의 조건을 고정

---

여기서 존재에 대해 존재하는 (아리스토텔레스적 기획) '최상의(potissimum)' 존재론이 명시적으로 '진중하게 철학화한' (이성의 질서에 의해서) 사람의 존재론과 대립되고 복속된 채로 발견되며 지성과, 즉 사유하는 정신(mens cogitans)과 더불어 시작되어야만 한다는 것은 희한한 일이다. 그러므로 '존재론' 개념은 그 사체로 분할되고 실체 자체를 내버리고 만다. 칸트는 이러한 결의를 받아들이게 된다. "제일 중요한 존재론의 문제는 어떻게 선험적 인식이 가능한가를 아는 것이다. […] 모든 인간 지식의 최상의 개념은 존재와 비존재가 아니라 대상 일반의 개념이다."(*Vorlesungen über Metaphysik und Rationaltheologie*, ed. M. Pölitz, AK, A., 28. 2, 1. Berlin: de Gruyter, 1970, p. 540, 54; *Leçons de métaphysique: Emmanuel Kant*, trad. Monique Castillo, Le Livre de Poche, Paris: Librarie Générale Française, 1993, pp. 133~135. 강조는 필자). 이를 더 분명하게 말할 수는 없다. 형이상학적 의미에서 존재론은, 존재의 학문이 아니라 학문 자체의 학문이다. '제일철학'에 대한 인식작용의 우위성은 존재인 한에서의 존재자가 아니라 비판으로 인도한다. '존재론'에 반응하는 오늘날의 수많은 방어자들은 이 본래적 애매성을 알아차리지 못하고 그들이 믿고 견지하는 바를 파괴하거나 자기들이 파괴한 오해를 견지한다. Vincent Carraud, "L'ontologie peut-elle être cartésienne?", ed. Theo Verbeek, *Johannes Clauberg (1622-1665) and Cartesian Philosophy in the Seventeenth Century*, Dordrecht: Kluwer, 1999를 보라.

하고 그 자신은 대상화할 수 없는 유일한 사례가 됨을 뜻한다. 이제 이 지위는 필연적으로 경험적 나로부터 초월적 나를 분리시키고 자아에 대상성을 대립시킨다. 자아에서, 공간과 시간을 따라 알려질 수 있는 것은 하나의 대상이 되므로, 초월적인 것으로서의 나는 존재하는 것과 혼동될 수 없다. 역으로, 이 나는 그 정의상, 나에게 한 대상으로 알려질 수 없고 알려져서도 안 된다. 따라서 그것은 내가 인식하는 나moi와 일치하지 않으며 나는 존재한다에서의 나를 인식하지 못한다. 존재와 자기인식 사이에서 자아ego가 선택되어야만 하는데, 그 두 사례에서 자아는 전부 상실되고 만다. 이 갈림길은 현대의 형이상학(데카르트 이후)에서도 (심지어 후설에게서조차) 절대 극복되지 못한다. 왜냐하면 형이상학은 처음부터 형이상학을 통해 정의되기 때문이다. 한 걸음 더 나아가 보자. 참으로 이 제일의 나는 초월적이기 때문에, 나에게 알려지지 않음과 동시에 그것은 나에게 보편적인 것에 지나지 않게 된다. 그러한 나는 나를 (공간과 시간 혹은 그 외 다른 방식으로) 개별화시키기에 충분한 것이 되지 못한다. 따라서 그것은 나라는 개별자에서 튀어나와 버린 나에게, 나를 한 타인으로 접근하는 데 있어 — 나에 대한 경험적 나를 본 떠, 나를 대상의 등급으로 환원시키지는 않는다고 하더라도 — 전적으로 부적절한 것이 되게 한다. 나의 초월적 전회는, 한편으로는 나를 존재적 규정이 없는 것으로 남겨두고(나는 인격이 아니다), 다른 한편으로는 나를 나 자신과 분리시킨다(나는 경험적 나에게서 소외된다). 우리는 현존재의 불특정한 보편성에 이르는 위험에 처할 수 있는데, 이 분열이 일어나는 데는 어떤 예외도 나타나지 않는다. 결과적으로 인식작용의 우위성은 대가를 지불하게 된다. 존재 없이, 제일의 역할을 하는 것이 괄호 속에 들어가거나 사라지는 일이 일어난다.

이러한 우위성이 나에 대한 존재적 개별화 없이도 성취될 수 있다고 가정하면, 여전히 그것은 두 번째로 다음과 같은 더 격렬한 논증에 노출되고 말 것이다. 근대의 모든 '제일철학'의 궁극적 토대인 인식작용의 우위성은, 나라는 것이 무엇이든지 간에 그 속에서 단일하게 주제화된 우위성을 함축하지는 못한다. 왜냐하면 그 고유한 언명과 관련해서, 나는 어떤 개체성, 동일성, 이것임haecceitas을 요구하지 않기 때문이다. 인식은, 어떤 선행하는 것 없이 그리고 인식 자체와는 다른 어떤 토대 없이 전개되는 것임에도 불구하고, 기원이나 할당 가능한 주체가 없는 익명적인 과정을 따라 사유하는 것임에도 불구하고(또는 그런 것이기 때문에), 전개될 수 있다. 또는 어떤 이가 주체는 사유가 사유되는 모든 곳을 사유한다는 것을 절대적으로 주장하고자 한다면, 왜 주체가 장막écran과 환영의 장소le lieu d'accueil이기보다 굳이 제작자가 되는 것일까? 이 가설에는 두 가지 근거가 존재한다. *a)* 첫째, **자아**에게 일종의 실체성을 귀속시키는 일의 불가능성 내지 심지어는 그 일의 무익함의 문제가 존재한다. 칸트는 **오류추리론**의 규정에 근거해서 실체성을 부정한다. 다만 그렇게 함으로써 칸트는 이미 데카르트, 로크 그리고 버클리가 인식했던 아포리아에만 도달했을 뿐이다. 실체 개념은 무한에 직면한 유한한 주체성에 일의적으로 적용될 수 없다. 왜냐하면 실체는 바로 실체에 앞서 일어난 유한한 주체성으로부터 연역되기 때문이다.[14] *b)* 다음으로, 유한한 주체성이 사유 가능한 것을, 또한 주체성

---

14) Jean-Luc Marion, *Questions cartésiennes I: Méthode et métaphysique*, Paris:

없이는 사유가 가능하지 않은 것을 전부 사유한다고 하더라도, 그것은 주체성을 생산하거나, 재-생산하고, 주체성을 야기하지 않으면서도 경험적인 방식으로 주체성을 다시 사유할 수 있다. 왜냐하면 사유할 수 있는 것은 역사와 상호주관성의 시간 안에서의 수행보다 더 근원적으로, 더 본래적으로 이성적인 것으로서의 사유로 제시된 것에 의존하기 때문이다. 논리적, 형식적, 더 나아가 구조적 요구들은 잘 구성된 명제들, 타고난 감각들을 규정할 뿐만 아니라 비정확성, 근사치와 일상 담화의 유사-규정('언어의 효과', '그들의 잡담' 등)을 받아들일 수 있는가 하는 문제의 타당성까지도 평가한다. 경험적 자아는 당연히 (오랫동안 οὐσία의 역할은 요구되지 않은)[15] 존재적이거나 인식작용에 관한 것이 아닌, 최소한의 우위성으로부터 도출된 것이 아닌, 보통 근사치적인, 사유 가능한 것의 반복으로 제한된다. 이것은 사유를 시작하거나 사유를 지배하지 못한 채 무대의 배후에서 공무를 수행하는 자아로 고찰된다. 우리는 이 문제에 관한 논증에 집착하지 않는다. 왜냐하면 이 논증은 니체와 푸코 이래로, '인간과학' 및 이데올로기와 결부된 채, **지겹도록** *ad nauseam* 논의되어온 것이기 때문이다.

　이 몇 가지 반성만으로도 다음과 같은 불가피한 결론을 정립하는

---

Presses Universitaires de France, 1991, chap. III, § 4, pp. 108 이하. 또한 *Sur le prisme métaphysique de Descartes: Constitution et limites de l'onto-théo-logie dans la pensée cartésienne*, Paris: Presses Universitaires de France, 1986, chap. III, § 13, pp. 180 이하를 보라.

15) 자아는, 이 개념이 초월적 타당성(칸트), 물리적 유효성(니콜라 드 말브랑슈, 베르너 카를 하이젠베르크)도 없는 것으로 볼 때, 원인(αἰτία)의 기능을 포기하는 것과 관련해서 별 어려움 없이, 다른 참조 사항 없이, 자아가 보증할 수 없는 동일한 증명이 반복될 수 있었다.

데는 아무런 부족함이 없을 것이다. 형이상학이 ─οὐσία(실체), 원인,
노에시스를 통해 ─ 제시할 수 있었던 우위성의 여러 형태들 가운데,
오늘날 우리에게 철학, 요컨대 '제일철학'을 위한 우위성의 적법성을
보증해줄 수 있는 것은 아무것도 없다.[16]

## 4. 현상학, 제일철학의 또 다른 가능성

그럼에도 불구하고 이 결론은 니힐리즘의 명백한 출현이라는 역사적
순간에 이르러서도, 현상학을 통해 '제일철학'이라는 전통적인 주제를
주창한 후설의 시도를 가로막지 못했다. 이 주제가 제시된 저 유명한
1923~1924년 후설의 강의를 짚어보면 처음부터 이것이 명확하게 제
시되었음을 확인할 수 있다. "만일 내가 아리스토텔레스가 만든 표현
을 가져온다면, 이는 이미 용도폐기 되었음과 동시에 더 이상 엄밀한
문자적 의미 이외의 어떤 것을 우리에게 제시해주지도 못하며, 과거
형이상학의 다양한 형태에 대한 추억을 그저 형이상학이라는 모호한
개념 아래 혼란스럽게 결합하고 있기는 하지만, 역사적 전통을 따라
축적된, 그리 많지는 않지만 다양한 침전물에서 비롯되는 유익과 이점
을 이 용어에서 끌어내고자 하기 때문이다." 이 말은 다음과 같은 이유
에서 좀 이상한 논증이다. 왜냐하면 우리는 이로부터 그 자체로 '시작

---

16) 이 분석에 대한 보충으로는 나의 다음 논문을 보라. "La science toujours recherchée et
    toujours manquante", eds. Jean-Marc Narbonne and Luc Langlois, *La métaphysique:
    Son histoire, sa critique, ses enjeux*(Actes du XXVIIᵉ Congrès de l'Association des
    sociétés de philosophie de langue française), Paris: J. Vrin/Québec: Les Presses de l'
    Université Laval, 1999, pp. 13~36.

에 관한 학문적 분과'라는, 매우 형식적으로 재차 정의된, '제일철학'의
원리를 오히려 더 잘 존속시켜주는 실질적 성취들(제일철학Philosophia
prima, Φιλοσοφία πρώτη) 가운데 그 어떤 것도 정확하게 채택할 수 없기
때문이다. 이 점을 어떻게 이해해야 하는가? 이 규정의 완벽한 모호성
을 따른다면 이해할 수 있을까? 그런데 후설은 다음과 같은 입장을 견
지함으로써 이 가설을 배제한다. "새로운 초월적 현상학의 돌파작업
과 관련해서 [⋯] 참되고 진정한 **제일철학**의 첫 번째 돌파구가 이미 마
련되었다."[17] 요컨대, 현상학은 '제일철학'의 전체 기획을 다시 포착한
(또는 다시 포착하기를 요구하고) 다음 그것을 제이철학 내지 영역적 학
문에 적용하기 위한 일을 착수하는 데 필요한 철학으로 정립된다. 따
라서 다음과 같은 또 하나의 가설이 투입된다. 이 학문의 명확한 복원
은 형이상학적 아포리아(실체, 원인, 주체성)를 벗어날 수 있다. 왜냐하
면 현상학은 더 이상 형이상학에 속할 수 없는 것이기 때문이다. 이러
한 포부는 전혀 명확하지 않기 때문에, 정당화되어야 하는 것으로 남
겨진다. 후설의 후예들이, 이렇게나 정녕 무거운 형이상학적 논제, '제
일철학'을 형이상학과의 단절의 시론essai de rupture avec la métaphysique
으로 표명하는 데 주저했다는 점을 주목해야 한다. 하이데거조차도,
한때 '[기초]존재론'과 '형이상학'이란 용어를 스스로 포기하기 전까
지는 이 용어들을 고수해보려고 했지만, 그럼에도 불구하고 절대 '제

---

17) Edmund Husserl, *Erste Philosophie (1923-24). Erster Teil: Kritische Ideengeschichte*,
in *Husserliana*[지금부터 Hua.로 표기] VII, ed. Rudolph Boehm, The Hague: Martinus
Nijhoff, 1956, § 1, pp. 3, 5; *Philosophie première I: Histoire critique des idées*, trad.
Arion L. Kelkel, Paris: Presses Universitaires de France, 1970, pp. 3, 5.

일철학'을 주제로 내세우는 무리수를 두지는 않았다. 사르트르, 메를로-퐁티, 리쾨르와 앙리도 그렇게 하지 않았고, 데리다 역시 제일철학을 언급하지 않았다. 그럼에도 불구하고, 후설의 후예들 가운데, 적어도 (이 사람이 제일 먼저 후설의 사유를 프랑스로 끌어들이지 않았는가?) 레비나스는 후설의 복권을 분명하게 자신의 책임으로 받아들였다. 존재론의 근본적 존엄성을 전면에 내세우기 위해서, 또는 존재론을 더욱 제대로 위협하기 위해서, 그는 자신의 증명작업을 다음과 같이 종결지었다. "도덕은 철학의 한 분과가 아니라, 제일철학이다."[18] 따라서 현상학과 '제일철학' 사이에는 일종의 특유한 양립불가능성이 생겨날 수 없다. 이것을 소박하게 주장하는 것과 이 문제로 분노하는 것은 오직 텍스트에 대한 산만한 태도 및 진정 이데올로기적인 속셈만을 그려낼 뿐이다. 더 나아가 심지어 현상학에 '제일철학'을 귀속시키기 위해 형이상학의 역류와 현상학을 타협시켜서는 안 되고, 또한 존재-신-론을 향한 역행이 일어나서도 안 된다. 다만 그러한 것들에 완전하게 대립하는 것만이 현상학의 본성과 기획을 철저하게 해명하는 일이 될 수 있다. 왜냐하면 '돌파', '새로운 시작'을 원하는, 심지어는 모든 현대철

---

18) Emmanuel Lévinas, *Totalité et Infini: Essai sur l'extériorité*, La Haye: Martinus Nijhoff, 1961, p. 281; Paris: Livre de Poche, Librarie Générale Française, 1990(결론의 두 번째 절). 이것은 이후의 텍스트에서도 확증되는 바이다. "제일철학은 윤리학이다"(*Éthique et infini: Dialogues avec Philippe Nemo*, Paris: Fayad, 1982, p. 71). 이것은 다음 구절과 비교된다. "타인과의 관계는 존재론이 아니다"("L'ontologie est-elle fondamentale?", *Revue de métaphysique et de morale* 56, 1951/1, repris dans *Entre Nous: Essais sur le penser-à-l'autre*, Paris: Éditions Grasset et Fasquelle, 1991, p. 20). 이 말은 다음 선집의 제목이 되었다. *Emmanuel Lévinas: L'éthique comme philosophie première*, eds. Jean Greisch and Jacques Rolland, Paris: Presses Universitaires de France, 1993. 우리는 장 그레슈의 의견과 관련해서, 이 텍스트의 초판에 대한 우리의 유보된 입장을 기꺼이 포기한다.

학의 지배적 형태들 가운데 하나가 되기를 원하는 현상학은 불가피하게 우위성을 인정하거나 적어도 우위성을 현상학에 귀속시키는 것이어야 하기 때문이다. 그런데 이 우위성이 충분하게 설명되어왔는가? 형이상학적 철학의 양상과 연관된 현상학의 파열, 재차 정복되고 통합되는 파열은, 그 새로운 우위성을 다시 새롭게 정의하길 요구하는데 이는 우위성에 대한 세 가지 형이상학적 정의에 대한 주의를 반복한다. 현상학에 부과된 '제일철학'의 또 다른 수용에 담긴 의미와 범위를 해명하려고 하는 것은, 만일 이것이 약속한 바를 성취한다면, 제일철학이 넘어서고자 하는 것을 다시 끌어내리는 것이 아니라 그것을 주장하는 것이 어떤 극적 조건을 얻는지 대체 어떤 것을 얻는지를 규명하기 위해 그 우위성의 유형과 방식에 대한 중대한 실험을 해보려는 것이다. 이는 니힐리즘 시대에 다시 철학을 시작하는 것과도 같은 일이다. 이는 현상학이 형이상학으로 되돌아가는 문제가 아니라, 현상학이 때때로 구체화시키는 '제일철학'의 형태가 우위성의 새로운 기반을 찾게 해주는지를 규명하는 일과 관련한 문제이다. 이 우위성이 없으면 현상학은 철학이라는 칭호를 벗어던질지도 모른다. 그 칭호와 사태 자체를 말이다. 이 목적을 위해 나는 다음 네 가지 단계를 거칠 것이다. *a)* 현상학의 원리를 규정하는 것. *b)* 환원réduction과 주어짐donation의 관계에서 주어짐의 준거점을 드러내는 것. *c)* 주어짐의 인식 가능성과 대립하는 몇 가지 반대사항을 제기하는 것. *d)* 주어짐의 새로운 영역의 우위성을 보증하는 것.

현상학의 원리를 규정하는 일은 일견 다른 어떤 일보다도 쉬운 것처럼 보인다. 왜냐하면 후설이 원리에 이르기 위한 여러 명시적 정식을 전해주었기 때문이다. 그런데 이 정식들의 다양성 자체가 또한 불안을 야기할 수도 있다. 으뜸이 되는 원리를 제시하기 위해서는 단일한 정식으로 충분하다. 반면에, 다양한 정식은 우위성이라는 쟁점을 혼잡스럽게 만든다. 이제 후설이 사용한 세 가지 정식을 개괄해보자. 첫째, "나타나는 만큼, 바로 그만큼의 존재d'autant plus d'apparaître, d'autant plus d'être"라는 정식은 형이상학적 기원을 분명하게 견지하고 있는데, 왜냐하면 그것은 우선 헤르바르트Herbart의 사례에서 보듯, 형이상학에서 도래한 것이기 때문이다.[19] 특별히 이것이 나타남/존재paraître/être라는 개념쌍을 사용한다는 점에서 (니체가 종종 그랬던 것처럼) 형이상학의 장치를 완벽하게 전도하기에는 한계가 있다. 나타나는 것이 존재 한가운데 근접해 있다는 것은, 단지 양자의 이중성에 집착하고 있는 것일 뿐이다. 결국, 이 원리는 그 작용이 실행되는 이유나 그 작동방식을 보여주지 않는다 ─ 다시 말해 환원을 통해서 인식한다는 점이 여기서는 표면상 부재하고 있다. 두 번째 정식, "사태 그 자체로 돌아가자Retour aux choses mêmes!"라는 것은,[20] 우선 이 사태의 정체의 불

---

19) Husserl, *Cartesianische Meditationen und Pariser Vorträge*. in Hua. I, ed. Stephan Strasser, The Hague: Martinus Nijhoff, 1973, § 46, p. 133; *Méditations cartésiennes et Les Conférences de Paris*, trad. Marc de Launay, Jean-Luc Marion, *et al.*, Paris: Presses Universitaires de France, 1994, pp. 152, etc., reprise par Martin Heidegger, *Sein und Zeit*, Tübingen: Niemeyer, 1953, § 7, p. 36. Johann Friedrich Herbart, *Hauptpunkte der Metaphysik*, Göttingen, 1806, in *SW*, ed. Kehrbach et al., Frankfurt am Main, 1964², p. 187. 또한 Marion, *Étant donné*, Paris: Presses Universitaires de France, 1997, p. 19를 보라.

20) Husserl, *Ideen zu einer reinen Phänomenologie und Phänomenologischen Philosophie. Erstes Buch: Allgemeine Einführung in die reine Phänomenologie*, in Hua. III, ed. Walter Biemel, The Hague: Martinus Nijhoff, 1950, § 19, pp. 42~43; *Idées directrices pour une phénoménologie, Première Livre: Introduction générale à la*

명확성(관건이 되는 것은 경험적 실재성인가 '문제가 되는 일affaire'인가?) 및 이 돌아감 자체를 가능하게 하는 역진 작용의 불명료성이라는 이중의 문제를 겪는다. 요컨대, 두 경우 모두 항상 환원을 누락시키고 있는데, 이 오류로 인해 해당 슬로건은 반이론적 냉소주의로 빠르게 가라앉을 것이다. 우리 앞에 발견되는 '사태'가 그 개념 및 판명성과 관련해서 (이유를 막론하고) 우리를 괴롭히도록 놔두지 말자! 후설이 창시했으며 동시에 "원리 중의 원리"라는 자격을 부여한 유일한 정식인 세 번째 정식은 다음과 같이 요청한다. "[…] 모든 부여하는 직관은 인식의 권리원천이며, 직관 속에 우리에게 원본적으로 제시되는 모든 것은 […] 주어지는 그대로 순전하게 수용되어야 한다."[21] 따라서 이 원리의 권위에 대해서는 논쟁의 여지가 없지만 제한은 되어야 한다. (i) 직관은 어떤 권리를 따라 모든 현상성을 규정하는가? 이 칸트적 전제, 심지어 본질직시vision des essence와 범주적 직관l'intuition catégoriale을 첨가함으로써 교정된 이 전제는 모든 현상을 충족시키는 직관, 다시 말해 충족이라는 모든 직관의 조건, 지향성에 종속되는 것이 아닌가? 이제 지향성은 그것이 지향하는 대상을 통해 우선적으로 또는 심지어 배타적으로 정의될 수가 없는 것인가? 그러므로 현상학은 그 자체로 자신을 대상성objectité에만 국한시킬 수 있는가? 현상학은 그 시초부터 엄밀하게 제한될 수 있는 것인가? (ii) 더 나아가, 직관에 연결된 하나의 원리가 환원의 작용에 앞서, 혹은 그렇게 해서 환원의 작용(또한 단순한 언

---

*phénoménologie*, trad. Paul Ricoeur, Paris: Gallimard, 1950, pp. 63~64 등.

21) Husserl, Hua. III, §24, p. 52; trad., *Idées directrices pour une phénoménologie*, I, p. 78.

급) 없이 끼어든다면 거기에는 특별히 어떤 가치가 있는 것일까? 후설이 마지막까지 반복적으로 되풀이해온 작용을 검토해볼 때, 그것이 현상학적 과제 전체를 조건 짓고, 그 실패가 비가역적으로 그 과제를 파기한다면, 어떻게 그러한 작용에 최소한의 우위성을 부여할 수 있겠는가? (iii) 주어짐은 여기서 어떤 역할을 하고 있다. 그것은 분명 직관이 전달하는 현상성의 규준과 성취로 활용되며, 또한 그럼에도 불구하고 그것은 그 자체로는 규정되지 않은 채로 남아있다. 여기서 주어짐이 곧 마지막 규준이자 동시에 완전하게 탐문되지 않은 것으로 제기된다.

이 명백한 불충분성은 우리를 현상학의 가능한 제일원리의 네 번째이자 마지막 정식으로 안내한다. "환원만큼, 바로 그만큼의 주어짐 Autant de réduction, autant de donation."[22] 우리는 이 정식을 다른 많은 텍스트들 가운데서도, 후설이 처음 환원이론을 제시한『현상학의 이념』(1907)이라는 작품의 두 대목을 기반으로 삼아 도출해낸다. 첫 번째는 다음과 같다. "우리가 지금 현상학적 환원이라고 부르고 싶어 하는, 환원을 통하여, 나는 초월에 대해 어떤 것도 제공하지 않는 **절대적 주어짐**을 얻는다." 두 번째는 다음과 같다. "[…] **환원된 현상의 주어짐** 일반은 절대적이고 의심할 수 없는 주어짐이다."[23] 이와 더불어 후설의 서

---

22) Marion, *Réduction et donation*, Paris: Presses Universitaires de France, 1989, p. 303. 미셸 앙리가 다음 글에서 논평하고 심화시킨 바 있다. "Quatre principes de la phénoménologie", *Revue de métaphysique et de morale*, 96/1, Janvier 1991. 이에 대한 분석은 다음 책에서 전개되었다. Marion, *Étant donné*, §1, "Le dernier principe", pp. 13~31.

23) Husserl, *Die Idee der Phänomenologie: Fünf Vorlesungen*, in Hua. II, ed. Walter Biemel, The Hague: Martinus Nijhoff, 1973, pp. 44, 50; *L'Idée de la phénoménologie: Cinq leçons*, trad. Alexandre Lowith, Paris: Presses Universitaires de France, 1970,

신이 확증하고 있는 것처럼,[24] 우리의 정식은 그 본질적 이해를 다음과 같이 드러낸다. 우리의 정식은 실제로 나타남이 존재로 이행하고(첫 번째 정식), 문제시되는 것으로 유효하게 돌아가며(두 번째 정식), 또한 직관이 나타나는 것에 권리를 부여하는(세 번째 정식) 장소인 주어짐을 향한다. 다만 이제부터는 이 논의를 주어짐을 유발하는 환원의 작용에서 시작한다. 환원이 없는 주어짐은 없으며, 주어짐으로 안내하지 못하는 환원은 없다. 이제 환원은 모든 초월transcendance, 즉 대상에 대한 인식을 그 자체로 가능하게 해줄 뿐만 아니라, 불확실성l'incertitude, 오류l'erreur, 환영l'illusion 등을 허용하는 의식의 대상을 향한 의식의 지향적 탈자를 제거한다. 따라서 이미 환원된, 순수한 주어진 것으로 환원된 것을 조건 짓는다는 표현에서 주어진 것의 주어짐은, 절대적으로 의심 불가능한 것이 된다. 의심은 아직 환원되지 않은 지각에 주입될

---

pp. 68, 76. 탁월한 번역임에도 불구하고 이 책은 '현전(présence)'을 '주어짐(donation, *Gegebenheit*)'의 번역어로 삼았다. 우리가 자유롭게 이해한다면, 현상학에 의해, 여기서 주어짐은 '현전의 형이상학(métaphysique de la présence)'을 넘어서는 문제가 된다(본서 6장 1절 이하를 보라).

24) 물론, 예외적으로, "[…] 『현상학의 이념』은 이론의 여지가 없는 신뢰할만한 텍스트가 아니며[왜?] 『주어진 것』이 […] 수행한 역할을 할 수 없다[어떤?]"고 하는 예외적인 주장을 함으로써 이 텍스트를 그렇게 읽어내길 거부하는 글도 있다"(Denis Fisette, "Phénoménologie et métaphysique: remarques à propos d'un débat récent", eds. Jean-Marc Narbonne and Luc Langlois, *La métaphysique: Son histoire, sa critique, ses enjeux*, p. 101). 문제는 텍스트 앞에서, 텍스트가 무슨 역할을 하는가의 문제가 아니라 텍스트에 관해서 이해한 바를 받아들이는 것이라는 점을 다시 말해두는 것이 필요하겠다—또한 최소한의 역할도 감당하지 못하는 특별히 의심이 가는 텍스트란 것이 존재하는가? 이 텍스트의 신뢰성과 더불어 후설이 다음과 같이 『순수이성비판』에 대해 생각했던 바를 기억해보자(Hua. II, p. VII). "[…] 하나의 새로운 시작이, 유감스럽게도, 나의 제자들에게는 내가 소망했던 것처럼 이해되지도 받아들여지지도 않았다"(발터 비멜의 언급 이외에, 로위트의 탁월한 프랑스어 번역본의 33쪽, "독자를 위한 서문"에서도 이 말이 인용된다). 이후 독자들이 모두 변화된 것은 아니다.

수 있을 뿐이고, 여기서 우리는 또한 실제적으로 주어지지 않은 것을 혼란스러워하면서 당연하게 받아들이고, 또한 환원이 남김 없이, 그림자 없이, 아우라 없이 주어진 것으로 다시 가져온 것을 똑같이 혼란스러워하면서도 당연하게 받아들인다. 환원만이 현상을 부여한다. 왜냐하면 환원은, 주어진 것의 나타남을 환원 속에서 분해시키기 때문이다. 증류가 환원된 용액에 이르는 것처럼 말이다. 현상학에서 가정하는 직관주의l'intuitionnisme, 소위 명증성에 대한 소박한 자신감, 또는 주체성에 대하여 현상학이 가정하는 자기만족에 대해 진부하게 가해지는 비난들 중 그 어느 것도, 만일 환원의 철저성이 진정 심각하게 받아들여지게 된다면, 환원이 이 각 사례마다 주어진 것을 취약하게 만드는 초월들을 정당하게 유보시켜주는 데서 볼 수 있는 것처럼, 순간적인 이목조차 끌 수 없는 것이 되고 말 것이다. 만일 철학이 (흔히 요구되기는 하지만 언제나 사유의 수단으로는 받아들여지지 않고 그저 언급만 되는) 내재성immanence에서 전개된다면, 이 경우 현상학은 "환원만큼, 바로 그만큼의 주어짐"이라는 원리를 따라서, 탁월한 철학의 주제라는 칭호를 받을만하다.

　그러므로 환원과 주어짐의 친밀한 뒤얽힘이 현상학의 원리를 정의한다. 나타나는 것은 자신을 부여한다. 즉, 나타나는 것은 어떤 제한이나 잔여도 남기지 않은 채 나타난다. 따라서 나타나는 것은 그 자체로 부재하거나 숨겨져 있는 것의 가상 내지 표상이 아닌 그 자체로 몸소, 직접 일어나고, 발생하며, 부과된다. 나타나는 것이, 말하자면 총체적으로 (그 본질적인 것, 그 실체의 가장 내밀한 심연, 그 물질적 개체화 등과 관련하여) 이미지의 등급을 통과하기까지, 그것은 문제가 되는 독특한 사태와 결별한 단순한 외양 내지 가상을 흘려보내 버린다. 또한 만일 현상이 자신을 그 자체로 주지 못한다면, 그것은 그저 존재의 타자로 머물 수도 있다. 그렇다면 현상은 어떻게 그 자신을 주는 데 성공하며 그것과는 다른 현상 자체의 단순한 이미지로 머무르지를 못하는가? 이는 환원이 주어지지 않는 모든 것을 나타남의 과정에서 여지없이 제거해버리기 때문이다. (정의상 단지 묘사된 것일 뿐인) 지향된 대상과 (궁극적으로 지향적인) 체험을 병합하는 모든 초월과 결부된 주어진 것의 나타남과 혼돈, 상상 내지 기억은, 탐지되고, 여과되며, 결국에는 주어진 것으로부터 따로 격리된다. 따라서 환원이 그 주어진 것(혹은 노에마적인 핵)으로 되돌아가서 주어짐을 통제하는 것은 필연적인 일이다. 이런 점에서, 환원이 정확하게 성취되는 엄밀한 조건 아래, 주어짐이 주어진 것을 확실성과 더불어 부여하지 않는다는 점을 고찰하는 것은 "불합리한"[25] 일이 된다. 또한 이러한 불합리함은 주어짐의 주어진 것이 의심의 여지 없이 겪는 일의 결과로 초래된다.

　　이것은 **나는 존재한다, 나는 현존한다**ego sum, ego existo의 무조건적 확실성의 반복과 연관되는가? 후설 자신이 만들어낸, 또한 후설 이후 획득된 습성에도 불구하고, 우리는 이것을 구별해내야 한다고 주장한다. 데카르트에 의하면, 이 제일진리의 절대적 확실성은 오로지 사유 자체로 돌아가는 사유의 영역, 더 정확하게는, 자기-촉발l'auto-affection

---

25) Husserl, *Logische Untersuchungen* II, I, Tübingen: Niemeyer, 1913, V, supplément to § 11, 2, p. 425; *Recherches Logiques 2: Recherches pour la phénoménologie et la théorie de la connaissance, I$^{re}$ partie: Recherches I et II*, trad. Hubert Élie, Lothar Kelkel, and René Schérer, Paris: Presses Universitaires de France, 1961, p. 231.

과 관련한다. 하지만, 다음으로 다른 진리들을 정복하는 일의 어려움이 확증될 것이며, 자기-촉발은 본질적으로, 거의 대체로 접근할 수 없는, 획득된 것(res cogitans, 사유하는 것)과 다른 자 사이의 실질적 유아론에 걸려든 것으로 남게 된다. 왜냐하면 신과 세계는 아마도 특정한 의미에서 접근이 불가능한 것으로 남겨질 수 있는 반면, 타인은 확실하게 접근 불가능한 것으로 남겨지기 때문이다. 현상학에 따르면, 절대적 확실성은 모든 기원으로부터 체험에 의해, 뿐만 아니라 심지어는, 그럼에도 불구하고 이 체험들이 주어짐을 성취하는 표면적 조건 위에서, 자기에 대한 사유로 말미암는 의식의 촉발성 안에 자리한다. 즉, 체험들은 완전하면서도 비가역적으로 자신을 주고, 어떤 경우에는 각 경우마다 연루되어 있는 지향적 대상들에 관여한다. 그러므로 모든 체험은 (또한 궁극적으로는 지향적 대상은) 그것이 자신을 환원을 따라 준다면, 절대적으로 확증된다. 다시 말해, 현상학은 데카르트적 결과를 다음과 같이 보편화한다. 현상학은 자아만을, 그리고 **자아** 자체만을 지지하는 것이 아니라 세계 전체를 보증한다. 왜냐하면 현상학은 더 이상 사유(사유 자체)를 기반으로 삼지 않으며 자신을 주는 것으로서 (의식에) 주어지는 것을 그 기반으로 삼기 때문이다. 확실히, 체험이라는 지향적인 주어진 것이 감성적인 주어진 것(**감각 자료**les sens data)과 혼동된다면, 이 치환은 경험론으로 퇴행하고 만다. 그러나 주어진 것은 세심한 환원에 순응하며, 그리하여 내재성 안에서 그 자체로 환원된 자신을 내어준다. 이런 점에서 주어진 현상은, 현상의 주어짐의 경험과 더불어, 현상의 확실성에 대한 경험을 내포한다. 우리는 어느 것이건 주어지는 한에서의 바로 그것을 고려하기 때문에, 주어진 것을 의심할 수 없고, 또한 그 주어지는 방식이 무엇이건(감각적 직관, 상상력, 본질직시, 범주적 직관 등), 그것은 주어질 것이며, 오류로 인해(실제로는, 환원의 결여로 인해) 본래적으로 그 자체로 주어지지 않은 것 ─ 그럼에도 불구하고 이미, 의심의 여지 없이, 아직 그 특성이 구별되지 않은 채로 이미 주어진 것 ─ 을 주어진 것으로 가정했음을 단적으로 입증하는 기만과 더불어 그것과 마주칠 것이다. 바로 여기에 무한정적인 주어짐의 차원이 있을 수 있고, 있어야만 한다. 아울러 여기에는 어떤 예외도 있을 수 없다. 요컨대, 후설이 다음과 같이 말한 것처럼 말이다. "절대적 주어짐이 궁극적인 것이다."[26]

이 확실성으로부터, 주어짐은, 그것이 확실한 한에서, 또한 보편적이라는 이상한 결론이 도출된다. 우리는 주어짐이 어떻게 해서 주어진 것으로 나타나지 않는다고 말할 수 있는가? 만일 그것이 어떤 가능한 차원에서 그 자신을 주지 않는다면, 그것이 무엇이건, 또 그 나타남의 방식이 무엇이건, 그것이 과연 나타날 수 있겠는가? 주어진 것에 어떠한 한계도 부과하지 않으면서 주어진 것이 갖고 있는 풍요로움을 측정하기 위해, 후설은 다양한 방식으로 (우리의 관점에서는 잠정적인 것으로 보이는) 주어진 것의 목록을 작성했다. 사유, 직접적 기억(또는 과거지향), 의식의 체험흐름 속에서의 나타남의 통일, 나타남의 변양들, 소위 '외부' 지각의 사물, 상상력과 기억의 (이차적인) 다양한 형식들과 여타 종합적 표상들, 이뿐만 아니라 논리적으로 주어진 것들

---

26) "Absolute Gegebenheit ist ein Letztes", Husserl, Hua. II, p. 61; trad., *L'Idée de la phénoménologie*, p. 86(번역 수정).

(술어, 보편자, 사태들), 본질들, 수학적 실재들이 바로 그 목록이다. 심지어는 무-의미와 모순도 주어짐을 입증한다. 이렇게 해서 후설은 다음과 같은 결론을 내렸다. "어디서든 주어짐이란, 그것이 그 안에서 약속된 단순한 표상이거나 진정한 존재자이거나, 실재적인 것이거나 이념적인 것이거나, 가능한 것이거나 불가능한 것이거나, 가장 일반적인 말의 의미에서 사유의 현상 속에서의, 인식의 현상 속에서의 주어짐이다."[27] 이는 두 가지 결정적인 결과들을 나타낸다. (i) 주어짐은 사실상 현상 자체와 같은 것이며, 나타남(의식의 측면)과 나타나는 것(사태의 측면)이라는 주어짐의 두 측면은, 전자가 후자를 통해 그리고 후자를 따라서 주어진 것을 하나의 주어진 것으로 도입하고, 동시에 주어짐 자체가 주어지는 것으로 받아들여지기에, 주어짐 그 자체는 그 "경탄할만한 상관관계"[28]의 원리를 따라 규정된다. 여기서 우리는 다른 책에서 시행한 증명으로 더 들어가지 않을 것이며, 현상의 주름le pli은, 나타남에서 펼쳐지게 되는 것처럼, 또한 나타남에 주어진 것이 안착하는 것처럼, 곧 그것이 주어짐의 주름과 같은 것일 수 있다는 점이 해명되었다고 간주하겠다. 실제로 이 동등성은 주어짐과 환원의 동일성에서 직접적으로 도출된다. 주어진 것은 충만하고 근본적인plein et radical 현상의 등급으로 환원된다. 다르게 말해서 후설은 다음과 같이 규정했다. "[…] 결과적으로 하나의 절대적 주어짐eine absolute Gegebenheit"이라고 명명된 것은, 심리적 현상이 아니라 "[…] 오직 순수한 현상인 것,

---

27) Husserl, Hua. II, p. 74; trad., *L'Idée de la phénoménologie*, p. 100(번역은 수정된 것이며 본문의 강조는 필자의 것이다).
28) *Ibid*.

환원된 것das reine Phänomen, das reduzierte이다."[29] (ii) 다른 결과도 있다. 만일 모든 것이 현상으로 — 하나의 현상으로 — 나타난다면 이 경우 무rien도 주어짐의 예외가 될 수는 없다. 이 문제를 우리가 여기서 다시 전체적으로 증명해낼 수는 없다. 다만 베르그손의 (언제나 또 다른 주어진 것에 도달하는) 무의 관념의 비판이라는 모형과 관련해서, 우리는 하이데거의 분석이 모순이 아니라 가장 탁월한 것임을 확증할 수 있다. 왜냐하면 무 자체는 현상으로서의 존재자와 구별되는 존재 현상의 단계에서 막을 내리거나 최소한 막을 내리는 것처럼 보이기 때문이다. 죽음조차도 다시 주어진다. 왜냐하면 죽음은 죽을 수 있는 힘을 가진 **현존재**에게 수여되기 때문이다. 다시 말해 그것은 타인의 현사실적 죽음이라는 존재적으로 모순적인 현상을 넘어서기 위해서, 미래로 향하도록 정위된 현존재의 고유한 현상성에 이르기 위해서 현존재에게 수여된다. 죽음은 언제나 특정한 부재를 지시하는데, 이런 점에서 죽음은 나에게 그 자체로 나타나는 가능한 부재(또는 가능한 상실)에 관한 기술과도 같은 것이다.

일견 예외적인 것이지만 실제로는 매우 논리적인 주어짐의 보편성에 대한 확증은, 대상이론 자체에서 인식될 수 있다. 만일, 마이농과 더불어, 우리가 "[…] 그것이 존재하지 않는다es gibt nicht는 것은 확증할 수 있다는 것과 관련해서 대상들이 존재한다es gibt"는 역설을 인정해야 한다면, 이로부터 대상은 "[…] 존재 외부ausserseiend라는 본성을

---

29) Husserl, Hua. II, p. 7.

통해" 존재한다는 결론이 필연적으로 도출될 것이다.[30] 이로부터 어떻게 대상의 나타남의 방식이 기술될 수 있으며, 또한 그럼에도 불구하고 대상들이 분명하게 나타날 수 있다는 점에서, 그것들은 어떻게 우리에 대하여 실재성에서 배제된 채로 존재할 수 있을까? 여기에는 오로지 한 가지 답변만이 존재한다. 이 대상은, "다른 모든 대상처럼 [⋯] 어떤 방식으로건, 무엇보다도 대상의 존재 혹은 비존재에 대한 우리의 규정으로 주어진다." 사실상, "인식 가능한 모든 것이 [⋯] ─ 바로 인식작용에서 ─ 주어진다. 또한 모든 대상들이 인식 가능한 차원에서, 주어짐은 예외 없이, 그것들이 존재하거나 존재하지 않거나 하는 문제와는 상관없이, 그 보편적 속성으로 귀속될 수 있다."[31] 이러한 ─ 현존에 대한 모든 판단으로부터 자유로운 ─ 대상이론은, 그것이 정확하게 형이상학적 존재론으로부터 해방되려고 하는 것이기에, 존재자의 바깥으로 물러나야만 한다. 이 대상이론은 현상학과 마찬가지로 주어짐을 향하도록 방향을 설정할 수 있으며, 주어짐의 궤도 안에 분명하게 기입되어 있다.[32]

---

30) Alexius Meinong, "Über Gegenstandstheorie", dans le collectif *Untersuchungen zur Gegenstandstheorie und Psychologie*, Leipzig: Barth, 1904(in *Gesamtausgabe*. eds. R. Haller, R. Kindlinger and R. M. Chisholm, Graz: Akademische Druck-und Verlagsanstalt, 1968~1978, t. 1); *Théorie de l'objet*, trad. Jean François Courtine and Marc de Launay, Paris: J. Vrin, 1999, 각각 §3, p. 73, §4, p. 76.

31) Meinong, *Théorie de l'objet*, 각각 §4, p. 74, 그리고 §6, p. 83(번역 수정: 우리는 **주어진-존재**être-donné를 **주어짐**Gegebenheit으로 번역하지 않는다. 왜냐하면 이것은 바로 존재하지 않는 것을 명명하는 문제이기 때문이다. §11, pp. 103, 104, 107을 보라. **현전화** 안에서의 **주어짐**에 관한 장-프랑수아 쿠르틴의 탁월한 언급을 참조하라. *op. cit.*, pp. 30~36).

32) 네프(Frédéric Nef)는 다음 저술에서 **진부한 대상**(L'objet quelconque) 이론에 준거한다. *L'objet quelconque: Recherches sur l'ontologie de l'objet*, Paris: J. Vrin, 1998. 이 책은 현상학 일반과 특별히, 여기서 시행한 최종 원리─"환원만큼, 바로 그만큼의 주어짐"─에 정

따라서 우리는 주어짐의 주름이 언제나 나타남 안에서 완전하게 펼쳐지는 식의 현상적인 것은 아니라고 해도, 그 주어짐의 주름에 예외로서 존재하는 나타남은 없다는 결론을 내린다. 심지어, 그것은 무한정성이라는 정도를 허용하기 때문에, 주어짐은 절대 유보되지 않는다. 다시 말해, 무한정적인 정도의 주어짐이 있을 수 있지만 그로부터 예외란 있을 수 없다. 따라서 주어짐은, 그 확실성과 자동적 보편성에 의해, 원리상 무조건적인 것으로 수립된다. 그러므로 현상학에 의거한 '제일철학'이 나오게 된다.

## 5. 주어짐, 최종 원리

그럼에도 불구하고, 이 가설은 몇 가지 반대와 마주한다.[33] 주요 반대 입장 중 하나는 주어짐과 주어진 것의 관계와 관련한다. 여기서 우리는 이 관계가 원인과 작용의 간극을 재정립하며, 그 원인 자체에 대한 신학적 해석의 길을 열어준다고 주장할 수 있다. 신은 (통상 혼동을 일으킬 정도로 동일시되는) 계시신학théologie révélée과 존재-신-론적 전통la tradition onto-théo-logique에서,[34] 존재자의 원인과 같은 것으로, 그리

---

초된 사안의 오류를 '과장해서' 가정하는 반대 입장을 펼치는 데 열과 성을 다한다(*Ibid.*, p.45를 보라). 최소한 한 가지는 확실하다. 마이농은 주어짐의 주름과 정초가 비-현존의 대상에서 보증된다는 식으로 생각하지는 않았다.

33) 앞서 요점 *c*)에서 언급했던 부분이다(본서 40쪽).

34) 일자와 타자 간의 혼동은 빈번하게 일어난다. 가장 흔하게는 경솔함이나 무지, 때로는 편의(자크 데리다, 본서 6장 1절, 4~5절을 보라), 좀 드물게는 이론적 결의(한 예로 Didier Franck, *Nietzsche et l'ombre de Dieu*, Paris: Presses Universitaires de France, 1998, p. 152)에서 비롯한다. 그럼에도 이러한 혼란은, 예수 그리스도 안에서 계시된 신에 관한 신학은, 사실상 그리고 권리상, 특수 형이상학 가운데 하나로서 추론되는 형이상학 '신학'에 반하는 방식으로는 결코 발전될 수 없다는 점에서, 문제제기 그 이상의 것으로 남게 된다.

고 주는 자가 어떤 이에게 주어지는 것을 준다는 식으로, 그렇게 신을 개입시키지 않았는가? 그런데, 이러한 분명한 반대 검증에 굴복할 필요는 없다. 우선, 계시신학에서는 인과성을 신이 인과성의 작용으로부터 파악 가능한 것이 되는 것이 아니라 언제나 알려지지 않은 자로 알려지도록 남아있게 하려고 그것을 신에게 적용한다. 실제로, 인과성은 신에게서 발휘되지도 않고 (결코 아무 영향도 미치지 않고) 혹은 본질을 지정하지 않으면서 (곧, 자기원인causa sui이 아닌) 신으로부터 실행될 수 있다. 그렇다면 여기서 발생되는 주어짐은 현상학에만 속하고 그리하여 그 확실성 안에서 곧 신을 포함한 어떤 초월을 괄호 속에 넣어버리는 환원에 의존한다. 끝으로, 그것은 개념적으로 확립되어야 할 것이기 때문에, (우리가 여기서 분명하게 다루지 않아도 되는) 계시신학에 의하면, 신은 초월에만 충실할 것이고, 더 본질적으로, ——나의 가장 내밀한interio intimo meo[35]이라는 형식 아래 —— 철저한 내재성을 고수하지는 않을 것이다. 이 마지막 가설에서, 존재적 초월(작용인)에 대한 괄호치기parenthèses가 현상학에서 신을 실격시킬 수 없듯이, (대상에 대한) 지향적 초월의 괄호치기도 신을 위협할 수 없다.

하지만 우리는 주어짐의 우위성을 더 미묘하게 다룰 수 있고, 주어짐을 형이상학적 개념으로 되돌리지 않고서, 순수한 언어의 문제로 제시한다. 만일 Gegebenheit(주어짐) ——이 용어가 후설에 준거하기 때

---

35) Saint Augustine, *Confessions*, III, 6, 11. 이 말과 "[…] 나의 높이보다 더 높이 계시는(et superior summo meo)"이라는 말이 병행을 이루는 데 있어 별다른 난점이 보이지 않는다는 점에 주목하자(*Œuvres de saint augustin*, Bibliothèque augustinienne, t. 13, Paris: Desclée de Brouwer/Études augustiniennes, 1962, ed. Fulbert Cayré and Georges Folliet, p. 382).

문에 ──가 정말 애매하게, 주어짐의 작용과 단순한 주어진 사실 사이에서, 오로지 하나의 용어를 도입함으로써 두 겹을 한 겹으로 만드는 방식으로 donation(주어짐)으로 번역되어야 한다면, 우리는 신학적이거나 최소한 초월적인 주어짐의 기원과 결과 사이의 간극을 파고들어갈 것을 요구한다. 왜 **주어진 것**donné, 또는 심지어 같은 맥락에서 **현전** présence이라는 번역을 엄격하게 견지하지 말아야 하는가? 우리는 **현전**이란 말을, 그것이 바로 저편 ──지속하는 실체성의 현전, 요컨대 '현전의 형이상학métaphysique de la présence' ──으로 넘어가는 것을 의미하는 것으로 상기될 수 있는 논쟁을 일으킬 수 있다는 점에서 배제한다. 이제 **주어짐**이라는 번역어보다 분명 더 중립적이기 때문에 매력적이라 할 수 있는 **주어진 것**이라는 말에 우리의 주의를 집중시켜보자. 그런데 이것의 나타남은 전혀 실재적이지 않다. 실제로, 자신을 주거나 주어진 것으로 발견하지 못한 채로, 그러므로 주어짐의 주름에 의해 유기적으로 구성되지 않은 채 나타날 수 있는 주어진 것은 없다. 하나의 문제로서 주어진 것 ── 분명 사소하다는 점에서 중립적인 ──의 예를 고려해보자. 이 경우 우리는 왜 사실이나 현전이 아닌 주어진 것에 관해 말해야 하는가? 왜냐하면 주어진 것은 그 응답이 알려지지 않은 채로 남아있는 물음, 또는 그 의미조차 여전히 알려지지 않은 채로 남아있는 물음에 관한 것이기 때문이다. 모든 경우(비록 내가 직접적으로 물음을 이해한다고 하더라도, 그리고 타고난 재능 때문에 만일 내가 직접적으로 해답을 찾았다고 해도), 나는 최소한 한 가지 주어진 것을 해결해야만 하고, 그 주어진 것에 정확하게 반응해야 한다. 왜냐하면 나는 주어진 것을 선택하거나 앞서 보거나 곧장 구성해내지 못하기 때문이다.

이제, 주어진 것이 나에게 그 자신을 부과하고, 나를 부르고, 나를 규정하기 때문에, 이 주어진 것이 나에게 그 자신을 준다. 요컨대, 나는 주어진 것의 창시자가 아니기 때문이다. 주어진 것은 그것이 나에게 들이닥치는il m'advient 한, 기정사실fait accompli이라는 명칭을 받을 자격을 갖는다. 주어진 것은 나에게서 일어나는, 그리고 나에게서 예견되고, 종합되고 구성된 대상과 구별된다. 왜냐하면 그것은 사건événement으로 나에게 도래하기 때문이다. 이 예기치 않은 도래arrivage*는 사건을 주어진 것으로 나타내고 거기서 주어짐을 입증한다. 주어짐은 여기서 이 주어진 것의 기원을 현상학적 지위와 같은 것으로 지시하지 않는다. 그보다는 가장 통상적으로, 주어짐은 원인 없이, 기원 없이, 그리고 확인 가능한 선행적인 어떤 것 없이, 주어진 것에게 그러한 것들을 배분하는 것과는 무관하게 주어진 것을 특징짓는다. 또한 주어짐은 주어진 것 ── 주어진 현상 ── 을 주어짐의 주름을 입증하기 위한 질서 안에서 오직 그 자신으로부터(예견하고 구성하는 주체로부터가 아니라) 시작해서 자신을 주는 일을 충족시킨다.[36] 이런 점에서 반대의 주장은 나의 논지에 대한 확증으로 전회한다. 주어짐은 주어진 것을 초월적 조건에 종속시키는 것이 아니라 그 조건에서 해방시킨다.

　마지막으로, 주어짐을 따라서, 현상학이 '제일철학'의 물음을 다

---

* 도착이나 도래의 의미를 가지는 arrivage는 상품의 입하나 도착이라는 뜻을 갖는다. 하지만 이 말은 프랑스어의 일상적 의미로, 당일 잡은 생선 따위의 재료를 조리하여 제공하는 메뉴라는 의미도 있다. 이 메뉴를 주문한 주문자는 조리되어 나오는 것이 구체적으로 무엇인지 알 수 없고, 그것이 주어지는 대로 받아들여야만 한다.

36) 이러한 번역의 문제에 대해서는 다음을 보라. Marion, *Étant donné*, I, §6, 특별히 p. 97.

시 포착할 수 있는 방식을 해명하는 일이 가능해지게 된다.[37] 실제로, 현상학은 제일철학의 지위를 부여받지만, 주의사항도 가지고 있다. 만약 '제일철학'이 특별히 자아(또는 이와 동등한 것)의 초월적 선재성을 부과하려고 선험적 원리나 일군의 원리들을 고착시키는 일을 해명하고 그것을 규정하는 일을 기대한다면, 현상학은 더 이상 그런 방식으로 이해되는 '제일철학'의 지위에 이르거나 요구하지 못한다. 왜냐하면 내가 환기했던 것처럼, 제일철학의 과제의 근원성을 규정하는 일은 현상이 이론의 여지가 없는 우위성을 갖게 되는 데서 비롯하기 때문이다. 이 일은 더 이상 강제(경험과 경험 대상의 선험적 조건이 가정됨으로) 로서가 아니라 자신을 주는 것(자기 자신으로부터 그 자체로)으로서 나타난다. 환원이 여전히 (형이상학에서의 의심이나 비판의 방식으로) 나타남의 선험적 조건을 부과한다고 상상하는 일은, 반대로, 거기서 실제로 나타나지 않는 모든 것의 나타남을 정화하는 일로 제한되기 때문에 모순일 수 있다. 왜냐하면 그것은 아직 (체험 및 지향적 체험의 자격으로) 진정으로 주어진 것이 아니기 때문이다. 현상학의 원리 "환원만큼, 바로 그만큼의 주어짐"은, 근본적인 원리이지, 정초나 심지어는 제일원리의 성격도 전혀 가지지 않는다. 실제로, 이 원리는 최종 원리를 제공한다. 여기서 최종적이란, 그것이 궁극적인 것이라는 점에서, 곧 이 원리 다음에는 특별히 다른 어떤 원리가 존재하지 않기 때문에, 원리가 현상을 전개하는 것이 아니라 현상을 뒤쫓아 가면서 우위성을 부여하기 때문에 나온 말이다. 최종 원리는 현상을 따라가는 일의 우위

---

37) 이것은 본서 40쪽에서 제시한 요점 *d*를 개정하고 있다.

성을 점한다. 이 원리는 나타남의 환원할 수 없는 우선적인 **자기**soi에서 출발해서 자신을 보여주는 것이 또한 그 자신을 주고, 자신을 주는 것이 그 자신을 보여주는 작용에 주석을 단다. 이 과정에서 나는 서기관, 수용자, 또는 이 과정을 견디는 자이지, 창시자나 생산자가 아니다. 이런 점에서 형이상학적이고 주관적인 형식의 초월성은 여기서 1세대가 정의한 전복을 겪는다. 니체와 마찬가지로, 후설도 **전도**Umwertung에 대해 말하는데,[38] 그는 이를 니체보다 더 잘 성취해낸다.

그런데 "환원만큼, 바로 그만큼의 주어짐"이라는 원리는, 동시에 나에게서 우위성을 제거해버리므로, οὐσία(실체) 내지 causa와 같은 것도 재정립하지 않는다. 왜냐하면 현상성 안에서 비로소 남김없이 자신을 주고 나타내기 위한 요구가 정확하게 규준을 정의하고 위기를 열어주기 때문이다. 또한 본질, 실체, 원인은 지속적인 나타남의 결핍으로 인해 고통을 겪는다. 이런 것들은, 항상 도입되고, 재구성되고, 가정되고 주어지거나 면 대 면으로 보여지는 것이 아니기 때문에 혼란스러워진다. 곧, 그것들은, (본질에 대한) 그것들이 최종적인 개별자들이건, (실체에 대한) 우유나 속성이건, 원인에 대한 결과이건, 결과적으로 그것들의 중개자를 통해서만 나타난다. 현상학에서, 원인으로서의 οὐσία는 그 특권을 상실한다. 왜냐하면 단순히 그런 것들은 직접적으로나,

---

38) Husserl, Hua. III, § 31, p. 65 ; trad., *Idées directrices pour une phénoménologie*, I, p. 99. "[…] 오히려 이 경우 모든 평행하는 표현의 경우처럼[즉, 괄호치기, 연결을 끊기 등], 근원적인 단순한 정립으로 연결되는, […] 그 정립을 특유의 방식으로 **가치를 전도시키는**(umwertet), 일정한 **독특한 종류의 의식방식**을 예시하면서 특징짓는 것이 문제이다. 이 가치의 전도(Umwertung)는 우리의 **완전하면서도 전적인 자유의 소관**이다"(번역을 수정했고, 강조를 변형시켰음 / 대괄호도 마리옹의 삽입구이다—옮긴이).

최소한 부분적으로도 전혀 나타나지 않기 때문이다. 그것들은 심지어 그 발자취를 개별자, 속성과 결과에게로 돌리며, 이런 점에서 그러한 개별자, 속성, 그리고 결과 안에서만 나타나며, 그렇게 해서 우리를 촉발시킨다 ─ 다시 말해 그것들이 우리에게 예기치 않게 도래하고 우리에게 나타난다. 이 모든 경우에, "환원만큼, 바로 그만큼의 주어짐"이라는 정식은 이 원리가 최종적으로 발견될 뿐만 아니라 결국 최종적인 것이 ─ 일견, 그 미심쩍은 형이상학의 취약성 안에서 ─ 항상 단일하고 유일한 첫 번째 것과 같다는 점을 정립하는 가운데 최종 원리로 작용한다. 최종적인 것이 첫 번째 것이 되는, 이 원리가 곧 최종 원리로 정의되며, 이러한 현상학은 '제일철학'을 '최종적인 철학'으로 전도시킴으로써 '제일철학'이라는 칭호를 되찾을 수 있다.

## 6. 신학에서의 주어짐의 활용에 관해서

현상학적 원리인 "환원만큼, 바로 그만큼의 주어짐"에서 출발한 '제일철학'의 재정의 작업의 말미에 이르러, 우리는 신학에서의 주어짐의 가능한 활용 방식에 관한 물음을 회피할 수 없다.[39]

　　몇몇 탐구들을 차례대로 나열해보자. *a)* 신학과 현상학의 관계는 논쟁의 대상이며, 심지어는 대립의 대상이다. 환원을 통해서 그 모든

---

39) 실제로 이미 앞서 다음 글에 대한 답변을 소묘했다. "Phänomenologie und Offenbarung", eds. Alois Halder, Klaus Kienzier and Joseph Möller, *Religionsphilosophie heute*, Bd. 3, Düsseldorf: Patmos Verlag, 1988; "Métaphysique et phénoménologie: Une relève pour la théologie", *Bulletin de litérature ecclésiastique*, XCIV/3, Toulouse, 1993, pp. 189~206.

초월을 배제하는 일은, 종교에 대한 적용이라는 단순한 가능성을 구상하는 일마저도 원리상 금하지 않는가? 그런데 신에 대한 물음이 내재성의 차원에서만큼, 바로 그만큼 초월의 차원에서 다뤄진다는 사실과는 별개로, 환원이란, "Noli foras ire, in interiore homine habitat veritas(바깥으로 가지 마라, 진리는 인간 내면에 깃들어 있다)"는,[40] 아우구스티누스의 논지를 후설이 활용한 것, 또는 그의 후기 텍스트에 나오는 무한한 목적론의 전개가 함축하는 신학적 해석 그 이상의 어떤 비-신학적 해석을 함축하지 않는다. b) 만일 현상학이 신학으로 (다른 데서 수립된 채로 남겨진) '전회'할 수 있다면, 또한 이론의 여지가 없는 현상학자들에게서, 이것, 이 전회 자체는 어떤 현상학적 경향도 내포하지 않는, 불가능한 일로 남아있을 것이다. 전회는 신학을 알리기에는 (혹자들이 또한 그것의 강화를 적법하게 인식할 수 있다고 해도, 이 방향 전환이 타락을 내포하고 있음이 분명하다고 가정하는 것은) 불충분한 것이며, 우선은 그 전회가 설명되어야만 할 것이다. 그렇다면 현상학은 그 고유한 권리상 그런 식으로 ── 후설, 하이데거, 또는 비트겐슈타인적인 의미에서 ── 전회할 수 있는 어떤 권리를 가지고 있는가? 이 중차대한 전회는 이를 기다리거나 준비하는, 감추어져 있지만 실질적인, 선행하는 전회가 없이는 일어날 수 없다. 만일 이러한 전회, 이 전회의 형식과 기원을 확인했다면, 여러 비난들은 무게감을 가질 수 있다. 하지만 그러한 사례가 존재하지 않기 때문에, 이런 비난은 임의적이고

---

40) 후설은 『데카르트적 성찰』 § 64의 결론(Hua. I, p. 183)에서 아우구스티누스(*De vera religione*, XXXIX, 72)를 인용한다.

무익한 의심에 지나지 않는다. *c)* 후설 자신은 현상학과 신학 사이의 관계를 규제하기 위해 한정적인 규칙을 수립했다. "우리의 직접적 의도는 신학에 관한 것이 아니라 현상학에 관한 것이다. 다만 간접적으로 현상학이 신학을 위해 중요한 것이 될 수는 있다. 그러나 현상학에서의 근본고찰은, 그 고찰들이 필수불가결한 것인 한, 현상학에 고유한 탐구분야의 절대적 영역을 개척하는 데 기여했다."[41] 이것은 영역들, 대상들, 그리고 방법들 간의 구별이 절대적인 것으로 설정되긴 하지만 현상학이 신학을 파괴하거나 파괴된 것으로 만들지 않으면서 신학을 해명할 수 있다는 의미를 담고 있다.

이러한 평형상태는 어떻게 확증되는가? 이 물음을 둘러싼 논쟁을 언제나 혼란스럽게 만드는 두 가지 종류의 신학을 분명하게 구별하는 일이 필연적인 과제라는 점을 상기해보자. 여기서 두 가지 신학이란 형이상학적 신학(여기에 우리는 '제일철학'을 포함시킬 수 있다)과 계시신학이다. 철학에 소속된 신학에 관해서, 다시 말해 '제일철학'은, 어떤 애매성도 남겨두지 않고 존재–신–학을 포괄한다. 왜냐하면 존재–신–학은 실재적 초월, 인과성, 실체성과 현실성을 기반으로 삼기 때문이다. 존재–신–학은 현상학적 환원을 거부할 수 없다. 현상학은 어떤 식으로든지 주어짐이라는 제한을 무시하고 비–내재적 정초를 주장하는, 주어진 것을 넘어서는 사변적 논증을 인정할 수 없다. 여기서 엄밀

---

41) Husserl, Hua. III, §51, p. 122; trad., *Idées directrices pour une phénoménologie*, I, p. 170. 또한 장-루이 크레티앙의 다음 언급을 보라. '생각컨대 철학과 신학 사이의 확실한 경계를 설정하는 관습으로는 충분치 않다. 즉, 무엇보다도 철학에서는, 이 경계의 방점에 대해 스스로 묻는 일이 필요하다"(*L'appel et la réponse*, Paris: Éditions de Minuit, 1992, p. 11).

하게 보면 현상학은 칸트적 입장에서의 순수하면서도 단순한 비판적 기능을 발휘한다. 그런데 그것은 또한 역설적으로 계시신학과 같지 않다. 왜냐하면 계시신학은 그 형태, 나타남, 그리고 현시(실제로는, 경이적인 것, 기적, 계시 등)와 같이 긍정적으로 주어지는 사실을 기반으로 삼는다는 사실 자체로 말미암아, 자연적인 현상성의 영역에서 발생하는 것이며, 그렇기 때문에 계시신학은 현상학의 능력에 의존하는 것이 된다. 여기서 놀라운 것은 현상학은 신학이 '자연적'이고 이성적이라고 일컬어진다는 점을 의문시해야 하지만, 현상학이 계시신학에 무관심할 수 없다는 것이다. 왜냐하면 곧 계시란 현상성의 법칙이 없으면 일어날 수 없기 때문이다. 그러므로 엄밀한 현상학으로서의 계시신학은 다음과 같은 방식으로 제기되는 물음을 회피할 수 없다. 계시 현상은 여전히 곧 현상인가? 만일 그렇다고 한다면, 그것은 대상적이거나 존재적인 현상성에 속하거나, 아니면 심지어 또 다른 유형의 현상성, 이를테면 사건, 역설, 또는 포화된 현상[42] 등에 속하는 것인가? 그렇다면 우리는 지금까지 알려지거나 허용되어온 현상성의 범위를 확장해야 하는가? 나타나지 않는 현상들도 인정해야 한다면, 이 경우 그 현상들은 잠정적으로, 부분적으로, 또는 한정적으로 나타나지 않는 것인가? 이 모든 물음은, 이것이 계시신학의 영역에서만 규정될 수 있다고

---

42) 내가 「포화된 현상」("Le phénomène saturé", ed. Jean François Courtine, *Phénoménologie et théologie*, Paris: cerf, 1992)이란 글에서 견지한 입장은 이제부터 『주어진 것』 23~24절을 따라 다음과 같이 수정되어야 한다. 계시라는 현상은 더 이상 네 가지 포화된 현상의 계열 안으로는 들어오지 못한다(아이콘이라는 주제하에). 하지만 이 계열 바깥에서는, 비록 이 모든 현상들을 수반하긴 하지만, 그 네 가지 현상 형식들을 규범의 바깥에서, 이차적 수준에 있는 역설 속에서 다시 포착한다(p. VI, 각주 1을 보라).

하더라도, 또한 정확하게 현상성에 속하는 것이다. 왜냐하면 계시 자체가 현상성의 특수한 형태를 전개하도록 요구하기 때문이다.

이 상황은 우리에게 두 가지 물음을 던지게 한다. 첫 번째 물음은 현상학이 신학자에게 던지는 것이다. 왜 신학자들은 항상 특권화된 존재적, 역사적, 또는 기호론적 해석학을 대신해서, 성서에, 특별히 신약에 기록된 계시를 현상학적으로 읽는 일을 완수하지 못하거나 미미하게만 완수하는가(한스 우르스 폰 발타사르Hans Urs von Balthasar는 여기서 예외적이며, 이 비판에 부합하지 않는 인물이다)?[43] 두 번째 물음은 신학이 현상학에 던지는 것이다. 만일 나타남이 언제나 "환원만큼, 바로 그만큼의 주어짐"이라는 원리를 따라 주어짐에 질서를 부여하게 된다면, 또 만일 주어지지 않은 것은 어떤 것도 보이지 않고 보이지 않는 것은 그 어떤 것도 주어지지 않는다면, 궁극적으로 자신을 준다는 것은 무엇을 의미하는가? 현상학은, 그토록 중요한 주어짐이 가장 큰 수수께끼로 남아있는 와중에도, 왜 언제나 주어짐을 마치 자명한 것처럼 실행시키고 왜 끊임없이 환원을 문제로 삼으며 연구를 감행해왔을까?

---

43) 한스 우르스 폰 발타사르에 대해서는, 그를 새롭게 환기시키는 다음 논고를 보라. Jean Greisch, "Un tournant phénoménologique de la théologie", *Transversalité*, n° 63, Paris: Institut Catholique de Paris, 1997, pp. 75~97. 더 일반적인 논의로는 다음 글이 있다. "Phénoménologie radicale et phénomène de révélation", *Transversalité*, n° 70, Paris: Institut Catholique de Paris, 1999, pp. 55~68.

# 2장

# 사건 또는 일어나는 현상

## 1. 자신을 보여주는 것과 자신을 주는 것

모든 현상은 나타나지만, 그 자신을 보여주는 만큼만 나타난다. 어떤 현상이 그 자체로en soi 자신을 드러내고 자기로부터à partir de soi 비롯되는 것으로 정의된다는 점을 하이데거는 이렇게 규정하고 관철해냈다. "그 자체로 자신을 내보여주는 것 […]"[1] 그런데 이 말은 **자신**이 보여지는 데 있어 그 **자신**이 사유될 수 있는 방식을 대체로 규정하지 않고 남겨두고 있다. 만일 현상을 배타적으로 지배하는 사유를 위해 그리고 그런 사유를 통해 재량권을 가지게 된 초월적 나Je가 하나의 대상을 구성한다면, 실제로 한 현상은 어떻게 그 자신을 통해서 그리고 자기 스스로 펼쳐지기를 요구할 수 있는가? 그러한 세계에서 ─기술적 대상objets techniques에서 비롯되는 것, 우리 대부분이 속해있는─ 현상

---

1) Martin Heidegger, *Sein und Zeit*, Tübingen: Niemeyer, 1953, §7, p. 31.

은, 대상의 수준에 도달할 뿐이며, 그런 현상의 현상성은 우리가 그 현상들에 수여한 지향성과 직관으로부터 파생된 채로 도출해낸 것에 지나지 않는다. 반대로, 현상이 자신을 보여준다는 점을 받아들이는 것은, 현상의 현시에 대한 주도권을 갖고 있는 그 현상의 **자기**를 인정할 수 있게 해주는 것으로 여겨진다. 현시의 주도권이 현상에게 귀속된다면 이제부터 물음은 그 귀속 방식을 이해하는 것에 관한 것이 된다. 이 물음에 관한 답을 제시해보자. 현상은 무엇보다도 **자신**을 주는 만큼만 **자신**을 보여준다 ──**자신**을 보여주는 것은 전부 다, 자신을 보여주는 지점에 이르기 위해 우선 **자신**을 준다se donner. 그럼에도 불구하고, 우리가 살펴볼 것처럼,[2] 그 역이 정확하게 같은 것은 아니다. 자신을 주는 것이 전부 다 필연적으로 **자신**을 내보여주지는 않는다 ──주어짐이 언제나 자신을 현상화하지는 않는다. 그렇다면 어떻게 해야 자신을 주는 것의 갈피를 잡을 수 있을까? 자기의 줌donation de soi은 실제로 직접적으로 볼 수 있는 것이 아니다. 왜냐하면 이미 **자신**을 보여준 것만이, 또는 적어도, 대상의 경우에, 보여지게 된 것만이 볼 수 있는 것이 되기 때문이다. 만일 현시가 주어짐에서 비롯된 것이라면, 주어짐이 앞서 일어나야 한다. 곧 주어짐은 현시에 선행하는 것으로 남아있다. 다시 말해 주어짐은 아직 가시성의 공간에는 참여하지 못한 채로 있는, 엄밀하게 말해서 결과적으로 보여지지 않은 것이다. 따라서 우리는 당연하게도 비-대상적 현상성이 이런 식으로 증명될 수 있다고 가정하면서, 현상이 **자신**을 보여줄 수 있는 그 가시성을 우회해서는 주어진 것

---

2) 본서 2장 5절 95쪽 이하를 보라.

에, 곧 현상이 **자신**을 주는 운동에 접근할 수 없다. 따라서 그것은 다음과 같은 단일한 방식만을 남기게 된다. 단순히 현상들을 대상으로 보여지게 하는 것 대신, 현시의 공간에서 현상들이 **자신**을 보여주는 영역을 명확하게 보여주기를 시도하는 방식이 있다. 다시 말해 **자신**을 보여주는 것의 그 **자기**가 이론의 여지 없이 돌발적인 것으로, 압력, 소위 말해 **자신**을 주는 것의 충격으로 입증되는 영역을 이끌어내는 방식이 있다. **자신**을 보여주는 것의 **자기**는 더 본질적으로 **자신**을 주는 것을 간접적으로 현시해낼 수 있다. **자신**을 보여주는 현상에서 확인할 수 있는 그 동일한 **자기**는 자신을 주는 것의 근원적 **자기**로부터 유래할 것이다. 더 분명하게, 현상화의 **자기**는 직접적으로 주어짐에서 **자기**를 현시한다. 왜냐하면 주어짐에서 자기가 작동하고, 결국에는 주어짐에서 자기가 될 수 있기 때문이다.

그런데 현상화하는 **자기**에서 주어지는 **자기**에 이르는 이와 같은 일을 우리가 탐지할 수 있는가? 그 현상화의 방식이 그 근원적 **자기**로의 접근을 열어줄 뿐만 아니라 이론의 여지가 없는 것이 되게 할 정도로, 현상의 주어짐의 흔적 내에 존속되는 현상은 어떤 현상인가? 한 가지 가설을 제시해보자. 그것은 사건이라는 유형의 현상과 관련한다. 실제로, 사건은 다른 현상과 마찬가지로 나타난다. 하지만 사건은 원인을 따라서, 그리고 그러한 원인의 반복에 뒤이어 재생시킬 수 있기 때문에 미리 볼 수 있고, 규정되고, 포착되는, 하나의 생산된 것으로 전달될 수 있는 생산물로 귀결되는 것이 아니기에, 바로 이런 점에서 대상적 현상과는 구별된다. 반대로, 일어나는 일로서의en advenant 사건은 우리가 더 이상 재생시킬 수 없고, 보통 알려지지 않으며, 심지어는 부재하고, 어떤 식으로도 지정될 수 없는 원인들에서 야기되는, 예견 불가능한 한 기원을 입증한다. 왜냐하면 사건의 원인을 구성함이 어떤 의미도 가질 수 없기 때문이다. 그런데 우리는 그러한 사건이 드물게 일어난다는 점, 사건이 예견 불가능한 것이라는 점이 현시에 대한 분석을 부적절하게 만든다는 입장, 요컨대, 사건이 주어짐의 탐구를 위한 영역을 마련해주지 못한다는 입장에 반대한다. 우리는 자명해 보이는 이러한 판단에 의문을 던질 수 있는가? 적어도 우리는 이 공간 — 오늘 이 학술회의가 거행되고 있는 강연장 — 이 지닌 논박할 수 없는 사실성을 그 예로 들 수 있을 것이다.

이 회의실조차도 실제로 사건의 방식으로 나타난다. 우리는 이 회의실이 하나의 대상 — 지속적으로 존속하는 것들로서 이용 가능한 것들, 그리고 우리가 그 존재에 주목하거나 사용함으로써 점유하기를 기다리며 그곳에 머물러 있는 네 면의 벽, 베란다를 가리고 있는 가천장, 단상, 여러 좌석들 — 으로 보여지도록 자신을 제시한다는 사실에 반대하지 않는다. 그런데 이렇게 대기하고 있는 지속성은 이상하게도 여기서 객관적 이용 가능성과는 상반된다는 것을 의미한다. *a)* 무엇보다도 과거에 의해서 그러하다. 왜냐하면 이 회의실이 언제나 이미 거기 있음으로써, 우리가 들어갈 수 있고 사용할 수 있는 것인 한, 비록 그것이 우리에 대하여 있는 것이라고 하더라도, 예기치 않은, 미리 볼 수 없는, 미리 통제할 수 없는 과거에서 도래하며, 우리 없이, 그리고 우리에 앞서 있는 것으로 자신을 부과한다. 이런 놀라운 일은 아무것도 모르는 관광객들의 야외 산책을 따라, 또는 보여지지 않은 채로 남아있는 예견 불가능한 화려함을 발견하고서는, 이따금씩 예외적인 초청을 받아 영원한 도시에 거주하게 된 무심한 사람들의 다급한 발걸음을 따라 세워져 있는 로마 궁전 같은 곳의 방에서만 일어나는 일이 아니다. 이 놀라움은 실제로 바로 이 [파리가톨릭대학교의—옮긴이] 대회의실Salle des Actes에서도 마찬가지로 발생한다. 이미 이곳에는 우리가 알지 못하는 과거가 있었고, 망각된 시원으로부터 여러 차례 복원되었으며, 기억을 초과하는 역사로부터 투입된 것(실제로 이곳은 그 옛날 수도원을 개조하지 않았는가?)으로써, 이곳 자체가 나에게 그 스스로 나타남으로써 부과되고 있다. 내가 여기 들어가더라도 이 공간이 그 자체로 일어나는 일을 모두 담아내지 못하며, 오히려 이 공간이 나를 받아들이고 나에게 부과된다. 이것이 '이미' 사건을 입증하고 있다. *b)* 다음으로, 현재에 입각해보자. 여기서 이 방의 현상이 지닌 사건적 본성은 이론의 여지 없이 사실로 드러난다. 왜냐하면 대회의실 자체가 더 이상 일반적으로, 무차별적인 공공성으로 채워지는 이런저런 사례 가운데, 무차별적인 공허함 가운데 머무를 수 없기 때문이다. 이것은 어떤 연사에게, 어떤 주제의 강연을 듣기 위해 충족된 이 사례, 이 저녁, 이 공간과 관련하는 문제다. 이런 점에서 이 회의실은 '저녁시간에 이 좋은 방(또는 나쁜 방)'이라는 작위적 의미에서의 '방salle'이 된다. 즉 이 방은 이런저런 하나의 행위자가 주의를 집중시키기 위해 우선적으로 점유할 수 있는 무대를 제공한다. 그 무대는 결국, 벽이나 돌이나 청중 또는 화자가 아니라, 이 사태를 이해시키거나 뒤죽박죽으로 만들기 위해 자신의 말로 사람들을 매료시키려고 하는 그런 보이지 않는 사건이 일어나는 곳이다. 또한 이 사태는 그 자체로 동일하게 재생되지는 않지만 분명 다른 사례들(여타 학술모임, 회의, 대학교 행사 등)에도 삽입되는 하나의 계기이다. 오늘밤, 우리와 우리 아닌 다른 사람 사이에는, 다른 것이 아닌 바로 이 주제에 대한, 미리 반복될 수 없고, 상당 부분을 예견할 수 없는 절대적으로 유일한unique 사건이 상연되고 있다. 왜냐하면, 당신이 아닌, 사회를 맡고 있는 좌장이 아닌, 이 강의가 성공하거나 실패할 것을 알고 있는 내가 아닌, 이 정밀한 순간에서의 바로 이 '정확한 순간'을 내가 말하는 바로 이때, 이 사건이 일어나고 있기 때문이다. 이런 식으로 우리 눈앞에 주어진 이 순간에 나타나는 이 사태ce는 또한 모든 구성constitution을 벗어난다. 비록 그것이 명석하고 우호적인, 지성적이고 사회적인 의도를 따라 조성된 것이라고 하더라도, 그 순간은 그 자신으로부터 시작해서 그 자신으로부터 **자신**을 보여준다. 또한 여기서 이 현상성의 **자신** 안에서 **자신**을 주는 이것의 **자기** ─ 더 정확하게는 자신을 알려준다 ─ 가 자신을 현전한다. 그러므로 '한 번 뿐인 이 마지막 순간'이 현상의 **자기**를 또한 입증한다. *c)* 마지막으로, 미래에 있어서도, 교양 있고 주의력이 깊은, 자료를 손에 쥔 증인témoin은, 사후적으로도, 현재의 순간에 벌어진 일을 기술할 수가 없다. 왜냐하면 공적인 요구에 응한 자애로운 기관이 승인한 이 연설이라는 사건은, 명증적으로, 물질적 배경에서 실행될 뿐만 아니라 ─ 그 자신이 배타적으로 하나씩 하나씩, 시대에 시대를 거쳐, 청중에 청중을 거쳐 이 일을 기술하는 것은 불가능하다 ─ 무규정적인 지적 배경에서 실행된 일이기 때문이다. 내가 무슨 말을 하고 무엇을 의도하는지, 어떤 관점에서, 어떤 전제에서, 어떤 독해로부터, 어떤 개인적, 정신적 문제에서 논의를 시작하는지 설명되어야 할 것이다. 각 청중의 동기, 그들의 기대, 불응, 침묵의 동의와 발화된 동의, 또는 침묵을 통해 숨겨져 있는 반대 의사나 논쟁을 통해 극대화된 반대 의사도 기술되어야만 한다. 더 나아가 사건으로서의 오늘 이 강연장이라는 실질적 공간이 무엇을 환영하는지를 기술하기 위해, 이로부터 원래의 연설자를 포함해 모든 참여자들의 개인적이고 집단적인 진화 속에서 그 결과가 도출 ── 이 는 다행스럽게도 불가능한 것으로 남겨진다 ── 될 수 있어야만 한다. 이러한 해석학은 무규정적 망 안에서, 끝없이 전개되는 것이다.[3] 전체 를 망라하면서도 반복이 가능한 대상의 구성이 여기서는 자리매김하 지 못한다. 결과적으로, '끝없는sans fin'이라는 것은 사건이 사건 자신 으로부터 도래한다는 것, 사건의 현상성이 그 주어짐의 **자기**로부터 돌 발적으로 나타난다는 점을 입증한다. 이 첫 번째 분석으로부터, 정확 히, 사건이 일견 단순하고 평범한 현상에 적용된다는 점 때문에, **자신** 을 보여준다는 사실이 **자신**을 주는 것의 **자기**로의 접근통로를 간접적 으로나마 명백하게 열어줄 수 있다. 왜냐하면 강연장이라는 '방'의 사 건은 우리의 주도권으로부터는 나오지 않고, 또한 우리의 기대에 응답 하지 않으며, 절대 재생될 수 없는, 다만 특별히 우리에게서 우리를 촉

---

3) 우리는 주어진 것으로서의 현상에 관한 평범한 해석조차도 해석학을 금하지 않을 뿐만 아 니라 해석학을 요구한다는 점을 이미 이해하고 있다. 나는 이런 점에서 장 그롱댕이 제시 한 반대에 응답할 수 있다. "Objections à Jean-Luc Marion", *Laval Philosophique et théologique*, 43/3, 1987. 그리고 "La tension de la donation ultime et de la pensée herméneutique de l'application chez Jean-Luc Marion", *Dialogue* XXXVIII, 1999. 또 는 다음 글도 있다. Jean Greisch, "L'herméneutique dans la 'Phénoménologie comme telle', Trois questions à propos de *Réduction et donation*", *Revue de Métaphysique et de Morale*, 96, 1991/1. 동시에 얼굴의 포화된 현상에 대해서도, 하나의 해석학이 요청된다 (본서 5장 5절 217쪽 이하를 보라). 논쟁은 해석학의 필연성과 관련하는 것이 아니라 적어도 하 이데거와 한스-게오르그 가다머 이후의 물음과는 논외로, 그 현상학적 적법성과 관련한다. 이것은 포화된 현상이 다른 어떤 것들보다도 더 잘 보증해준다.

발하고, 우리를 변형시키며, 거의 우리를 형성하는 그 지점에서 자기로
부터 우리에게 자신을 주는 그 명확함 속에서 우리에게 하나의 현상을
부각시켜준다. 우리는 절대 사건을 상연해내지 못하며('사건의 조직화'
와 같은 것보다 더 우스꽝스럽고 모순적인 것도 없다), 다만, 그 자체로 사
건의 자기의 주도권 안에서, 사건이 우리에게 자신을 주면서 우리를 등
장시킨다. 사건은 우리에게 사건의 주어짐을 열어주는 장면 가운데 우
리를 등장시킨다met en scène.

## 2. 현상의 자기

우리가 바라는 바로 그만큼 엄밀한 이 분석은, 그럼에도 불구하고 다
음과 같은 한 가지 난점 내지는 적어도 한 가지 기묘함을 나타낸다. 이
는 무엇보다도, 한 대상을 명증적으로 관통하는 한 사건 — 일어난 일
로서의 이 회의실 — 으로 고찰하게 해준다. 어떤 것이 이런 식으로 한
대상을 한 사건 — '회의실'로서의 회의실 — 으로 해석할 수 있게 하
는가? 이 논리를 추구함에 있어, 모든 대상이 결국 하나의 사건으로 해
석될 수는 없을까? 두 개념들 사이의 좀 더 그럴듯한 구별이 유지되게
할 수는 없는가? 또한, 더 나아가, 대상이 현상성의 영역에서 확실하게
나타날 때, 여전히 관계로서의 사건이라는 것이 분명하지 않은 와중에
도, 우리가 그러한 해석으로부터 얻는 것은 무엇인가?

　　분명, 우리는 다음과 같이 물음을 전도시키고 전적으로 반대되는
입장을 제시하는 일반적 반론에 응답해야만 한다. 그것이 오로지 우
리에게 한 대상으로만 나타나는 그 지점에서, 그 현상과 심지어는 모
든 현상의 본질적이면서도 원본적인 사건적 성격은 어떻게 해서 희미

해지고, 약해지며 사라질 수 있는가? 이것은 더 이상 다음과 같은 물음을 묻지 못하게 한다. 도대체 어떤 지점에 이를 때까지 우리는 한 사건으로서의 현상을 적법하게 사유할 수 있는가? 왜 우리는 현상의 현상성을 대상성으로 격하시킴으로써 사건으로서의 현상을 상실하고 마는가? 우리는 칸트로부터 영감을 얻어 이 물음에 답할 수 있다. 지성의 범주를 조직하고 그렇게 해서 대상성에 관한 사중의 봉인을 현상에 부과하는 범주의 네 가지 항목 가운데 첫 번째 것은 양과 관계한다. 칸트가 가리키는 모든 현상은, 하나의 대상이 되기 위해 하나의 양, 곧 연장적 크기를 소유해야만 한다. 이 크기를 따라, 현상의 전체성은 그 부분들의 총합의 결과와 같게 된다. 이 경우 다음과 같은 결정적 특징이 도출된다. 대상은 대상을 구성하는 부분들의 총합을 따라 예취될 수 있고 예취되어야만 하는데, 그 방식은 언제나 "[…] 한 집합체(곧, 앞서 주어진vorher angeschaut 부분들의 합)로써 앞서 직관된다schon angeschaut."[4] 이는 현상의 크기는 항상 그 권리상 유한한 양으로 모형화될 수 있고, 이는 곧 그것이 실재적 공간에 기입되거나 상상의 공간에 (모형화, 매개변수, 코드화 작업을 통해) 전사될transcrire 수 있다는 것을 의미한다. 이것은 특별히 현상이 우리가 그 부분들의 총합을 항상 효과적으로 앞서 인식할 수 있는 공간 속에 기입된다는 것을 의미한다. 이 방은 그 부분들의 합에서 비롯하는 하나의 양을 가진다——이 공간의 벽은 그 용적을 정의하는 반면, 다른 것, 비공간적 매개변수(회의실 건설비용과 유

---

4) Immanuel Kant, "Critique de la raison pure", A163/B204, trad., *Œuvres philosophiques*, t. 1, ed. F. Alquié, Paris: Gallimard, 《La Pléiade》, 1980, p. 903.

지비용, 그런 비용의 항목 등)는 그 예산상의 무게와 교육적 유용성을 정의한다. 여기에는 최소한의 놀람과 같은 어떤 것이 더 이상 남아있지 않게 된다. 나타나는 것은 항상 그 매개변수가 언제나 이미 예취되는 바로 그 총합 속에 기재된다. 넓은 회의실은 심지어 보여지기 전에 앞서 직관된다. 양에 있어서는 폐쇄되어 있고, 부분에 있어서는 지정되어 있는, 말하자면 거기에 앞서 있으면서 경험적 효율성(구성)을 기대케 하는, 측정의 척도를 따라 그 회의실은 고정되어 있다. 마치 그곳에 더 이상 아무것도 볼 것이 없는 것처럼 회의실을 지나쳐버리기 전에, 이 넓은 회의실에 대해 앞서 직관할 수 있는 양으로의 환원이 한 대상을 구성한다. 적어도 흔적을 남기는 개념의 차원에서 선취될 수 있는 것은 아무것도 없다. 이는 모든 기술적 대상들과 관련해서도 마찬가지이다. 우리는 그 대상들을 더 이상 보지 못하고 심지어는 대상들을 볼 필요도 없다. 왜냐하면 우리는 대상들을 오랫동안 앞서 직관하기 때문이다. 또한 우리는 심지어 대상들을 보는 것으로 선점하지 않고서도 대상들이 더 잘 예취되도록 사용하기에 이른다. 우리가 대상을 더 이상 예취할 수 없거나 이제까지 예취할 수 없었을 때, 다시 말해, 우리가 대상을 더 이상 사용할 수 없거나(파손) 이제까지 사용할 수 없었을 때(도제신분), 대상을 봄으로써 무엇인가를 시작하는 경우는 거의 없다. 정상적인 기술적 활용의 질서 안에서, 우리는 그런 식으로 대상을 보지 않는다. 대상은 대상을 예취하는 우리에 대하여 충족적인 것이다. 우리는 대상을, 충만한 대상, 자율적이고 무관심한 나타남에 의해서가 아니라, 현상의 첫 번째 질서에 속하는 현상의 등급, 즉 공통 현상의 등급으로 환원한다. 대상은 시선이나 대상을 압도하는 일을 시행하지 않으면서, 우리에게 대상성의 중립적 빛 속에서 투명하게 나타난다.[5] 앞서 직관된 것으로부터 제거된 것은 무엇이며 대상으로서의 현상으로 보이지 않는 것은 무엇인가? 우리가 대상을 예취된 현상으로 간주한 이후, 그 대상은 충만한 현상으로서의 대상의 자격을 박탈당한 이러한 예취일 수는 없을까? 여기서 '예취'는 무엇을 의미하는가? 대상 안에 남겨진 것은 전부 미리 앞서 직관된다. 앞서 직관되지 않는 것은 아무것도 발생하지 않는다. 대상은 쇠약해진déchu 현상에 지나지 않는데, 왜냐하면 그것은 언제나 이미 **만료되어**échu 나타나기 때문이다. 그 대상에게서 불시에 일어날 수 있는 새로운 것은 더 이상 존재하지 않는다. 왜냐하면, 더 철저하게, 대상-자신은 그것을 구성하는 시선 아래서는 절대 도래하지 않기 때문이다. 대상은 그 대상에서 우리가 부정하는 사건의 그림자로 나타난다.

그런데, 여기서부터 우리는 사건성을 관통하는 법칙 ─ **자신**을 보여주는 것은 우선 참으로 **자신**을 보여주어야만 한다는 본질적 규칙에 일치한다는 것 ─ 을 따라서, 그 근원적 현상성에 이르기까지, 모든 일어남을 상실해버린déchu de toute advenue 채로 투명성 안에 갇힌 현상, 곧 대상으로부터 분석을 역전시키고 대상을 거슬러 다른 데로 나아갈 수 있다. 이렇게 대상에서 사건으로 거슬러 올라가는 것을, 우리는 실제로 공통 법칙의 현상 ─ 정확하게 말하면 강연장이 아닌 넓은 방 ─을 '이미'라는 사건의 현사실성, 그 사건의 성취에 속하는 '결정적인 바로 이 시간'과 사건의 해석학이 갖는 '끝이 없음'이라는 계기

---

5) 그림이라는 우상과는 정반대로 말이다(본서 3장 1~2절 103~116쪽을 보라).

를 따라 삼중적 사건으로 기술함으로써 이미 실제로 성취해냈다. 따라서 우리는 이제부터 사건들로 주제화할 수 있는 현상들에 의지함으로써 현상성 일반의 사건적 성격에 대한 기술을 다시 시작할 여지를 갖게 된다. 우리는 최소한 다음 세 가지 주안점을 만족시키는 대로, 사건으로서의, 일견 집합적 현상('역사적인 것': 정치적 혁명, 전쟁, 자연재해, 운동 경기나 문화 공연 등)으로서의 자격을 부여한다. *a)* 이런 현상들은 대체불가능성, 즉 불가역성이라는 의미에서 동일하게 반복될 수 없고 동시에 정확하게 자신을 드러낼 수도 없다. *b)* 이러한 현상들은 유일한 원인이나 완벽한 설명을 부과할 수 없고 역사학자, 사회학자, 경제학자 등이 자기들의 의도를 전개하기 위해 모든 원인 체계상의 결과 및 성취된 사실의 초과를 해석학의 차원에서 끊임없이 증대시키는 그런 무한정한 설명만을 요구할 뿐이다. *c)* 이런 현상들은 예견될 수 없다. 왜냐하면 그 부분적 원인이 언제나 불충분한 것에 머무를 뿐만 아니라 그 결과에서는 성취된 사실만이 곧장 발견되기 때문이다. 여기서 이 현상들의 가능성을 추적해감에 있어, 예견은 불가능하고, 엄밀히 말해 앞서 열거되는 원인들의 체계의 불가능성만이 남겨질 따름이다. 이제, 결정적인 것으로써, 이 세 가지 사건의 주안점은 집합적 현상과 관련할 뿐만 아니라 사적이거나 상호주관적인 특정 현상을 특징짓기도 한다.

　　얼핏 진부할 수도 있지만 몽테뉴와 라 보에티의 우정을 예시적 사

---

6) Jean-Luc Marion, *Étant donné*, Paris: Presses Universitaires de France, 1997, III, 각각 §§ 13~17과 §23, pp. 318 이하.

례로 삼아 분석해보자. 우리는 우리가 다른 데서 주제화한 것처럼, 사건으로서의 현상에 대한 표준적 규정을 잘 알고 있다.[6] 타인과의 우정은 우선 다른 이에게로 나의 지향성이 좇아가는 것이 아니라 나를 붙잡는 관점에 종속된 시선을 타인에게 던져야 하는 부담에서 비롯한다. 이에 타인의 고유한 지향에 내 자신을 스스로 보여주기를 예비하는 바로 그 지점에 내가 위치한다. 이러한 **왜상**anamorphose을 몽테뉴는 다음과 같이 기술한다. "우리는 보기도 전에 우리들을 서로 찾아 나선다." 시선을 경합하는 자들이 서로를 노려보고 도발함으로써, 그들은 타자의 시선이 일어날 수 있는 지점에 자신을 위치시키려고 하고, 결과적으로 두 사람이 자기 자신을 스스로 정립한다. 다르게 말해서, "나의 의지를 붙잡는 이 모든 혼합의 정수quintessence가 나 자신을 침묵 안에 몰입시키고 상실시키는 데로 끌어들이고 있다는 것을 나는 사실 깨닫지 못한다…." 나는 타인을 나의 관점으로 환원시키지 않고, 나를 타인의 관점에 붙잡아둔다. 따라서 타인이 나에게 들이닥친다. 이로부터, 두 번째로, 이러한 우정의 사건은 리듬과 무관한 **예기치 않은 도래** arrivage를 따라 전조나 선취 없이 일거에 성취된다. "또한 우리의 첫 번째 만남에서 […] 우리는 서로를 포착하게 되고, 인식하게 되며, 우리 사이에 의무를 갖게 되었다는 사실을 발견하게 된다. 우리가 서로 가까워지자마자 비로소 생겨난 것은 아무것도 없다." 따라서 이는 언제나 '이미' 성취된 사실에 관한 물음이다. "[…] 우연히 큰 파티에서 좋은 동료와 더불어" 생겨난 그 사실의 **사실성**은 불안정성과는 별개로 돌이킬 수 없는 것이 되고 만다. 세 번째로, 이런 식으로 자신을 주는 현상은 그 자신 이외의 다른 것을 주지 않는다. 이 일의 궁극적 의미는 근접할 수 없는 어떤 일로 남아있다. 왜냐하면 그 현상은 **기정사실, 우연한 일**incidence로 환원되기 때문이다. 이런 식의 우연한 사건은 더 이상 어떤 실체에 준거하지 못하게 된다. 만일 이 사건이 그 이상의 어떤 것을 의미한다면, 그 의미의 초과분은 영감은 줄 수 있지만 인식할 수 없는 "하늘의 명령"과 같은 것으로 남게 된다. 여기서 비롯되는 마지막 특징은 그 자체로 현상의 사건성을 더 완벽하게 특징짓는다. 우리는 그러한 현상에 어떤 원인이나 근거를 할당할 수 없다. 오히려 그것과 다르지 않은, 의문시할 수 없는 현상의 발생이라는 순수한 힘 가운데 다음과 같은 말을 하는 게 가능해진다. "만일 누군가가 내가 그를 사랑하는 이유를 말하도록 강요한다면 나는 이것이 다음과 같이 표현될 수 있다고 생각한다. 사랑하는 이유는 그가 존재했고 내가 존재했다는 것이다."[7] 따라서 우정의 현상은 순수하고 완전한 사건과 같은 것 이외의 다른 것을 드러내지 않는다. 사건의 현상성은 이론의 여지 없이 이렇게 자신을 주는 사건의 방식으로 부과된다.

따라서 모든 현상, 심지어 가장 대상적인 나타남마저 지배하는 사건성l'événementialité은, **자신을 보여주는 것만이, 자기를 통해** 현상학적으로 엄밀하게 형상적으로 그러한 일을 시행하는 데 이른다는 것과 자신을 준다는 순전한 사실을 통해 현상의 자기를 보증한다는 점을 예외 없이 드러내며, 그 반면, 그 자기의 현상화가 바로 그런 식으로 그 자신으로부터 시작하여 주어짐을 전제한다는 점을 입증해준다.

---

7) Michel de Montaigne, *Essais*, I, 28, in *Les Essais*, t. 1, ed. Pierre Villey and Verdun-Louis Saulnier, Paris, 1965², pp. 188 이하.

## 3. 자기의 시간

이 결과를 검토해보자. 스스로를 보여주는 현상의 **자기**soi는, 말하자면 보편적이면서 본래적인 사건의 성격을 통해서, 그것이 근원적인 주어짐을 성취한다는 점을 그 자체로 입증한다. 그러면 모든 현상, 곧 직관상에서 빈약한 대상 자체 내지 공통 법칙적 대상이 시간화된다고 평범하게 결론 내리면 되지 않을까? 이 경우 우리는 칸트와 관련하는 매우 고전적인 입장에서 어떤 것을 재발견할 수 있지 않을까? 의심의 여지없이, 만일 우리가 칸트의 비판으로부터 권리상 용납할 수 없는 두 가지 따름정리를 용납해낸다면 말이다. *a)* 무엇보다도, 시간성은 현상들을 대상으로 종합하는 일을 전적으로 허용하는 데 할애된다. 곧 시간성은 현전에서의 지속성을 보증하기 위해 작동한다. 이에 우리의 분석은 다음과 같은 반대 논점을 수립한다. 시간성은 기정사실에 입각해서 근원적으로 우연한 일의 예기치 않은 도래로 작용한다. 여기에는 근거도 원인도 없고, 이는 다만 압도적인 왜상에서 비롯한다. 요컨대, 그것은 최선의 경우, 잔여적 사례가 됨으로써 잠정적으로 지속하며, 환영적으로illusoirement 존속하는 모든 대상성과는 대조적으로, 현상성을 사건의 방식으로 이해할 수 있게 해준다. 시간성은 여기서 더 이상 대상과 관련해서가 아니라 대상을 과잉규정하고 해체하는 사건을 따라 작동한다. 대상은 곧 비-시간적 사건의 단순한 환영에 불과하다. *b)* 다음과 같은 또 다른 따름정리가 남아있다. 내감으로서의 시간성은 내감에서 드러나고 지속하는 대상들에 대한 종합에 정위된 주체성으로 실행될 뿐이다. 그런데 초월적 나는 이러한 종합(종합들)의 일꾼이다. 만일 초월적인 나가 거만하게 시간성을 실행시킨다면, **적어도 엄밀하게**

그 **자체로는** 이러한 시간성을 따라 자기 자신을 정의해내지 못한다. 대상들로 시간화된 현상들이 유지된다면, 이러한 사실 자체에서 사건성의 흔적(다른 데서 논의될 수 있는 것), 시간화하는 초월적인 나 그 자체는 절대 사건으로 현상화되지 않는다. 또한 이것은 다음과 같은 절대적으로 결정적인 근거를 갖는다. 시간성 그 자체는 생산하는 데 만족하는 현상성을 제외하고서는 절대 현상화되지 않으며 절대 다른 현상들 가운데서 나타나지 않는다. 다시 말해 우리는 부정적인 논증으로는 칸트의 비판을 극복하지 못한다. 그것을 진정으로 넘어서기 위해서는 사건들로 시간화된 형상적 현상을 수립해야만 한다. 게다가 그것은 사건들이 이 독특한 사건성을 따라 그 자체로 현상화되는 것에 **자아**를 소환하는 방식으로 시간화되는 것을 뜻한다. 여기서 우리가 유력한 근거를 끌어올 수 있을까?

이러한 현상의 첫 번째 사례가 다음과 같이 부과된다. 그것은 그 **자체로** 일어남으로써 현상화될 수 있는 현상, 곧 죽음과 관련한다. 왜냐하면 이러한 경로를 제외하면 죽음은, 엄밀하게 말해서 존재할 수 없는 것이기 때문이다. 따라서 죽음은 그 **자체로** 일어나는 한에서만 나타난다. 죽음이 그 **자체로** 일어나지 않았다면, 그것은 즉각적으로 일어나는 것이지 절대로 존재할 수 있는 것이 아니다. 따라서 죽음은 오로지 사건의 자격으로 주어짐으로써 **자신**을 드러낸다. 만일 그것이 갑작스레 도래하지 않는다면 절대 그 자체로 발생하지 못한다. 그럼에도 죽음은 그 **자체로** 일어남으로써, 그 자신을 보여주는 것인가? 죽음은 고전적인 아포리아, 즉 내가 존재하는 한 죽음은 존재하지 않고, 죽음이 일어날 때는 내가 거기서 죽음을 더 이상 보지 못한다는 아포리아에 종속되는가? 이에 죽음은 오로지 한 사건의 환영, 즉 한 현상이 그 자신을 내어준다는 환영만을 제공하는가? 이 물음에 답을 제시하기 위해서는, 매우 정밀한 기술로 돌아가는 것이 아니라 타인의 죽음과 나의 죽음을 구별해야만 한다. *a)* 타인의 죽음은 **그 자체로** 일어나는 것으로 나타난다. 왜냐하면 타인의 죽음은 바로 순수하고 단순한 경로로 나타나기 때문이다. 이 경로는 그 자체로 현실적이지 않은 살아있는 상태에서 시체 상태로 이행하는 것이다. 이 경로는 이행하는 두 상태와는 반대로, 직접적으로 보여지는 것이 아니다. 현상으로서의 타인의 죽음은 한 경로의 순간으로만 지속한다(장례식 준비를 하고 그러한 준비를 반드시 해야 한다고 하더라도, 그러한 경로는 하나의 순간 그 이상으로 지속되지 않는다). 타인의 죽음은 하나의 섬광 안에서만 **그 자신**을 보여주고 살아있는 타인으로부터 물러남으로써 **자신**을 내어준다. 의심의 여지 없이 순수한 사건은 완전한 사건으로 **자신**을 보여주면서 동시에 **자신**을 내어주기에는 너무나도 순수한 것이다. 이러한 사건의 섬광이 나의 **자아**를 직접적으로 함축하는 만큼, 그것은 나의 잔여적인 삶 속에 유폐되기 때문에, 타인의 죽음은 나를 바로 그 죽음에 접근하지 못하게 막는다. *b)* 내 자신의 죽음은 나를 총체적 명증성으로 끌어들인다. 또한 그 죽음은 일어남으로써만, 즉 현상적 주어짐을 입증하는 사건으로 나타난다. 그럼에도 불구하고, 다음과 같은 지속적인 행동관계로서의 명증적 아포리아가 나타난다. 만일 죽음이 나에게 일어난다면(현상이 이러한 경로로 나타난다고 일단 가정해보자), 내가 죽음의 현상과 더불어 죽을 운명에 처해진다면, 나는 더 이상 그것을 사건으로 보지 못한다. 분명, 이러한 아포리아는 오로지 이러한 경로의 시련을 아직 겪어보지 못한 사람, 그것이 나를 무화하거나 나를 "변화시키는"(『고린 토인들에게 보낸 첫째 편지』15:22) 경우를 아직 알지 못하는 사람의 관 점을 위협한다. 따라서 이러한 나의 죽음의 아포리아는 여기 우리 모 두가 그런 것처럼, 아직도 죽음이라는 선물을 받지 못한 사람들에게 만 타당하다. 죽음, 현상성의 사건 내지 무를 준다는 것을 우리는 무시 한다. 실제로, 인간의 조건은 무엇보다도 죽어야 할 운명(동물과 문명도 같은 운명이다)을 통해서, 또는 죽음으로 말미암아 끝을 맞이해야 한다 는 의식을 통해서가 아니라 나의 죽음이 나에게 일어나는 순간에도 나 에게 **그 자체로** 일어나는 (또는 **그 자체로** 보여주는) 것의 요구와 인식에 대한 무지를 통해 특징지어진다. 그러므로 나의 죽음은 나를 어떤 효 과, 경로 앞으로 밀어 넣는 것이 아니라 단순한 가능성, 곧 불가능성의 가능성만이 아니라 가능성의 불가능성으로 밀어 넣는다. 또한 필연적 으로 **자신**을 주는 쪽으로 나아가는 이러한 불가능성의 가능성은, 그것 이 **자신**을 보여주지 못하는 가능성에 이를 때까지 유지된다. 또한 나의 죽음의 사건은, 그로부터 가장 가까운, 최소한 그리 멀지 않은, 나를 분 리시키기에 충분한 나의 심장박동의 결함과 관련해서, 잠정적으로, 최 소한 불가피한, 심장박동의 결함이라는 현상성에서의 순수한 주어짐 의 초과로 말미암아 나에게 접근 불가능한 어떤 것이 되고 만다. 여기 에는 또한 의심의 여지 없이 순수한 사건과 관련한다는 사실이 존재한 다. 단 그것은 완전한 사건으로 **자신**을 보여주면서 동시에 **자신**을 내어 주기에는 너무나 순수하다. 사건과 전적으로 어울리고 사건 안에 철저 하게 나를 끌어들이는 이러한 현상은, 그것이 자신을 주기 때문에, 그 럼에도 불구하고 **자신**을 **보여주는** 현상으로 **빠져나간다.**

그렇다면 우리에게 접근할 수 있는 것으로 남겨진 것은 무엇인가? 사건 그 자체로 돌아가보자. 사건은 **자신을 보여줌**으로써, 그뿐만 아니라 사건의 현시는 해당 사건에 적응하는 (왜상) 나의 시선regard에 기정 사실로 이르게 되는 (우연한 일incident) 예기치 않은 도래arrivage의 방식으로 도래함으로써 **자신을 내어준다**. 이러한 규정은 명증적으로 사건이 철저하게 전제하고 있는 시간에 준거하고 있다. 그런데 사건은 시간을 사건의 구성요소나 조건 가운데 하나로 전제하는가? 분명 그렇지 않다. 왜냐하면 시간 그 자체가 하나의 사건의 방식으로 우선 도래하기 때문이다. 후설은 시간은 '원-지점'에 의거해서, 순수한 현재로서 그리고 순수한 현재 안에서 끊임없이 돌발적으로 솟아나는 '근원 인상impression originelle'에서 비롯하는 것으로 정의된다고 보았다. 바로 그것은 일어나는 일이기 때문에, 그것은 심지어 과거로 정초되기 전에, 파지rétention를 통해 유지된 시간 안에서, 이미-더욱-현재 안에서 지나가기를 그만두지 않는다.[8] 현재는 맨 처음 일어나고 이 처음이라는 것은 순수한 사건을 따라 일어난다. 그것은 그 자체로 선취될 수 없고, 되돌릴 수 없으며, 반복할 수 없는 과거임과 동시에 원인이나 근거를 잃어버린 것이다. 비록 시간이 가능해진다 해도, 시간은 홀연히 대상성을 벗어나고 만다. 왜냐하면 그것은 모든 구성에서 전적으로 예외적인 것이기 때문이다. "근원 인상은 변형할 수 없는 절대적인 것이며, 모든

---

8) Edmund Husserl, *Zur Phänomenologie des inneren Zeitbewusstseins(1893-1917)*, Hua. X, ed. Rudolf Boehm, The Hague: Martinus Nijhoff, 1969, §11, p. 29; *Leçons pour une phénoménologie de la conscience intime du temps*, trad. Henri Dussort, Paris: Presses Universitaires de France, 1964, pp. 43 이하.

의식과 도래하는 존재에 근원적인 원천이다."[9] 여기서 현상 **자신을 주는 것**의 운동은 **자신을 보여주는 것**에게 나타남의 기회를 주지 않고서도 거의 다 성취된다. 왜냐하면 근원 인상은 직접적으로 변화하고 단번에 일어나며 지속적으로 과거 지향으로 바뀌기 때문이다. 그런데 죽음과는 반대로, 주어짐의 이러한 과잉은 여기서 효과적으로, 그 자체 감각적으로 성취된 사건을 방해하지 못한다. 왜냐하면 근원 인상은, 그것이 출현하는 그림자의 영역, 절대적으로 보이지 않는 것의 영역에서 끊임없이 다시 솟아나기 때문이다. 근원 인상은 무조건적이고 무한정적인 탄생으로부터 도래하는 중단 상태 없는 순수한 사건으로 **보이게끔** 그 **자신**을 내어준다. '원-지점'으로부터, 끊임없이 작동하는 주어짐은, 지금 매 순간마다 철저히 **자신을 주는 것**(근원 인상)이 **탄생**하고 있음을 **스스로** 보여주고 있다.

　　**탄생** — 우리는 여기서 **자신을 주는**, 곧 문자 그대로 본질적인 현상 **자신**의 방식에 입각해 참으로 **자신을 보여주는** 현상을 탐구한다. 실제로, 내가 나 자신의 눈으로는 절대 보지도 못하고 그것을 재구성하기 위해 해당 사태를 눈으로 직접 본 증인이나 행정적 행위에 의존해야만 하는 나의 탄생이 하나의 현상으로 **자신을 내보여주는** 방식을 우리는 어떻게 이해할 수 있을까? 왜냐하면 탄생은 나 없이, 심지어는 엄밀하게 말해서 나에 앞서서 성취되기 때문에, 그것은 나를 제외한 그 어떤 누구에게라도 (만일 그것이 자신을 내보여주는 것이라면) 그 **자신**

---

9) Husserl, Hua. X, §31, p. 67; trad., *Leçons pour une phénoménologie de la conscience intime du temps*, p. 88.

을 보여주어서는 안 된다. 그럼에도, 나는 그것을 하나의 현상으로 정당하게 검토하려고 한다. 왜냐하면 나는 지향적으로 보는 일(내가 누구이며 어디서 온 존재인지를 알기 원하는 것, 정체성에 대한 탐구를 추구하는 것 등)과 유사 직관으로 이러한 지향을 충만하게 지향하는 일(우연적 회상, 간접적이고 직접적인 증언 등)을 그만두지 않기 때문이다. 나의 탄생은 그 자신을 하나의 특권화된 현상으로 제시한다. 왜냐하면 나의 모든 삶은 탄생을 본질적인 부분으로 삼아 재구성되고, 탄생에 의미를 귀속시키며 그 침묵의 부름에 답하도록 활용되기 때문이다. 그럼에도 불구하고, 나는 이러한 이론의 여지가 없는 현상을 직접적으로 볼 수 없다. 우리는 나의 탄생이 나의 기원을 그 자체로 보여주지 못하며, 혹은 그것이 이러한 나타남의 불가능성 자체에서만 자신을 보여줄 뿐이라고 이 아포리아를 형식화할 수 있다. 요컨대, 오로지 "[…] **기원의 기원적 비-기원성**"[10]만이 입증된다. 이것은 이중적으로 이해되어야 한다. 나의 탄생은 그것을 내가 보고 받아들이기 전에 일어난다. 그러므로 나는 나의 고유한 기원에서 현전하지 않는다. 또한 나의 탄생, 나를 위한 기원은 그 자체로 근원적인 것이 아니라 사건과 일어나는 일의 무한정한 계열로부터 전개된다("[…] **나는 부모에 의해 만들어졌다**sumque vel a parentibus productus…").[11] 이 아포리아를 그저 기술하는 것으로는 문제가 충분히 해소되지 않는다. 이는 한 현상을 이해하는 방식에 지

---

10) 여기서 우리는 클로드 로마노의 탁월한 규정을 따르고 있다. Claude Romano, *L'Événement et le monde*, Paris: Presses Universitaires de France, 1998¹, p. 96.

11) René Descartes, *Meditationes de prima philosophia*, III, AT VII, pp. 49 이하(원문에는 p. 21 이하라고 되어 있지만, 이는 마리옹의 오기이다—옮긴이).

나지 않는다. 그것은 **자신**을 보여주지 않는 한 현상이 마치 그것이 **자신**을 보여주었던 것처럼 (또한 이런 점에서 그것은 상호매개들을 통해 자신을 매우 잘 보여준다) 그렇게 나를 촉발시킬 뿐만 아니라 어떤 다른 것보다 더 철저하게 나를 촉발시킨다. 왜냐하면 현상에서 내가 규정되고 나의 **자아**가 한정되며, 심지어는 나를 생산하기까지 하기 때문이다. 다시 말해, 만일 하나의 기원이 일반적으로 **자신**을 보여줄 수 없다면, 여전히 그 기원은 그 자신을 보여주는 그 근원성을 탈취하지 못한다. 그렇다면 이 기원적 비-기원성이 필연적으로 증명할 수 없는 것이라고 할 때, 탄생은 ─그것이 나에게 도래했고, 도래하며, 나는 그것으로부터 도래하기 때문에 ─나에게는 어떻게 일어나는 것이란 말인가? 탄생은 그것이 일어난다는 점에서 나에게 일어나며, 또한 바로 나에게 도래하는 것으로 주어짐으로써 일어난다. 나의 탄생은 현상(그것은 비기원적 기원에 속한다)으로서의 자격을 그 자체로 부여받지는 못한다. 왜냐하면 나의 탄생은 그 자신을 보여줄 수 있지만 직접적인 보여줌의 결여 자체로 인해, 절대 현재이지 않고, 언제나 과거인 사건으로 일어나며, 절대 모든 것을 추월해버리지는 않기 ─실제로는 항상 도래하는 것이기 ─때문이다. 나의 탄생은 순수한 사건, 선취할 수 없는 것, 반복될 수 없는 것, 모든 원인을 초과하고 불가능한 것을 가능하게 하는(언제나 새로운 나의 삶을 아는 것), 곧 모든 기대, 모든 약속, 그리고 모든 예측을 추월하는 것으로 오롯이 현상화된다. **자신**을 보여주는 것의 완전한 환원 안에서 성취되는 이 현상은, 곧 예외적이고 범례적인 방식으로, 그 현상성이 **자신**을 주는 것으로부터 직접적으로 유래한다는 점을 입증한다.

따라서 우리는 우리가 탐구하는 다음과 같은 사안에 다다른다. 자신을 보여주는 모든 것은 자신을 내어줄 뿐만 아니라, 예외적인 경우(탄생)에서, 곧 한 현상이 자신을 내보여주지 않으면서 자신을 직접적으로 주는 데 이르는 사건 그 자체의 시간성을 따라 하나의 사건으로 자신을 준다.

실제로, 현상학적 특권을 정당화하는 여러 특징들은 탄생의 경우에도 꼭 같이 나타난다. *a)* 탄생이라는 현상은 자신을 보여주지 않으면서도 직접적으로 자신을 준다. 왜냐하면 탄생이라는 현상은 하나의 탁월한 사건(기원의 기원적 비-기원성)으로 도래하기 때문이다. 하지만 사건에서의 이러한 탁월함은, 그것이 자신을 줄 때, 나 자신에게 나를 주는 데서부터 일어난다. 탄생은 나를 촉발시킴으로써, 자신을 현상화하며, 그저 나-자신에게만이 아니라, 곧 받아들임에 있어서 그 자체로 그것을 받아들이는 나, 말하자면 나를 앞서는 나를 줌으로써 나를 촉발시킨다.[12] *b)* 탄생이라는 현상은 바쳐진 자adonné의 지위를 따라 예시적으로 창출된 것인 사건성 안으로의 자아의 포섭을 그 현상의 절정에서 단숨에 수행한다. 여기서 자아는 수용한 것으로부터 그 자신이 수용된 자이다. 탄생이라는 현상은 현상 일반──자신을 내어주는 만큼만 현상화되는 것──을 예시하지만, 동시에 그것은 근원적으로는 후험적으로a posteriori 바쳐진 자를 창출해낸다. 왜냐하면 수용한 것으로부터 자신을 수용하는 일 자체가 첫 번째 현상이기 때문이다(그것이 다른 모든

---

12) 이것을 유의하라. 우리는 다음과 같은 것을 말하고 있다. 곧 '나에게 어떤 것을 주는 것'이 아니라 '나, 자아를 주는 것'을 말하고 있다. 왜냐하면 [나에게] 그것을 주는 그 순간에, 나는 여전히 그것을 받아들이기 위한 그 장소에 분명하게 존재하지 않기 때문이다.

것들의 수용을 가능하게 한다). c) 그러므로 탄생의 현상은 정당한 권리를 가지고 포화된 현상(또는 역설)으로 **자신**을 준다. 실제로, 탄생의 사건, 일차적이고 근원적이며, 다른 모든 순간보다 더 근원적인 인상으로서의 그 사건은 다가오는, 기술할 수 없고 예측할 수 없는 무한정적인 근원 인상들의 계열 —이것들은 나의 삶을 통해서 축적되고 나의 죽음에 이르러서는 나의 삶을 정의하기에 이른다— 을 가능하게 한다. 이처럼, 탄생은 셀 수 없는 시간적 직관들에서 그 삶의 궤적을 개방한다. 그 궤적에서 나는 끝없이, 언제나 지연되는 방식으로 불가피하게 결여되는 의미들, 개념들, 그리고 노에시스들을 추구할 것이다. 나는 항상 나에게 무슨 일이 일어날지, 혹은 오히려 이 도래avènement의 순간에, 나에게 무슨 일이 일어났는지 말할 수 있는 말들을 찾으려고 할 것이다. 나는 절대 충전적으로 그것을 설명하고, 이해하거나 구성해낼 수 없다. 지향에 대한 직관의 초과는 나의 탄생 때부터 돌이킬 수 없을 정도로 폭발한다. 게다가 나는 침묵 속에서 직관을 따라서만이 아니라 특별히 다른 이들이 말한 것을 들은 다음에 말할 것이다. 언어는 우선 청취되고 난 다음에야 발화된다. 기원은 분명 나에게 근원적으로, 결핍을 통해서가 아니라, 그럼에도 불구하고 직관에서 모든 지향을 포화하는 첫 번째 현상이기 때문에 접근할 수 없는 것으로 남겨진다. 그렇지만 거부되는 기원은 결핍에서가 아니라(데리다) 실제로는 도래하는 모든 주어진 것들의 체제를 규정하는 과잉surcroît 가운데서 **자신**을 준다. 다시 말해, **자신**을 먼저 주지 않고서 **자신**을 보여주는 것은 없다.

## 4. 주어진 것으로의 환원 속에 있는 그 자아

철저한 사건성을 따라 파악되는 현상이 주어진 것으로 환원되어 획득된다고 가정해보자. 이러한 주어진 것은, 특별히 우리가 나의 탄생에서부터 그것이 시작된다고 사유한다면, 그리고 그것이 봄의 현상으로, 그리고 그것에 대해 내가 나 자신을 보는 자(보는 것에 무관심한가 그렇지 않은가는 여기서 중요한 문제가 아니다)로 공표할 수 있는 현상으로 직접적으로 **자신**을 보여주지 않으면서 **자신**을 주는 데 이르는 한, 현상과의 부딪힘 아래 바쳐진 자가 되는 **자아**를 **사건**으로 타격하는 포화된 현상phénomène saturé으로 성취된다. 이러한 사건은 실제로 그러한 부딪힘 안에서 **자신**을 준다. 사건은 말함을 위한 목소리 없이 우리에게 남겨지며, 또한 그것을 피하기 위한 다른 길을 내주지 않은 채로 우리에게 남겨진다. 결국 사건은 자발적으로 그것을 수용하느냐 거부하느냐 하는 선택지 없이 우리에게 남겨진다. 사건이라는 기정사실은 검토되지 않고, 회피되지 않으며, 결의되지도 않는다. 그것은 폭력에 관련하는 것도 아니다. 왜냐하면 폭력은 중재, 곧 중재자와 자유의 공간을 이미 함축하기 때문이다. 이는 순수한 현상학적 필연성에 대한 물음이다. 즉, 사건은 언제나 이미 이루어진 것으로부터 그리고 필연적 우연성으로부터, 그것이 탄생의 현상이나 근원 인상과 함께 일어나는 것처럼 **자신**을 내어주며, 또한 **자신**을 주는 것의 그 **자기**를 현시하게 된다. 사건, 그리고 곧 파생된 다른 모든 현상들은, 그것이 순수한 사건인 한에서, 그러한 **자기**를 배치한다는 것을 입증하기 때문에 엄밀한 의미에서 **자신**을 줄 수 있다. 사건은 (즉자적 사물의 퇴행을 무효화하면서) 그 자체로 **자신**을 줄 뿐만 아니라 자기로부터 시작해서 또한 자기로서 주어진다. 이러한 분석의 쟁점은 다음과 같은 점에서 과소평가될 수 없다. 만일 자기가 현상으로 돌아가고 현상으로부터 전개된다면, 어떤 자아ego도 최초의 첫째 심급으로서의 자기성l'ipséité, 자기의 자격을 찬탈한다고 더 이상 주장할 수 없다. 데카르트의 자아는 기만자나 전능자처럼, 그에게 도래한 내가 알지 못하는 것nescio quis에 응답함으로써 자아 자체에 접근할 수 있는가?[13] 현존재는 존재자성l'étantité으로부터 자신을 떼어놓는 무의 사건을 가능하게 하는 선취적 결단성을 통해 현존재 자신의 자기성을 완성시키지 못하는가?[14] 우리는 그러한 시도들이 거창한 것이긴 하지만, 자아에게 우선 자기를 부과하기 위한 시도들, 요컨대 나에게 초월적 존엄성을 고양시키는 시도들은 그것이 어떤 것이건(세계의 존재자, 세계 바깥의 존재자, 혹은 전체성으로서의 존재자), 또 어떤 것이 부정을 당하건, 사건의 자기의 더 철저한 우위성을 강조하는 데 연계되기를 요청한다. 비록 사건을 통해 혼동을 겪게 된다고 하더라도, 현상이 참으로 주어진다면, 이 경우 자기의 기능과 역할은 강제적으로 박탈되며, 파생에 의해서, 이차적 수준의 나moi로서의 에고ego에게만 양도될 수 있다. 또한 우리는 초월적 기능에 대한 나Je의 요구 내지 — 동일자에 준거하는 것 — 현상의 경험의 최종 토대로서의 가능한 초월적인 나의 요구에 도전하는 이 결론을 명시적으로 도출한다. 다시 말해, 초월화하기라는 자줏빛 외투를 빼앗긴 자아는 바쳐진 자adonné로, 그저 수용하는 자로 용납되어야만 한다. 수용하는 것

---

13) Marion, *Questions cartésiennes II*, Paris: Presses Universitaires de France, 1996, chap. I.
14) Heidegger, *Sein und Zeit*, §64, pp. 316 이하; GA II, pp. 419 이하.

으로부터 그 자신이 수용된 자, 먼저 **자기를 스스로** 주는 것 ―― 모든 현상 ―― 에 대하여 있는 자에게 수용과 응답으로서의 이차적인 나를 부여한다. 분명 그 **자아**는 주체성의 모든 특권을 보호하고, 기원의 초월적 요구를 구제한다.

자아에 대해서, 주어진 나, 그리고 **자신**을 주는 것을 수용하기 위해 주어진 나를 부여받은 바쳐진 자가 있다고 인정해보자. 이러한 **자아**의 **자기성의 감소**에 대한 가능한 반대들 가운데서,[15] 다른 무엇보다도 어떤 한 가지 반대에 주목해야만 한다. 왜냐하면 그것은 우리의 과제가 지닌 현상학적 요구에 직접적으로 문제를 제기하기 때문이다. 실제로, 모든 현상학은 명시적으로(후설) 혹은 암시적으로(하이데거, 레비나스, 앙리, 데리다) 타협할 수 없는 시금석으로서의 환원을 실행한다. 왜냐하면 환원은 다른 것들 가운데서도 개념 내지 검토하기 위한 교설과 관련하는 것이 아니라 초월적 나 내지는 그와 동등한 자(**현존재**, 타인의 얼굴, 살)를 작동시키는 ―― 현상 그 자체의 나타남에게로 나타남의 외관을 데려가는 ―― 한 차원을 요구하기 때문이다. 또한 우리가 성취하기를 요구하는 나타남의 주어진 것으로의 환원은 현상이 극복하려고 하는 환원의 두 가지 원리적 특징들로부터 위험천만하게 구별된다. *a)* 우선, 이것은 현상을 더 이상 구성된 대상성(후설)이나 존재의 존재성(하이데거)으로 되돌리는 것이 아니라, **자신**을 주는 한에서 **자신**을 보여주는 주어진 것에게로 궁극적으로 되돌리고, 그리하여 주어진 것을

---

15) Claude Romano, "Remarques sur la méthode phénoménologique dans *Étant donné*", *Annales de Philosophie*, vol. 21, Beyrouth: Université Saint-Joseph, 2000.

어떤 다른 환원에 의해서도 환원할 수 없는 궁극적인 것으로 고정시키는 것이기 때문이다. *b)* 그런데 특별히 이 세 번째 환원은 바쳐진 자라는 파생된 지위로 나를 환원시키면서 우리를 오직 주어진 것에게로 돌려놓는 것이기 때문에, 만일 그것이 새로운 주제의 물음일 뿐 다른 기능을 갖지 못하는 것이라면, 그것은 그다지 중요한 것이 되지 못한다 ― 자신을 주는 것을 받아들이는 기능은, 초월적 역할을 더 이상 실행하지 못하며, 요컨대 경험의 가능성의 조건, 현상성의 조건을 고정시키지 못한다. 그럼에도 불구하고, 정확히 환원은 현상성의 가능성의 조건을 변형시키는 과제를 위해 실행된다. 곧 환원은 그러한 **선험적 나**(또는 초월적 등가물)를 실행시킴으로써, 정의상 **후험적인**, 바쳐진 자를 만족시켜줄 수가 없는 것처럼 보인다. 요컨대, 이렇게 **자신을 주는 현**상을 주어지는 것으로 환원시키는 것은, 그것이 순수하고 단순한 바쳐진 자 안에서 초월적인 나의 자격을 박탈하는 데로 나아가는 한, 하나의 수행적 모순이 된다 ― 그럼에도 불구하고 환원은, 환원을 통해서 현시되기를 요구하는 주어짐의 작용 자체를 빼앗기고 만다.

이러한 난점은 즉각 해소될 수 없다. 하지만 그럼에도 불구하고 다음과 같은 한 가지 논증이 부과된다. 모든 환원이 나타남의 나타난 것을 현상의 충만한 나타남으로 환원하는 작용을 실행한다면, 이 작용 그 자체는 작동하는 환원을 통해서 ― 또한 본질적으로 ― 변형되는 것으로 발견된다. 후설에게, 현상학적 환원은 (의심의 여지 없이 동일한 결과를 초래하는 타인들을 환기시키지 않은 채로) 세계의 사태를 지향적 대상들을 구성하기 위한 의식의 체험으로 돌려놓는다. 그런데 나는 거기서 순진무구한 채로 또는 소외된 채로 머무르지 않는다. 그것은 그 자체로 순수한 내재성('의식의 영역')으로 환원되고, 그 경험적 나의 총체성을 '세계의 영역'의 초월성으로 되돌려 버린다.[16] 이런 점에서 나는 현상학적 수용 안에서 초월적인 것이 된다. 왜냐하면 나는 자기soi에게로 환원되며 우선 그 자체로 자연적 태도를 단념함으로써 자연적 세계로부터 분리되기 때문이다. 하이데거에게서도, 여전히 (자립적이거나 일상적인) 세계의 대상을 다양화된 존재방식을 따라 보여지는 존재자의 지위로 현상학적으로 환원시키는 것은 거기 존재하는 유일한 존재인 **현존재**를 통해서만 작동하게 된다. 다만 여전히 이 **현존재**가 오롯이 성취되고, 따라서 그 독특한 존재방식을 전유하며 부적절한 존재방식(마치 세계 내 존재자인 것처럼 그들 자신을 이해하기를 요구하는 '그들On'의 존재방식)을 그 자체로 제거하는 일이 필연적으로 요구된다. 따라서 **현존재**는 현존재 자신을 그 자신에게로 ─ 존재 자체를 따라 모든 세계 내 존재자를 초월하는 존재자의 지위로 ─ 환원시킨다. 바로 그 환원 안에서 불안의 시험이 성취된다. 우리가 만일 『존재와 시간』에 소박하게 접근한다면, 모든 인간학적 규정들(살, 성애, 이데올로기 등)의 소멸은 행위자에 대한 환원을 뒤집어버리는 **현존재** 안에서의 이러한 '인간'의 변형을 정확하게 입증한다. 따라서 이러한 자기 자신에 대한 환원은 언제나 우선 환원을 작동시키는 자를 환원한다 ─ 또한 환원은 이러한 자기에 대한 회귀를 통해서, 환원에 대한 각각의 검토작업의 현상학적 정당성을 헤아려보는 것이다.

---

16) Husserl, Hua. III, § 59, pp. 140 이하; trad., *Idées directrices pour une phénoménologie pure et une philosophie phénoménologique,* I, pp. 160 이하.

비교되지 않는 것을 비교하기를 요구하지 않고서, 우리는 그럼에도 불구하고 세 번째 환원을 위해 동일한 것을 제안한다. 그것은 우선 주어진 것에서 나타나기를 요구하는 모든 것 — 대상, 존재자, 외양 등 — 을 환원시키는 일과 관련한다. 왜냐하면 "환원만큼, 바로 그만큼의 주어짐"이라는 정식은, 실제로 다음과 같은 것을 내세우기 때문이다. 즉, 자연적 태도가 별다른 문제를 삼지 않고서 받아들인 것은 아직 자신을 주지 않은 것이다. 또는 역으로 문제가 있다고 해서 거부한 것이 사실은 절대적으로 주어진 것으로 발견된다는 점을 내세운다. 다음으로, 모든 '자신을 보여주는 것은 먼저 **자신을 주어야 한다**'는 명제의 필연적 연결점을 추적하고 이로부터 주어짐만이 현시를 정당화함으로써 **자기**의 하중을 내려놓게 해야 한다. 그렇다면 그것이 누구이건, 순수한 사건으로서의 현상(곧 왜상, 예기치 않은 도래, 기정사실, 우연적 일)을 기술함에 있어 주어진 것으로 환원하는 것과 '**스스로-보여줌**'을 '**스스로-주어짐**'에게로 데려오는 것이, 앞선 두 환원에 상응하는 동일성을 유지하면서도, 어떻게 의문시되지 않는 동일성을 유지할 수 있다고 구상할 수 있을까? 이것은 어떻게 현상들의 경험의 가능성의 조건을 고정시킬 것을 요구할 수 있으며, 이로부터 정확히 세 번째 환원을 통해, 현상들이 **현상들 자신**을 주는 사건 안에 반영하고 현시의 고유한 조건을 그 자체로 고정시킴으로써, 현상들이 오직 **현상들 자신**을 통해서 **자신들**을 보여준다는 것을 인정하기를 요구할 수 있는가? 어떻게 **자아**는 스스로 성취되기를 요구하는 주어진 것으로의 환원으로부터 자신만을 예외로 둘 수 있겠는가? 세 번째 환원의 결과와 모순을 일으킬지 모르지만, **자아**는 모든 초월적 요구를 제거해야만 한다. 그렇다고 해서 환원이 타협을 이룬다는 것은 아니다. 다만 역으로, 환원은 바쳐진 자를 가능하게 하는 데서조차 성취된다. 바쳐진 자는 주어진 것으로의 환원을 타협해내는 것이 아니라 그 자신으로부터 현상에 이르는 그 자기를 전이시킴으로써 바쳐진 자 자신을 확증한다.

이 첫 번째 논증은 두 번째 논증의 길로 나아간다. 바쳐진 자가 함축하는 바로서의 자발성이나 능동성과 초월적 지위의 박탈에도 불구하고, 바쳐진 자는 수동성이나 경험적 자아로 요약되지 않는다. 실제로, 바쳐진 자는 능동성만큼이나 수동성을 더 잘 극복한다. 왜냐하면 초월이라는 자줏빛 망토를 벗어버림으로써, 바쳐진 자는 초월적 나$_{Je}$와 경험적 자아$_{moi}$ 사이의 구별 자체를 무효화해버리기 때문이다. 그렇다면, 능동성과 수동성 사이, 초월성과 경험성 사이의 세 번째 항은 어떻게 만들어지는가? 바쳐진 자에 대한 정의를 다시 내려보자. 그것은 수용하는 데서부터 그 자신을 스스로 **수용하는** 자이다. 따라서 바쳐진 자는 수용을 통해 자신을 특징짓는다. 수용이 분명 수동적 수동성을 함축하지만, 또한 그것은 능동적 태도를 실행한다. 왜냐하면 수용력$_{capacitas}$은 주어진 것에 상응해서 증대되고 그것이 성사되도록 노동 —— 주어진 것을 수용하기 위한 노동, 자기 스스로 수용하기 위한 노동 —— 을 시작해야 하는 것이기 때문이다. 주어진 것이 매번 바쳐진 자에게 요구하는 노동은, 주어진 것이 자신을 주는 한, 바쳐진 자가 곧장 (탄생에서) 자신을 수용하지 못하고, 각각의 주어진 사건 속에서 새롭게 자신을 수용하기를 그만두지 않는 이유를 해명해준다. 하지만 수용은, 만일 우리가 적절한 현상학적 기능을 더 명확하게 이해한다면, 비로소 그것만이 형이상학적 주체성을 감금하고 있는 이분법으로부터 바쳐진 자를 실질적으로 구제해줄 수 있을 뿐이다. 다시 말해, 만일 바쳐진 자가 현상들을 더 이상 구성하지 못한다면, 또한 바쳐진 자가 순수한 주어진 것을 수용하는 데, 그리고 심지어 주어진 것으로부터 수용되는 데 국한된다면, 어떤 행위, 어떤 작용, 그리고 어떤 역할을 여전히 현상성 그 자체로부터 담당해낼 수 있을까? 그런데 분명, 우리는 바쳐진 자에 대한 이러한 대립점을 정립함에 있어, 본질적 — 주어진 것과 현상성 사이의 — 간극을 주목해왔다. 우리는 이미 종종 다음과 같이 어렴풋이 내비친 입장을 반복해왔다. 만일 **자신**을 보여주는 모든 것이, 이를 시행하기 위해서, 우선 **자신**을 주어야만 한다면, 그럼에도 불구하고, 주어진 것이 **자신**을 주는 일만으로는 **자신**을 보여주기에 충분치 않다. 왜냐하면 때로 주어짐은 현시를 거의 대부분 어둡게 만들기 때문이다. 바쳐진 자는 바로 주어진 것과 현상성 사이의 간극을 **그 자체로** 측정하는 기능을 가진다. 여기서 주어진 것 — 바쳐진 자에게 부과되기를, 그리고 바쳐진 자에게 스스로를 부과하기를 절대 중단하지 않는 것 — 과 현상성은 수용이 현상화에 도달하는 바로 그만큼 그리고 그렇게 하는 한에서만 성취되거나, 또는 오히려 현상화하게 만들 뿐이다. 이러한 작용 — 주어진 것을 현상화하는 것 — 은 그 권리상 다른 모든 주어진 것들의 가시성 있는 유일한 주어진 것을 구성하는 그 어려운 특권으로 인해 바쳐진 자에게 고유한 것으로 귀속된다. 따라서 바쳐진 자는 현상으로서의 주어진 것을 드러낸다.

## 5. 드러난 것révélé에 대한 저항

이제부터 우리는 바쳐진 자가 주어진 것을 어떤 식으로 드러내는지(사건으로서 현상화하는 것) ──어느 정도까지 드러낼 수 있는지 ──를 탐구한다.

우선 엄밀하게 현상학적인 방식을 따라 드러난 것을 검토하도록 하자. 환원을 통해 획득된 주어진 것이 있다고 가정해보자. 그 주어진 것은 후설이 체험(vécu 또는 Erlebnis)이라고 명명한 것으로 기술될 수 있다. 이처럼, 체험은 자신을 보여주지만 결여를 통해 보이지 않는 것으로 머문다. 우리는, 더 나은 표현이 없어, 나를 촉발시키는 것이 나에게 부과되고, 나의 의식을 감히 명명하는 것에게 짓눌린다고 말한다 (왜냐하면 순수한 주어진 것을 수용할 때 아직 어떤 것에 대한 명석하고 명증한 의식을 소유하지는 못하기 때문이다). 체험으로서의 주어진 것은 한 토막의 정보, 자극, 흥분에 지나지 않는다. 바쳐진 자는 어떤 경우에는 자신을 보여주지 않는 그러한 것들을 수용한다. 이러한 주어진 것은 어떻게 이따금씩 보여지지 않는 것[17]에서 보이는 것으로 이행하는 일을 성취하게 되는가? 우리는 여기서 인식을 결여한 물리적이거나 심리적인 탐구 속으로 들어가기를 의도하는 것이 아니라 원리상의 물음으로 들어가려고 한다. 하나의 과정을 해명하기 전에, 그 과정을 먼저 식별할 필요가 있으며, 보여지지 않는 것에서 시작하여 보이는 것이 떠오르는 과정은 현상학을 통해 적절하게 다뤄진다. 이러한 사유의 노선에서, 우리는 보여지지 않지만 수용되는 주어진 것이 하나의 장막처럼, 바쳐진 자에게 투사된다고 감히 말해보고자 한다. 이러한 주어진 것의

---

17) 보여지지 않는 것이라는 개념에 대해서는 다음 글을 보라. Jean-Luc Marion, "Ce que cela donne", *La Croisée du visible*, Paris: Éditions de la Différence, 1991¹ and 1996³, § 2, pp. 51 이하.

힘은 이중적인 가시성을 즉각적으로 유발하는 것으로, 장막에 충돌하는 것처럼 도래한다. *a)* 우선, 주어진 것은, 그것이 보이지 않는 데 이르기까지, 충돌하고 폭발하며, 또한 맨 처음 보이는 것들을 그 윤곽에서부터 분해시켜버린다. 우리는, 보이지 않는 것에 이르기까지, 백색의 빛을 차단해버리는 프리즘의 모형을 또한 상상할 수 있으며, 기초적인 색들의, 종국에 보이는 색들의 스펙트럼으로 그 색을 분해시킨다. 바쳐진 자는 주어진 것을 수용함으로써 그것을 현상화한다. 바로 바쳐진 자가 주어진 것에게 장애물이 되기 때문에, 장막을 형성하면서 주어진 것을 차단시키고 장막에 마주치게 함으로써 고정시킨다. 만일 바쳐진 자가 주어진 것을 수용한다면, 바쳐진 자는 그것의 충만한 활력과 더불어, 심지어는 골키퍼가 슛을 막고, 수비수가 공격수를 막고, 공을 받는 자가 승리의 서비스 리턴을 보내는 방식으로 그것을 수용한다. 장막, 프리즘, 틀, 바쳐진 자, 주어지는 것의 종적인 힘을 느슨하고 고른, 심지어 개방된 표면에서 변형시키기 위해 이렇게 질서로 그 **추진력**을 억제하면서, 순수한, 보여지지 않는 주어진 것의 충격을 받아낸다. 이러한 작용 ─정확하게 말하면 수용─과 더불어 주어진 것은 바쳐진 자에게 양도한, 혹은 오히려 바쳐진 자로부터 수용한, 가시성의 윤곽에서부터 **자신**을 보여주는 일을 시작할 수 있다. *b)* 하지만 주어진 것으로부터 일어난 가시성은 바쳐진 자의 가시성을 동시에 유발한다. 실제로, 바쳐진 자는 주어진 것의 충격을 받기 전까지는 그 자신을 스스로 보지 못한다. 초월의 자줏빛 망토가 결여된, 바쳐진 자는 더 이상 현상에 앞서 일어나거나 더 이상 이미 정립된 사유를 통해 현상을 '수반해내지' 못한다. 왜냐하면 바쳐진 자는 자신이 수용한 것을 수용하므로, 그것은 앞서 일어나지 않으며, 또한 특별히 주어진 것의 보여지지 않는 것에 앞서는 가시성을 통해서 일어나지도 않기 때문이다. 실제로, 바쳐진 자는 주어진 것보다 더 많이 자신을 보여주지 못한다──바쳐진 자의 장막이나 프리즘은, 이것들과 부딪혀서 일어난 주어진 것의 충격이 즉각 바쳐진 자를 조명하지 않는 한, 전적으로 보이지 않는 것에 지나지 않는다. 혹은, 그 대신, 엄밀하게 말해서, 바쳐진 자가 이러한 수용 없이는 존재하지 않기 때문에, 프리즘이 충격을 가로지르는 가운데 그것을 분해시키는 것으로 설정되는 것처럼, 충격은 맨먼저 그것에 대항하는 장막을 야기한다. 요컨대, 바쳐진 자는 자신을 통해 주어진 것을 현상화하는 작용 자체를 통해서 자신을 현상화한다.

따라서 주어진 것은 바쳐진 자를 주어진 것 자체에서 수용함으로써 바쳐진 자에게 자신을 드러낸다. 일자와 타자는, 보는 자를 통해 보이는 것을 변형시키는 것만큼이나, 보는 이가 보여지는 것을 통해 봄의 변형을 함축해내는, 그러한 본질적인 현상적 상호성을 따라 특징지어지는 **드러나는** 것의 방식으로 자신을 현상화한다. 바쳐진 자는 주어진 것을 드러내는 자로 작용하고 주어진 것은 바쳐진 것을 드러내는 자──포토그래프 분야의 의미로 현상액révélateurs──로 작용한다. 아마도 대상과 관찰자 사이의 상호의존성과 관련하는 양자물리학의 철학적 역설은, 예외 없이 모든 현상성에 대하여 유비적으로 타당하다는 말을 감히 할 수 있다. 그런데 우리는 여전히 어떻게 '예외 없는 현상성'에 대해 말할 수 있는가? 만일 **자신**을 보여주는 모든 것이 우선 **자신**을 준다고 한다면, **자신**을 주는 모든 것이 곧 **자신**을 보여주는 데 이르지는 않기 때문에, 상호적이라는 것이 타당하지 않다는 점을 우리는 이미 앞서 인정하지 않았던가? 실제로, 새로운 아포리아가 우리에게 도달하는 것과는 별개로, 우리는 바로 그 아포리아를 벗어나는 길을 발견했다. 그 근거는, 만일 오로지 주어진 것이 그 자체로, 바쳐진 자가 되는 장막에 한데 모이고 펼쳐지면서 **자신**을 보여준다면, 또 만일 바쳐진 자가 그 충격을 가시성으로 변형시켜야만 하고 변형시킬 수 있다면, 현상화의 범위는 주어진 것의 잔혹한 타격에 대한 바쳐진 자의 저항에 의존하는 데서 형성된다. 사소한 전류 때문에 유발되는 저항에 대해 이해해보자. 회로상에서, 자유로운 전자의 운동에 의도적으로 제한을 가하거나 지정할 때, 에너지의 일부는 열이나 빛으로 분열된다. 이런 점에서 저항은 보이지 않는 운동을 현상화된 빛과 열로 변형시킨다. 주어진 것(곧 체험, 직관들)의 충격에 대한 더 큰 저항은, 더 큰 현상학적 빛을 **스스로** 보여준다. 저항 — 바쳐진 자의 고유한 기능 — 은 **자신**을 보여주는 것으로서의 **자신**을 주는 것의 변환의 지표가 된다. 보다 더 직관적인 주어진 것은 그 압력을 증대시키고, 보다 더 큰 저항은 여전히 거기서 현상을 드러내기 위해 필연적인 것으로 등장하게 된다. 여기서부터 포화된 현상의 불가피하면서도 논리적인 가설이 도래한다 — 그 가설은 의미작용과 상응하는 노에시스들이 결여한 주어진 직관들로부터 포화가 일어남을 뜻한다. 실제로 부분적으로 보이지 않는 이러한 현상들 앞에서 (경탄의 방식을 제외하고), 포화된 현상은 특정한 지점에 이르러, 주어짐의 초과를, 그 척도상, 곧 측정되는 않는 척도상의 일종의 증명작업으로 변환시키는 바쳐진 자에 의존하게 된다. 여기서 현상학적 예술론의 길이 열린다. 화가는 자기 이전에는 아무도 본 적이 없는 것을 현상으로 보이게 만든다. 왜냐하면 화가는 매 순간마다 처음으로, 주어진 것이 **자신**을 — 모든 이에게 접근 가능한 현상으로 — 충분히 보여주도록 저항하는 데 이르기 때문이다. 위대한 화가는 어떤 것도 만들어내지 못한다. 마치 주어진 것이 결핍되어 있는 것처럼 말이다. 반대로 그 화가는 가시성이 되돌아오는 지점에 이르러, (마지못해 토해내는 것처럼) 이 초과에 대한 저항을 겪는다. 로스코 Rothko는 자신이 받아낸 폭력적인 주어진 것 — 그 외의 다른 사람들에게는 너무나도 폭력적인 것 — 을 정지된 색으로 이루어진 화폭 위에 현상화해냄으로써 저항한다. "나는 [그림의] 표면 매 제곱센티미터마다 가장 절대적인 폭력을 감금시켜왔다."[18] 예술에 관해 참된 것은 문학과 모든 사변적 사유에 대해서도 참이다. 여기서 말하는 참은, 바쳐진 자가 견뎌낼 수 있는 만큼 주어진 것을 현상화하기 위해 주어진 것에 저항하는 어마어마한 노력을 뜻한다. 천재는 오로지 그 자체로 드러나는 주어진 것의 충격에 대한 거대한 저항으로 나타난다. 모든 경우에 있어서 하나의 사건으로 일어나는 현상은, 드러나는 것의 양상을 취한다. 즉 그것은 바쳐진 자가 **자신**을 조금 더 보여주기 위해 **자신**을 주는 것을 강요하는 것과 같은 동작으로 바쳐진 자를 현상화한다.

따라서 드러나는 것은 현상성의 특수한 영역이나 극단적인 층을 정의하는 것이 아니라 **자신**을 보여주는 것에서 **자신**을 주는 것을 현상화하는 것의 보편적 방식을 정의한다. 그것은 먼저 **자신**을 보여주기 전에 **자신**을 주는 것으로 모든 현상의 근원적인 사건적 성격을 곧

---

18) James E. B. Breslin, *Mark Rothko: A Biography*, Chicago: University of Chicago Press, 1993, p. 358. 다음 문헌에서 인용함. Eric Michaud, "Rothko, la violence et l'histoire", *Mark Rothko*, Paris: Musée d'Art moderne de la Ville de Paris, 1999, p. 80.

장 고정시켜버린다. 그리하여 우리는 최종적인 물음이 정립되는 순간에 이르렀다. 바쳐진 자에 의해 그리고 바쳐진 자를 위해 드러나는 것으로서의 현시에 근접해 있는 주어진 것, 곧 사건으로서의 현상에 대한 수용의 보편성은, 사실상은 아니더라도 권리상, 형이상학이 끊임없이 파고들어 가는, 한편으로는 일견 구성되고, 재생 가능하며 반복 가능한, 그러므로 배타적으로 합리적인 대상들의 세계와 다른 한편으로는 구성되지 않고, 반복되지 않고, 현행적으로 재생 가능하지 않으며 그렇기에 일견 비합리적인 사건들의 세계, 계시의 드러남의 세계 사이의 틈을 결정적으로 폐기해버리는 것이 아닐까? 이 중간 지대는 대상의 교설이, 현상의 **자기**를 박탈하고, 존재자로서만이 아니라 확실성으로 평가절하되는 오직 외관상의 현상으로 현상성의 물음과 영역을 환원해내길 시도하는 (또한 성공하는) 바로 그 순간에 부과된다. 바로 거기서 대상을 현상들의 한 단순한 특수한 사례로 담아내고 포화된 현상의 거대한 영역을 포괄하는 현상학이 현상성의 장을 재차 열어 밝히는 그 순간 이 중간 지대는 더 이상 정당화되지 않는다. 또는 오히려, 그러한 중간 지대는 그 자체로 비합리적이고 이데올로기적인 현상성을 부정한다. 만일 우리가 이러한 중간 지대의 자리가 더 이상 존재하지 않는다는 점을 인정한다면, 어떤 결과가 도출될까? 그것은 다음과 같다. 계시와 연관된 주어진 것 ― 유대교와 그리스도교의 계시 ―은 세계의 주어진 것들에서 비롯한 것들과 마찬가지의, 그것들과 동일한 작용에 종속되면서, 정당한 권리를 가지고서 현상으로 다뤄진다. 곧 주어진 것, 사건성으로의 환원, 바쳐진 자를 통한 수용, 저항, 포화된 현상, **자신**을 보여주면서 **자신**을 주는 변환의 진보성 등이 다뤄진다. 의심의 여지 없이, 신학의 이 현상학적 장소는 문제가 되는 예외적 현상들에 일치하는, 매우 특수한 규약들로부터 필연적으로 초래된다(또한 이미 발견되고 있다). 예를 들어, 사건은 기적의 형태를 취할 수 있고, 주어진 것은 선택과 약속이 되며, 바쳐진 자의 저항은 증인témoin의 회심으로 심화되며, **자신**을 보여주면서 **자신**을 주는 변환은 신학적 덕목을 요구하고 그 진보성은 영원한 태초의 종말론적 귀환으로 연장된다. 철학은 이 이상의 것을 말하기 위한 권위나 권능을 가지고 있지 않다. 다만 철학은 적어도 신학자들에게 호소할 권리는 갖고 있다. 신학자들은, 대체로 인문학에서 정확하게 반복되고 있는, 계시의 극단적인 주어진 것들을 대상화하는 모형으로 환원시키려는 시도를 멈추어야만 한다. 왜냐하면 똑같은 현상성이, 가장 빈약한 것(형식주의, 수학)에서부터, 공통적인 현상(물리학, 기술적 대상), 포화된 현상(사건, 우상, 살, 아이콘), 그리고 포화의 네 가지 유형을 결합한 현상(계시 현상)의 가능성에 이르기까지 모든 주어진 것들을 뒤덮어버리기 때문이다.

# 3장
# 회화라는 우상 또는 섬광

## 1. 보기 또는 응시하기

우리는 보이는 것에 둘러싸여 있다. 우리가 어디로 돌아서건, 보이는 것은 자신을 드러내고, 스스로를 예비하며, 빛을 발하고, 역설을 일으킨다. 내가 눈을 뜰 때, 나는 보이는 것에게 넘겨지며, 보이는 것은 전체 지평의 직경에서 완연하게 펼쳐진다. 이는 여러 측면에서 보이는 것이 스며든다는 말일까? 그런데 보이는 것의 측면에 어떤 장소가 존재하는 것은 아니다. 왜냐하면 보이는 것은 예견할 수 있는 전체 직경에서 나에게 일어나는 것이기 때문이다. 그것으로부터 내가 등을 돌리거나 달아남으로써 보이는 것을 회피할 수 있는가? 그런데 만일 내가 방향을 전환하면 그것은 언제나 나를 앞서 일어나거나 미리 나를 우회하여 다시 나에게 돌진해온다. 내가 고개를 올려도 그것은 내 머리 위에서 불쑥 나타난다. 내가 시선을 내리면, 그것은 언제나 여전히 나를 기다리고 있다. 보이는 것은 우리 곁을 떠나지 않는다. 왜냐하면 그것은 우리에게 부과되기 때문이다. 내가 내 몸을 돌리는 곳에서도 그것은 내 주위를 에워싼다.

앞을 보지 못하는 상태가 보이는 것으로부터 우리를 가로막는가? 태어날 때부터 앞을 보지 못하는 사람도 조심스럽게 반응하기를 시도할 수 있다. 적어도 앞을 못 보는 사람을 보지 못하는 자로 정의하라고 우리에게 충고하는 절제된 표현은, 분명 시각으로부터, 곧 보이는 것으로부터 보지 못함을 사고하는 것임을 우리는 짐작할 수 있다. 시각 장애는, 형이상학의 요구대로, 시력의 부재(중립적 규정, 우리는 오직 오감을 가지고 있을 뿐 육감은 없다는 뜻에서 시력 자체만을 지칭하는 규정, 심지어는 긍정적인 규정)로 이해되어야 하거나 반대로 우리 자연본성에 본질적으로 부여되는 완전성의 결여로 이해되어야만 하는가?[1] 이런 용도는 실제로 당연한, 필요한, 필연적인 시각의 박탈로만 시험될 수 있다고 답한다. 왜냐하면, 앞을 보지 못하는 상태는 자연적이건 기술적이건, 구분, 비감각적인 맥락화된 시각, 어쩌면 민감하면서도 자연적인 시각보다 더 강력한 시각을 끊임없이 재구성하려고 시도하는 수준까지, 그 시각이 더 잘 행사되고 원하는 상태이기 때문이다. 이 경탄할만한 노력은 유비를 통해 앞을 못 보는 상태에서 봄으로 돌아가는 일을 더욱 고양시키는 효과적인 시도다. 또한 이것은 인간성이 언제나 그 본성상 할 수 있는 것 그 이상의 것을 의도한다는 사실을 입증한다. 이러한 노력은 또한 **정반대로**, 보이는 것이 물리적이면서 동시에 존재적으로 결여를 형성하는 경우에만 우리 자신에게 지배력을 행사한다

---

1) Spinoza, Letter XIX, in *Opera Omnia*, ed. Gebhardt, t. IV, p. 128 이하.

는 사실을 입증한다. 보이는 것이 더는 우리를 에워싸지 못하고 평면 상에서 없어지며, 그 기능을 잃어버려 공허함과 모호함으로만 남아있을 때조차도 우리는 보이는 것으로 인해 강박에 시달린다. 눈이 멀어버린 사람도 여전히 자신에게 일어난 일을 보기를 원한다. 또한 고대인들조차도 가장 위대한 선견자들(현자, 시인, 예언자)이 비감각적으로 보이는 것을 보는 (지적이거나 종교적인) 일을 더 잘 실행하기 위해서 감각적으로 보이는 것을 보기를 단념했음을 시사했다. 가시성이 남겨져 있다면, 거기에는 여전히 지양될 수 없는 앞을 보지 못함의 지평도 남아있다.

반대로 어떤 앞을 보지 못하는 상태는 우리를 에워싸고 있는 눈에 보이는 것의 균열을 우리에게만 열어줄 수 있는데, 여기서 반드시 보여야만 하는 것을 보기 위해서는, 먼저 눈에 보이는 것의 규칙성에 스스로 현혹되지 않도록 자신을 지켜내야만 한다. 가시적으로 돌출되는 모든 것에서 기꺼이 스스로를 보여주도록 결의하지 않았다는 것은 아직 어떤 것도 우리에게 허락되지 않았음을 뜻하기 때문에, 단지 우리는 일어나는 일로서의 우연이라는 강렬한 광시곡을 통해 촉발될 뿐이다. 우리가 인정하는 바는, 여기서 뜻하지 않은 무관심한 시선의 체념적 자세를 취하는 것으로 충분하다는 점이다. 나는 스스로 내 눈을 뜰 따름이고, 나는 그런 시선의 영역들 저편으로 넘어가는 모험을 감행하지 않으면서, 그 영역들의 단순한 운동에 나의 주의를 적응시키고자 한다. 나는 내 시야를 넘어선 것을 보지는 못한다. 따라서 나는 보이는 것의 흐름에 있는 윤곽을 더 이상 선택하지 못한다. 이제부터 보이는 것의 흐름은 전복이나 중간 지대 없이, 형체 없이 흐르는 색들의 느린

강물처럼, 그렇게 비유기체적으로 흘러간다. 심원함과 평면, 형태와 한계는 자수의 이면처럼, 언제나 하나의 우주를 완성시키려고 하는, 잭슨 폴록의 경계 없는 표면 ── 모든 것을 에워싸서 펼쳐내는 독특한 해석 ──처럼, 혼동을 일으킨다. 봄은 어떤 선택이나 결의를 요구하지 않으며, 보이는 것에서 새로이 시작되어 끝없이 몰려오는 것에 자신을 노출시키는 것으로 충분하다. 보기voir 위해서는 눈을 가지고 있음으로 충분하다. 응시하기Regarder는 더 많은 것을 요구한다. 우리는, 그 깊이와 넓이로 표면을 구별하면서, 형태에다가 경계를 설정하면서, 조금씩 더 변화를 찾아내고, 그 움직임을 추적하면서[2] 그 자체로 보이는 것을 선별해내야 한다. 요컨대 우리는 언제나 새롭게 도래하는 일상적인 보이는 것들의 불분명함 가운데서, 대상들을 지향하고, 대상들에 특별한 주의를 기울이며 대상 주위를 둘러보고, 대상들을 강조하며, 심지어 하나의 모양을 뽑아내기 위해 대상들에 선을 그어내야만 한다. 저것이 아닌 바로 이것으로서의 이 모양을 여기서 그런 방식으로 파악하기 위해서, 그 모양 바깥으로 거의 달아나버릴 것 같은 변이와 기복은 다시 합류되어야 하고, 재포착되어야 하며, 감시를 받으며, 보전되어야 한다. 안정된 상태로 보이는 것의 흐름을 시선으로 붙잡아두는 일(라틴어 문자 그대로 이해해보면, 안을 바라보다in-tueri, 직관intuitus)은, 사실 결코 움직이지 않는 것은 아니지만, 여전히 눈에 보이는 것의 이동성, 그 불

─────────────

2) '추적한다는 것'은 여기서 '추적의 조명'이라는 의미로 이해되어야 한다. 추적의 조명은 침침한 장면에서 장소를 변화시키는 연기자, 또한 급격한 장소변화에도 불구하고 거의 움직이지 못하는 관객의 시선 아래서 유지되는 빛의 후광을 받는 연기자를 가능한 한 가까이에서 쫓아간다.

안정성을 최대한 고정해낸다. 응시하는 ─ 지켜보고, 계속 주시하며, 감시감독을 유지하는 ─ 일은 대상들이 보이도록 어떤 것을 부과하는 일, 그리고 조금씩 더 대상들을 형성해내는 일에 준거한다.[3] 인식과 시선이 언제나 명석하고 판명한 것에 도달하는 것은 아니지만, 인식과 시선의 모든 대상들은 보이는 것의 깊이에서 벗어나 거기서 간신히 접선적으로 구별되거나, 오히려 고집스레 보여지기 위해 끊임없이 자신을 주는 것의 흐름과 물결로부터 구별되기에 이른다. 그 대상들은 보이는 것의 영역에서 자신을 조직화하는 만큼 자신을 조직화해내지 못한다. 대상들은 그 와중에 정립된 것에서 하나의 장면을 보이는 것의 영역에 부과한다. 오른쪽과 왼쪽, 앞과 뒤, 중심과 주변, 가깝고 멂, 크고 작음 같은 것 말이다. 이것들은 한정된 영역에 골고루 배치된다. 그럼에도 불구하고 이것들이 대상의 대상성 안에서 그 영역에 틀을 부여하고, 단지 투사를 통해 ─ 주목하는 시선의 감시에서 비롯하는 큰 노력으로 유지되는, 거의 고정된 틀 속에 윤곽을 부여함으로써 ─ 그 영역에 하나의 틀을 고정시키면서 해당 영역에 배치되는 것은 아니다(왜냐하면 보이는 것의 지평은, 이상하게도, 끊임없이 그 한계를 치환하고 그리하여 지평 개념 자체와 모순을 일으키기 때문이다). 모든 것이, 상실되지 않고 바로 가로막아 버리는 너무나도 방대한 정의되지 않은 평면 속에 근거지를 발견하는 것처럼, 대상에 한계를 수립하고, 대상에 대한 지시를 고정시키면서 보이는 것의 중심에 순응하게 된다. 의심의 여지 없이, 잘 정립된 대상들조차도 변화하고, 흘러나오고, 종적을 감추

---

3) 본서 5장 3절 203쪽 이하를 보라.

는 일을 멈추지는 않을 것이다. 그런데 존재하는 것으로서 제한된 틀과 관련해서, 시선은 언제나 우선 대상들을 희망할 수 있고, 다시 포착할 수 있고, 그런 다음 (결국에는 치환되고, 확장되지 않지만 절대 깨지지 않는) 그 한계들로 되돌아갈 수 있고, 대상들을 그 각각의 목적에 다시 할당할 수 있다. 대상들은 물론 시선에 각기 상대적으로 남겨지는데, 이런 점에서 대상들은 그 자체로 존중을 받게 된다. 왜냐하면 그것들은 정신의 시선의 검사, **정신의 직관**intuitus mentis 아래서, **정신의 고찰**inspectio mentis을 통해 탐구되기 때문이다. 대상은 그 자체로 처신하는 법을, 보이는 것의 판명한 흐름에 도달하지 못하는 법을 배운다. 이처럼 대상은 각각의 보이는 것이 그럼에도 불구하고 보이는 것 그 자체로 남겨진다는 것을 부정해버리는 안정성을 온몸으로 표현한다. 시선은 아직 존재하지 않는 대상을 보이는 것으로부터 구별해내기 위해 보이는 것에 틀을 부여한다.

따라서 본다는 것은 눈에 보이는 것의 흐름에, 빽빽이 밀집해있는 무리 속에서, 세상 가운데 잠겨있는 표면에 새로운 붉은 빛을 비추기를 멈추지 않는 보여지지 않는 것의 폭발적 상승에 저항함을 의미한다. 봄은 보이게 할 것을 요구하는 보이지 않는 것의 억누를 수 없는 방출로부터 벗어나는 것을 의미한다. 벗어난다는 것은 순차적으로 이념적으로 한계를 대상에 부여하지만 효율적으로 고정되지는 않도록, 보이지 않는 것의 침묵의 흐름으로부터 자신을 보여주는 보이는 것의 한 부분을 제거한다는 것을 의미하며, 이러한 노력은 언제나 보이는 것을 지켜보는 시선을 통해 다시 포착된다. 우리는 목적 없이, 시작 없이, 한계 없이 그 흐름 바깥에 있는 하나의 틀로부터 절취해낸 것을 통해 보

이는 것을 본다. 봄은 곧 보이는 것의 초과를 관리하기 위해서, 나의 시
선의 검사가 추적하는 그 틀, 곧 **신전**templum 안에서 보이는 것에 '틀'을
부과하는 일에 그 준거점을 둔다.

## 2. 예술에 대한 경이admiration

파스칼은 우리가 여기서 천착한 물음을, 섬세한 해석을 담은 한 텍스
트에서 세심하게 다루었다. "사람들이 그 원본으로는 전혀 경이로워
하지 않는 사물의 유사성으로 경이l'admiration를 불러일으키는 그림은
얼마나 허무한지!"[4] 이 글을 처음 읽을 때, 파스칼의 논평에서 그림
에 대한 단지 모방적인, 곧 피상적인 이해를 벗어나기란 쉽지 않다. 우
리는 플라톤 이후, 형이상학이 채색된 것(이 경우에는, 침상)에 집중하
지 않고 우선 물질적인 것에, 그리고 그다음으로는, 특별히 일자와 타
자를 떠받치는 부동의 참된 것(현자를 위한 참된 모형)에 집중하라고
한 가르침이 있은 다음부터도, 원본에 대해 경탄하지 않고, 외려 우리

---

4) Blaise Pascal, *Pensées*, ed. Louis Lafuma, Paris: Editions du Seuil, 1963, §40, p. 508. 마르
티노(E. Martineau)는 최근에 이 단편을 더 넓은 전체 대목(13장, '영광에 관해서'), 곧 647절(버
릇없는 이와 상스러운 이의 헛됨)와 결합시켰고(붙였고), 그의 작금의 모방에 관한 해석과 대조
시킨다. 여기서 그는 헛됨에 관해 다음과 같은 점을 시사한다. "[…] '화가를 향해 심지어 제한
된 대상들에게 결부되지 않는 감탄을 불러일으킨다.' 따라서 파스칼은 그림 자체에서 사회적
권위, 주체로서의 예술가의 '성스러움'을 그렇게 의도하는 것 같지는 않다"(Pascal, *Discours
sur la Religion et sur quelques autres sujets*, édité et restitué par E. Martineau, Paris: Fayard,
1992, pp. 120, 248). 그의 독해의 우아함, 혹은 이러한 병합에 의한 논증의 우아함에 대한 인
정을 빠트리지 않으면서도, 나는 그럼에도 불구하고, 내가 보기에 (그러므로 형이상학적인) 주
관주의는 쓸모없다는 점에서 마르티노의 해석을 따르지 않을 것이다. 그것은 '원본적인 것'의
가시성과 '유사한[-것]' 간의 수평적 맞세움, 두 가지 감탄, 곧 두 가지 지향적 시선의 경합을
정당화하는 이 맞세움의 합당한 현상학적 지위를 결여한 채로 논의를 끝내버린다.

가 재생에 대해 경탄한 것을 경탄한다.[5] 그럼에도 불구하고 이러한 형이상학적 해석은 파스칼로부터 인용한 것을 정당화시켜주지 못할 수도 있다. 왜냐하면 파스칼은 여기서 오히려 종종 다른 데서 '외형'[6] 대 '본'(또는 '모형' 대 '참', '모형' 대 '자연')의 습관적 대립에서 출발하여 분석된 그런 닮은 것에 관심을 둔 것이 아니라,[7] 바로 '원본적인' 것에 관심을 두었기 때문이다. '닮은' 것은 여기서 채색된 '것들'이 '원본적인' 것과 어떻게 다른지를 지시한다. 그것은 하나의 관계(모형과 재생산 사이, 사물과 이미지 사이 등)를 지시하는 것이 아니라 관계의 항들 가운데 하나 ── '원본'과는 다른 '닮은 것' ── 를 지시한다.

그렇다면 회화에서 '닮은 것'은 '원본'과 어떻게 다른가? 닮음이란 원본이 받아야 하는 경이를 찬탈한다는 점에서 원본적인 것과 구별된다. 따라서 경이로워한다는 것은 하나의 보는 방식을 나타내므로, 우리는 '닮음'이 더 많은 봄을 유발한다고, 그리고 '원본적인' 것이 하는 것보다 더 많은 시선을 소환한다고 결론 내려야 한다. 닮은 것이 원본을 배가시키지 않는다. 재생산이 배가되고, 사건이 일어난 다음, 그리고 더 약하게는 궁극적인 지시체로 남아있는 제일 처음 보이는 것의 섬광이 있기는 하지만, 그것은 이 원본의 섬광을 몰수하고 그것의 시작점을 실격시키고, 모호하면서도 심지어 망각될 수 있는 것으로 축소시킨다. 섬광을 몰수하여 실격된 시작, 모호하고 심지어 망각될 수도

---

5) Platon, *République* X, 597 a-e.

6) 한 예로, Pascal, *Pensées*, §826, p. 606.

7) 다른 단편들에서도 마찬가지로 나타난다. *Ibid.*, §§ 248, 573, 826, 585, 652, 각각 pp. 532, 581, 605, 582 이하, 588.

있는 것으로 환원시킨다. 오히려 그 닮아있음은 원본을 넘어서고, 배가시킬 정도로 강렬한 섬광을 발한다. 마치 경주에서 경쟁자를 따라잡아 이로서 모든 관중의 관심을 빼앗아버리는 것처럼 말이다. 닮은 것은 가시성 바깥으로 보내져 버린 원본 그 이상의 것을 나타낸다. 따라서 경이는, 바로 그것이 더 이상 어떤 것과 유사하지 않고, 단지 다른 모든 것에서 영광을 빼앗아 스스로 모든 영광을 끌어 모으는 닮은 것에 초점을 맞추게 된다. 이제 닮아있음이라는 것만이 순수한 닮은 외양semblance 속으로 진입한다. 닮은 것은 그럴듯하게 보이고, 나타나고, 빛나며, 번뜩인다. 현상학적으로, 닮아있는 것이 원본이 되고, 이때 존재자의 원본은 하나의 묘사, 윤곽, 혹은 심지어 선취를 통한 재생보다 더 큰 지위를 가지지 못한다. 뿐만 아니라 우리는 현상적 원본 이전에 존재자적 원본을 망각한다. 왜냐하면 그것이 우리에게 무익한 것이 되고, 심지어 완전한 닮아있음으로부터 우리를 분리시키기 때문이다. 회화를 그 자체로 영광스럽게 만드는 닮음이란 그 자체로 부차적인 기원을 망각하게 한다. 그것은 그 자체 홀로 있는 어떤 것, 고립된 빛의 원, 그 고유한 형태에 충실한 모체를 지시하지 않으니 말이다. 추락한 원본에서 솟아나는 닮음을 향하는 이러한 가시성의 무게중심의 전복 ── 영광을 계량하는 지점 ── 은 여기서 경이라는 주제 아래 기술된 시선을 촉발시킨다. 실제로, 경이는 여기서 시선으로부터 가능해진 더 힘 있는 실천으로 이해되어야 한다. 이는 단순한 봄의 방식으로, 거기서 지연되지 않으면서 하나의 보이는 것에서 다른 보이는 것으로 떠돌아다니는 것이 아니라, 마주친 것 혹은 일어난 것에 지속적으로 고정되고 매혹된 것과 유사하다. "경이는 영혼에게 희소하고 이례적인 것으로 보이는 대상들에 주의를 기울이게 만드는, 영혼의 급작스러운 놀람이다." 여기서 파스칼을 따라가는 데카르트는 경이를 가장 강렬하게 현상학적으로 '보이는 것'에게 배당한다. 경이는 오직 순수한 닮음의 매력에, 그것의 급작스런 '일어남'arrivement[8]에 종속된다. 결과적으로, 경이는 그 가시성의 전개를 따라 멈춰설 수 있는 것에 고정될 뿐이다. 따라서 경이는 전복적 현상의 작용에 주목하고 그때부터 불가피하게 어두워져 버린 원본을 포기하면서 닮은 것에 시선을 집중시킨다. 여기서 그림이 그 힘을 보여주게 된다. 그림은 물리적 세계의 경이를 다른 새로운 광경(다시 말해 시선)으로 치환시킬 뿐만 아니라, 순수한 닮은 외양의 나타남을 유발시키기도 한다. 닮은 외양의 나타남은 세계의 열림 가운데 가변적인 대부분의 현상을 어느 순간 갑자기 사로잡아 버린다. 그림은 현상성을 배가하거나 수정하지 않으며, 다만 현상성을 지배하고(자연, '원본'을 희생시키고), 생산하며, 결국에는 순수한 닮아 있음에게로 그 무게중심을 치환시키고 ('닮음'의 특권을 수립해냄으로써) 성별하게 된다.

아마도 지배함 자체라는 점에서 예술이 **어떻게** 현상성을 그런 식으로 탈취해버리는지에 관한 물음을 스스로 던지기 전에, 잠시 회화가 여기서 성취해낸 것으로 이해되는 바로 **그것**을 탐구해보자. 그것은 닮아있는 외양을 원본의 원본이라는 지위로 격상시키는 것이고, 현상성이라는 제국의 기원에 다름 아니며, 세계의 사태의 장소이자 입지에

---

8) René Descartes, *Passions de l'ame*, §§ 70~71, AT XI, pp. 380~381. 이 용어 및 예기치 않은 도래라는 개념에 대해서는, 이를 확증하고 있는 본서 2장 2절 75쪽을 참조하라.

다름 아니다. 자연에서 이미 이용할 수 있고 따라서 이미 자연을 통해 시작된 것들은 더 이상 현상성을 지배하지 않는다. 즉 자연과 세계가 지금 알지 못하는 현상들이 이제 나타난다. 또한 그것들에게서 모든 섬광의 최종적 탁월성이 되살아난다. 차후에 우리는 이런 불균형한 전복에 대해 더욱 깊이 성찰하게 될 것이다. 지금은 그 효과만 고찰하도록 하자. 회화는 너무 강력한 닮은 외양에 대해 봄의 작용을 불러일으킬 수 있기 때문에 봄의 작용은 특정한 때 한 시선이 던지는 모든 경이를 찬탈해버린다. 그 시선은 모든 경이와 가능한 모든 힘을 보이는 회화에 할애할 수밖에 없다. 왜 시선은 회화로서 보이는 것에 자신을 ── 최소한 자발적으로, 봄이라는 일반적인 과정 속에서 날마다 이어지는 봄의 일상적 체제 속에서 ── 고정시킬 수 없는 것일까? 의심의 여지 없이 단적으로 봄은 이러한 보이는 것이 자연세계보다 더 큰 가시성을 발휘하고 또한 무조건적으로 보이는 것에 사로잡혀 버리기 때문에 그런 것이다. 더 나아가 화가는 이것 이외의 다른 어떤 목적도 가지고 있지 않다. 즉, 우리를 현혹시키는 목적, 보통 정처 없고 미적으로 불성실한 우리의 시야, 요컨대 한 광경에서 다른 광경까지 멈추지 않고 이행하는 자유로운 아이의 시야에 단번에, 어쩌면 첫 순간에 그것을 외면할 수 없고 다음 사태로 나아갈 수 없는 그런 보이는 것을 제공하고, 단지 그 자신은 그것에 매혹되어, 포로가 되고, 꽤 오랫동안 그것에 의존하고 있다는 사실을 발견하게 만드는 목적 말이다. 화가는 자신의 주의를 매혹시켜버리는 봄을 포착하려는 야심을 갖는다. 따라서 그들은 자기들이 개입하기 전에는 본 적이 없고 자연본성적인 것도 아니며 다른 회화에 있는 것도 아닌 닮음의 유사성을 유발시킨다. 이는 곧 요약을 꾀하는 시도이며, 바라보는 일에 헌신하게 된 시선을 형성해내는 수준을 벗어나 관점을 압도하고 차단하는 것과 같은 일을 부과하게 된다. 붙잡히는 것이 전혀 없기 때문에(그것은 매번 투시한다), 하나의 보이는 것에서 다른 것으로 이행하는 공통적 시선과는 다르게, 그려진 유사성을 향하는 시선은 거기에 휩쓸려 들어가고 심연에 빠지게 된다. 그 시선은 더 이상 가로질러 나가지 못한 채 분쇄되고 만다. 시선은 거기서 다른 것을 보는 쪽으로 나아갈 수 없다. 다만 시선은 보고 있는 것을 인식하고 보고 있는 그것에 흡수되면서 그것을 관통하는 데 소진되고 만다. 그것은 정반대로 시선을 에워싸고 끌어오며, 또한 그것은 포획하는 그려진 것으로서의 닮아있는 외양이다. 포획된 봄은 시선이 부과된 것이 된다. 이런 방식으로 **우상**l'idole이 성취된다. 우선 우상은 맨 먼저 봄을 포화하고 우상 안에서 모든 경이를 독점하기 때문에, 맨 처음 봄의 작용은 관통할 수도 단념될 수도 없는 것이 된다. 일단 그저 지나쳐버릴 수는 없는 보이는 것, 우상은 처음부터 어떤 능력을 숨겨왔는지를 시선에게 말해준다. 왜냐하면 우상은 처음부터 너무 많은 것을 —충분할 정도로 — 보게 하기 때문이다. 우상은 닮은 외양이 지닌 탁월함과 초과로 인해, 보이는 것의 충만함이 결여에 이르기까지 무시되어버리는 그 고유한 척도로 시선을 되돌린다. 우상은 우상을 바라보도록 우선 어떤 것을 보여주거나 부여할 뿐 아니라 특별히 이 시선의 척도 자체에서 그것을 보여주고 부여한다. 너의 우상에 대해 말하라, 그러면 너는 네가 누구인지 알 것이다. 따라서 시선이 맨 처음 보는 것은 보이지 않는 거울과 같다. 곧 회화를 작동시키는 닮음은 본질상 우리가 —평범화하기 위해 — 미학이라고 부르는 것의 영역을 가

뿐히 넘어선다. 그것은 나의 자기성의 진리에서처럼, 곧장 근원적으로 순수한 현상성 안에 나를 기입시키는 일과 연관된다. 나의 우상은 내가 현상성에서 견뎌낼 수 있는 바——내가 혼동이나 맹목성으로 가라앉지 않으면서 판명하게 구성된 보이는 것으로 직관을 모두 변형시킴으로써 판명하게 보이는 광경에다 나의 시선을 유지시키면서 내가 견뎌낼 수 있는 직관적 강도의 최대치——를 정의해낸다. 이런 점에서 나의 우상은 나의 지향의 모든 진폭——내가 보는 것에 대해 내 마음을 정한 것, 또한 그렇게 해서 보고 행하기를 원한 것——을 드러낸다. 요컨대, 우상은 나의 욕망과 소망을 벌거벗겨 버린다. 내가 응시하는 그 보이는 것이 내가 누구인지를 결정한다. 나는 내가 응시할 수 있는 그것이다. 내가 경탄해마지 않는 그것이 나를 판단한다.[9]

따라서 윤리적 책임과 미학이 매우 뚜렷하게 대립하는 근거는 존재하지 않는다. 왜냐하면 미술은 절대 철저한 윤리적 선택을 (설사 그렇게 하고자 한다고 해도) 회피할 수 없고, 미술은 종종 윤리적 상황을 철저히 현상화하기를 욕망하기 때문이다. 하지만 관객의 시선을 만족시키고 매혹하는 미술의 불가피한 요구는 특별히 미술을, 타인 자체——보는 자로서의——와 더불어 작용하는 되돌릴 수 없을 정도의 윤리적인 매혹 속에 함축한다. 미술은 볼 수 있는 것에 대한 책임과, 더 나아가 우리를 바라보게 하는 그 힘의 책임을 안고 있다. 이 모든 경우

---

9) 우상에 관해서는 다음 문헌을 보라. Jean-Luc Marion, *Dieu sans l'être*, Paris: Arthème Fayard, 1982[1]; Paris: Presses Universitaires de France, 1991[2], chap. I. 이 논의는 다음 문헌으로 대체된다. Marion, *Étant donné*, Paris: Presses Universitaires de France, 1997, § 23, p. 319 이하.

에, 미술은 '원본'에서 '닮음'으로 경이를 전환시키기 때문에, 세계라는 가시성의 위엄을 무효화하고, 이런 점에서, 인식론적으로도 물리적인 것이 지니는 우위성을 박탈시키고 만다. 따라서 미술은 세계 내 기입된 모든 것으로부터, 모든 우주적 질서의 유폐로부터 시선을 해방시킨다. 그림은 대지의 매혹으로부터, 또한 대지의 유일한 풍경의 매력으로부터 시선을 탈취한다. 이러한 해방이 분명 그 자체로 윤리적 행위를 성취한 것은 아니지만, (또한 윤리적 행위를 금지시킬 것이지만) 그럼에도 우리를 이미 물리적 필연성 바깥으로 치환시키고 있으며, 시선의 윤리가 적어도 가능한 것이 될 수 있는 태도에 우리를 정위해낸다.

## 3. 회화의 틀

우리는 이제 어떻게 회화가 현상성을 지배하는지 물을 수 있다. 실제로, 우리는 모든 반응 요소를 제거하지 못한다. 왜냐하면 우리는 이미 한 반응의 두 표지를 수용하고 있기 때문이다. 첫 번째 표지는 우리가 재단과 절취를 통해서, 목적 없이, 시작 없이, 한계 없이 보이는 것의 그 파고 바깥에 고정되어 있는 틀을 본다고 말한다. 다시 말해 보이는 것의 초과로부터 보호를 받도록 봄은 보이는 것을 틀[또는 액자―옮긴이]에 끼워 넣기를 요구한다. 두 번째 표지는 시선이 그 우상에, 곧 시야가 꿰뚫을 수 없고 단념할 수도 없는 이 맨 처음 보이는 것에 고정된다고 말한다. 왜냐하면 우상은 우선 시야를 포화하고 모든 경이를 독점하기 때문이다. 우상과 틀[액자 같은 것―옮긴이]은 이렇게 현상성을 지배하기 위해 회화를 용납한다. 그런데 이 한 쌍의 답변은 이 답변이 해명해낸 것 이상의 큰 난점을 나타내고 있는 게 아닐까? 우상은 그 틀이 가시성을 제한하고 가시성의 흐름을 정체시키는 일 가운데서, 가시성의 초과를 내포하지 않는가? 초과가 여기서 틀의 의무와 모순되지 않고, 그것과 함께 증가하지 않는 한, 그리고 틀의 중심이 '원본'의 등장 **실패**에 종지부를 찍지 않는 한, 그것은 닮은 것이 우상으로 성취되는 일을 막을 것이다.

실제로, 물리적인 것은 그려진 우상에 양도되어야 한다. 왜냐하면 회화에 정당성을 부여하지 못하는 나타나는 것의 본질적 법칙을 통해, 자연스러운 경험이 우상에 부과되기 때문이다. 세계의 보이는 것, 곧 보이는 것이라면 어떤 것이든지 말이다. 이를테면 내가 펴서 읽는 책이 있다고 해보자. 책은 나에게 나타나는 것인가? 물론 내가 책의 어떤 장을 펴서 읽고, 또 그다음 장을 읽기 위해서는 그것이 나에게 읽혀야, 즉 보여야 한다. 확실히, 책의 모든 장이 동시다발적으로 나에게 보여질 수 있느냐 하는 것과는 별개로 (제본을 해체하지 않는 한, 책의 모든 장을 원본의 **앞면** 옆에 나란히 배열하기 위해서는 **뒷면**을 복사해서 펼치는 방법밖에 없다.) 세계의 사태로서, 곧 대략 직각 평행육면체로 포착된 책은 그 여섯 면을 나에게 단번에 동시에 제시할 수 없다. 내가 한 번에 세 면을 본다고 하더라도 다른 세 면은 나에게 보이지 않는 것으로 남겨진다. 물론, 나는 주어진 것으로 추측하거나 검증할 수 있는 세 가지 다른 면이 있다는 것을 알고 있고(누구나 알고 있는가?), 책을 돌려 다른 세 면을 확인한다. 그런데 그 순간 세 개의 새로운 보이는 면이 앞선 세 면을 사라지게 할 것이다. 물론 처음 세 면으로 돌아가려면 단순한 몸짓으로 충분할 것이다. 하지만 이 몸짓은 다른 세 면을 다시금 필연적으로 사라지게 할 것이다. 따라서 내가 그 순간 여섯 면을 동시에 마주하지는 못할 것이다. 이 불가능성이 그 과도함으로 인해 나를 불안정하게 만들지는 않는다——나는 그것이 공간 안에 있는 나의 상황과 세계의 대상들의 **선험적** 조건에서 직접적으로 유래한다는 것을 잘 알고 있다. 그럼에도 불구하고, 물리적 대상들('원본')이 절대 충만하게 나타날 수가 없다는 점은 변함이 없다. 책은 부분적으로만 나타난다. 비록 그 부분이 다양하더라도 말이다. 상호적으로, 빛이 있는 만큼 밝음이 있는 것처럼, 한 부분은 언제나 그림자 속에 머무른다. 게다가, 빛이 더 늘어나면, 직접적 현전과 무관하게 자신의 한 본질적 부분을 전달함으로써, 더 많은 부분이 그 자신을 그림자로 내어줄 것이다(한 그림자는 곧장 '그림자 면'으로 불리게 된다). 우리는 절대 현전할 수 없는 이 그림자의 일부분에 대해 말할 수 있을 뿐이고, 또한 그 부분은 오로지 간접현전될 수 있을 뿐이다. 세계 안에서 나타나는 모든 것은, 현전화를 간접현전으로 구성할 것을 강요하는, 부재와 현전을 강요하는, 현전화présentation와 간접현전apprésentation으로 이루어진다.[10]

그림의 틀에서는 이와 같은 일이 일어나지 않는다. 오히려 그 반대가 참이 된다. 여기서, 그리고 여기에서만 간접현전된 것은 현전화된 것으로부터 전적으로 자유로운 영역을 사라지게 하는 동시에 그대로 두는 경향이 있다. 확실히, 회화는 물리적 사물의 현전화된 양상들을 시선에 제시할 수 있지만, 그것은 종종, 자연적 경험 안에서는 결여가 생길 수 있는, 간접적으로 제시된 양상들을 재구성하는 시도를 회

---

10) 이와 관련해서 찬탄을 불러오는 후설의 분석을 보라. 특별히 *Méditations cartésiennes et Les Conférences de Paris*, Hua. I, §50, pp. 138 이하. 또한 본서 5장 1절 185쪽 이하를 보라.

피해버릴 수 있을 그런 수준에서, 더 큰 섬광으로 빛나는 양상들을 정확하게 현전해내기를 시도할 것이다. 왜 그런가? 바로 그 회화에서는 그 양상들이 더 이상 결여를 일으키지 않기 때문이다. 그 회화는 그 다른 양상들에서, 간접현전될 수만 있는 (세계의) 대상의 어떤 현전 가능한 양상들을 더 이상 표상해내지 못한다. 회화는 대상을 회화 안에서, 배타적으로 간접현전할 수 있는 현전 가능한 것으로 환원시킨다. 요컨대, 회화는 남겨진 것 없이 순수한 보이는 것으로, 회화 속에서 보이는 것으로 대상을 환원시키기 위해 그 대상을 일그러트린다. 회화 안에서는 보이는 것만이 전적으로 현전하게 되는 것이다. 이미 제공된 것과는 다른 것이 보이는 것을 결코 허용하지 않는다. 어떠한 간접현전도 남기지 않고 순수한 상태로 현전하게 되는 이 환원된 보이는 것은 종종 나의 시선의 수용력을 포화하고, 심지어는 초과하는 그러한 강도에 이르게 된다. 「생 빅투아르산」_La Sainte-Victoire au grand pin_ 앞에 서서, 나는 그 산의 다른 비탈을 상상하기 위해 그 산을 사유 속에서 우회하려고 하지도 않고, 소나무의 완전한 몸체를 재구성하려고도 하지 않으며, 그림 왼편 두 번째 평원의 집에 대한 구상을 묘사해내려고 하지도 않는다. 나는 이러한 잔혹한 힘과 더불어 나의 시선에 현전하는 것을 함께 보는 것으로 만족한다 —— 식물의 흔들림을 통해 이상할 정도의 바람막이가 형성되고, 돌과 나뭇가지가 그 속성을 교환함으로써 끼어 들어온, 저 산 대지의 건축물은 따뜻함으로 진동한 다음에 나온 부동의 고요함을 보여준다.[11] 「성 바울의 회심」_La conversion de saint Paul_ 앞

---

11) Paul Cézanne, _La Sainte-Victoire au grand pin_, 1886~1888, Courtauld Institute,

에서, 기병의 싸움 자세가 흐트러져 뒤로 넘어지거나 혹은 낙하하면서 마비되어버리는 장면, 혹은 말을 비추고 있는 그림 바깥에서 오는듯한 익명의 빛 때문에 눈이 감기는 장면을 보면서, 나는 거의 대부분 감춰져 있는 동물의 해부구조, 또는 거의 사라져버린, 더 나아가 그림자 속에 사라져버린 종valet의 실루엣을 찾아내려고 하지 않으며, 호명하는 빛(또는 목소리)의 정체 자체를 묻지도 않는다. 나는 내 등 뒤에, 회화의 면전에서 분출되고 있는 것처럼 보이는, 섬광에 대립되는 측면에서 단번에 범람하는 빛나는 호수에 압도당한 눈을 갖고 있을 뿐이다. 바로 그 지점에서 나는 그림 앞에서 일어난 바를 이해하기 위해서, 내 뒤에서 반사되는 것을 붙잡아야 한다. 여기서 보이는 것은 그려진 광경과 충돌할 뿐만 아니라 보는 자가 본 것 그 이상의 빛을 통해 보여지는 광경에 억눌리기까지 한다.[12] 게다가, 만일 화가가 우연히 나의 깜짝 놀란 시선 아래, 현전된 것만이 아니라 세계 내에서 오로지 간접현전될 수 있는 것까지도 그 가시성을 형성해내기로 실질적으로 결의한다면, 마치 공간 안에서의 물리적 경험의 모든 **선험적** 조건 —— 바닥 옆에 놓인 기타의 상부, 쟁반 옆에 있는 원탁의 다리, 가지런히 놓인 항아리의 둘 혹은 세 측면 —— 을 무시하고 어떤 관점이나 자연적 성향이 물리적 공간 안에서 임의적으로 분리되거나 대면케 되는 보이는 것의 순수한

London, Venturi 454[폴 세잔, 「생 빅투아르산」, 1886~1888, 런던 코톨드 미술관, 벤투리관 454]
= *Catalogue de l'Exposition Cézanne 1996* (Paris/London/Philadelphia), n° 92, Paris:
RMN, 1995, pp. 208~209, 258.
12) Le Caravage, *La conversion de saint Paul*, 1601, Rome, église Santa Maria del Popolo
[카라바조, 「성 바울의 회심」, 1601, 로마 산타마리아 델 포폴로 성당].

조화를 따라 재구성되기까지, 자연적 형태에 대한 고려 없이 여러 색조를 가장 적절한 것으로 대체하여, 전체 안에서의 색조의 역할이라는 척도로, 캔버스의 표면을 각각의 색의 색조에 귀속시킴으로써, 화가에게 보이는 것이 현전될 수 있는 것처럼, 바로 그렇게 화가는 현전된 것에 근접하여 캔버스에 (소위) 간접현전된 것을 압도해버리기 위해, 초기 입체파의 참신함을 따라 자연적인 봄의 법칙을 주저 없이 왜곡시킬 것이다.[13] 그럼에도 순수하고 단순한 현전화로 되돌리기에 앞서 간접현전된 것을 그림으로부터 제거하기 위해 입체파로 되돌아갈 필요는 없다. 종교 예술은 같은 캔버스에, 탄생, 십자가의 길이라는 연속적 에피소드가 나타나게 하거나 "눈으로 보지 못하는 것"(『고린토인들에게 보낸 첫째 편지』 2:9=『이사야』 64:3) —— 천사, 성령, 그리고 첫 번째 부활 —— 을 완전한 빛 가운데 투입하는 일을 삼가지 않는다.[14]

---

13) 다른 것들 가운데서도, 이 마지막 양상에 대해서는, 한 예로 다음 작품을 보라. Georges Braque, *Homme à la guitare*, 1911, New York, Musée d'art moderne[조르주 브라크, 「기타를 가진 남자」, 1911, 뉴욕 현대미술관]. 이러한 재구성은 심지어 때로는 백과 흑의 단순한 스케치에서 더 잘 성취될 수 있다. 이런 점에서 다음 작품을 보라. Juan Gris, *Le guéridon*, collection du musée de Céret[후안 그리스, 「탁자」, 세레 현대미술관]. 다음과 같이 다른 것들이 일어남과 동시에 간접현전의 사라짐에 다다른다. 콜라주, 원재료 그림(안토니 타피에스), 심지어 유기물질(미켈 바르셀로)의 직접적인 재도용 등 자연공간에서의 어떤 현상이, 대상(곧 현전되고 간접현전된 것)으로 남아, 남겨진 것 없이 현전된 것으로 환원된 순수한 보이는 것으로 눈을 돌린다. 그것은 물리적 공간(조각)에 남아있을 때와 같은 방식으로 전개될 수 있을까? 기성품은 우리가 그렇게 생각할 수 있게 해줄 것이다. 그것은, 세계에서 활용 가능한 대상으로서, 본질적으로 반대면의 간접현전된 것으로 철회될 것이며, 전시물에 (이 가운데 설치물은 약한 변형만을 제공한다) 접근하자마자 직접적으로 현전 가운데 야기된다.

14) 예를 들어, Francesco Buoneri(Cecco del Caravaggio), *Résurrection*(1619~1620), Art Institute, Chicago[프란체스코 부오네리(체코 델 카라바조), 「부활」(1619~1920), 시카고 미술관]. 더 아연실색하게 만드는 것은 승천하는 자의 배경에 있는 가시성인데(콜마르에 있는 마티아스 그뤼네발트의 「제단화」나 다른 플라망어권 화가의 작품보다는 덜 강력하다), 전경에서는 천사의 옷에 흰 빛이 부과되어 있다. 그 작품은 이런 점에서, 그리스도의 옷이 "광채가 나며

하지만, 이런 식으로 현전된 각 형태들이 직접적으로 직관 속에 주어진, 객관적으로 간접현전된 측면을 제시하고 있다는 점이 여전히 부정될 수 있는가? 정확히 그림에서는 그렇지 않다. 첫째, 여기서는 대상을 효과적으로 회피할 수 있는 가능성이 실행 불가능하게 되기 때문에, 곧 보이는 얼굴을 돌아보기 위한 공간이 부족하기 때문이 아니라, 대상이 단적으로 결여하고 있기 때문에 그런 것이다. 우리는 더 이상 화가의 지향에 속하는 물리적 대상들이 아닌, 화가의 봄을 직접적으로 본다. 그림은 존속하는 대상 내지 한 대상으로 나타나는 것이 아니다. 왜냐하면 그것은 대상성objectité이나 심지어는 그 존재자성étantité과는 무관하기 때문이다.[15] 다음으로, 지금 성취된 이 의도를 따라 보여져야 할 것이 전혀 없기 때문에 ─화가의 숙달된 능력은 우선 이것으로 나타난다─ 여기서 이미 현전하지 못한 것은 보이지 않는다. 화가는 간접현전되는 보이지 않는 것에 최소한의 공간도 남겨두지 않고, 오로지 보이는 요소들로 틀을 채우는 데 이른다. 자신을 주는 것이 보여지게 되고, 보여지는 것이 자신을 준다. 보이지 않는 어떤 것도 헛되이 해소되지 않는다. 회화 ─위대한 회화─ 에서 어떤 것이 그 자체로 보여지지 않을 때도 상실되는 것은 없다. 그림의 틀 속에 보호받고 있는 것, 보이는 것은 시각에게 그 어떤 침묵도 단념시킨다. 여기서 그려진

---

세상에서 빨래하는 자가 그렇게 희게 할 수 없을 만큼 매우 희게"(『마가복음』 9:3) 된 변화에 서처럼, 보이는 것 그 이상의 것을 나타낸다. 우리는 이 흰 색이 물리적 세계에 속할 수 없고, 예술가가 또 다른 세계-남아있는 것만큼이나 감성적인-를 보이게 한다는 감성에서 벗어날 수 없다.

15) 다음 문헌의 분석을 보라. Marion, *Étant donné*, I, §4, pp. 60~84.

주어진 것은 가시적인 주어진 것과 완전히 같은 것일 것이다. 파스칼은 다음과 같이 주장한다. "[…] 초상화는 부재와 현전, 기쁨과 비판을 포함한다. 현실은 부재와 비판을 배제한다."[16] 하지만 실제로, 권리상 그림은 정반대의 것을 입증한다. 그림은 보는 자로부터 부재와 기만을 배제한다. 모든 것이 거기서 보이는 것이며, 간접현전을 통해 은닉되거나 부재 상태로 있는 것은 없다. 회화는 간접적 가시성으로 부재 자체(간접현전)를 초래하는 지점에서 현전을 수행한다. 회화는 현전에다가 현전을 더한다. 여기서 자연은 공간과 부재를 보존하는 곳이다.

파울 클레보다 이 점을 더 잘 보여주는 화가는 그리 많지 않다. 클레의 작품 모두 그 틀, 무엇보다도 물질적인 틀(규정된 작은 크기의 틀)의 협소함을 특권화한다. 그런데 이 협소함은 그럼에도 불구하고 보이는 것을 여전히 보이지 않는 것의 공허함이나 덜 가시적인 것 속에 부유하게 한다. 심지어 소묘 ——「망각된 천사」*Ange oublieux*, 「전투적인 천사」*Angelus militans*, 「모욕당하는 자(그리스도)에 대하여」*Essai d' (un Christ aux) outrages*, 특별히 1940년 작품 「무제」는 단세포적 유사 얼굴 조직으로 촘촘하게 얽혀있다 ——는 더 나아가 대립, 질식의 감정을 부과한다. 확실히, 「팀파니 연주자」*Le Timbalier*나 「포옹」*Enlacement, Umgriff*이 이론의 여지 없이 증명한 것처럼, 우선 정신의 기질이 결국에는 외적이면서도 내밀한 위기의 대두를 따라 근본적인 것fondamentale, Grundstimmung이 되고, 또한 이 근본 성향은 지시 관계상, 다른 것들 가운데서도 최소

---

16) Pascal, *Pensées*, §260, p. 533. "[…] 그림을 그린 후에 또 덧칠하는 사람은 초상화 대신 상상화를 그리는 것"(*Ibid.*, §578, p. 582)이라고 말하는 게 더 나을 수 있겠다. 사실 이 그림이 초상화로 변하건 변하지 않건, 그것은 중요하지 않다.

한 **현존재** 분석에서만 이해될 수 있다. 그런데 이는 여전히 그림의 사태가 되도록 보여질 수 있게 되어야 한다. 회화, 예술, 양식을 통해 클레는 이러한 억압과 질식을 나타낼 수 있었지만, 그는 억압과 질식을 보이는 것에 속하는 것으로 보이는 것 가운데 보여지게끔 해야 했다. 비록 그것들이 속속들이 보이지가 않는 감성에 지나지 않는 것이라고 해도 말이다. 클레의 회화는 그러한 것들을 보이는 것의 강박으로 이항시키면서──왜냐하면 정확히 1930년대에 이 일을 시행하기 때문이다──이 일을 행하기에 이른다. 이 일로 인해 보이는 것은 그것을 환영하는 것으로 가정된 액자로서의 틀에 충돌하는 그 지점에서, 너무나도 조밀하고 집요하며, 심지어는 그 자체로 과밀한 것이 되고 만다. 보이는 것을 액자로 밀어 넣음으로써 보이는 것에는 그것을 고형화시키는 밀집성이 부여되고, 뿐만 아니라 울타리치기라는 역할로 완성되는 틀이 부여되어 보이는 것이 감금되기에 이른다──이는 마치 핵반응과 마찬가지로, 첫 번째 유압 순환이, 무방비 상태의 효용 에너지 상태에서 열을 제거하는 동안 일어날 수 있는 원자의 오염을 회피하기 위해, 두 번째 순환으로부터 전적으로 방수 상태로 존속되어야만 하는 것과도 같은 것이다. 이러한 보이는 것의 대두, 연쇄 반응의 급등에 이르러, 또한 틀의 파열에 가까워진 지점에 이르러 나타나는, 문자 그대로 무시무시하게 빛을 발하는 밀도의 부담은, 의심의 여지 없이 「여백」 *Ad Marginem*이라는 작품에서처럼, 절대 각인되는 어떤 것이 되지는 않는다.[17] 그 그림은 이제 다음과 같이 명명된다. 중심에서 미세하게 솟

---

17) 바젤 미술관, 1930; 여기서 의존하고 있는 알랭 본팡의 재현과 주석을 보라. Alain Bonfand,

아오른 붉은 태양은 빽빽한, 마디마디의 덩어리와 어둡고 폭발적인 열기로 녹색 습지대를 뒤덮으면서 퍼져 나가 그것을 말려버릴 정도로 으깨고, 심지어 그것을 하얗게 만들 정도로 색이 바래게 한다. 이 유사-원자적 태양은 눈에 띄지 않지만, 의심할 여지 없이 협소해질 것이다. 마치 그림의 가장자리를 밀어내는 유사-식물의 급격한 성장에 질식한 것처럼, 곧 녹색의 압력은 노란색으로 변화하고 소화된다. 이러한 것들이 물리적인, 물질적인 틀의 안쪽에 이미 황토색 틀을 소묘할 때 그림 자체가 협소해지는 바로 그만큼 더 가시적으로 그림의 요소들을 지탱한다. 이러한 틀의 배가는 (46.3×35.9cm라는 이미 비정상적으로 제한된 차원에서) 미리 보는 것이 거의 가능하게끔, 더 나아가 불가피하게끔 가시적인 것이 된다. 이렇게 가시적인 것이 되는 과정에서 태양과 마그마라는 요소적인 힘의 대립, 그리고 양자의 융합이 과도한 에너지 내파l'implosion ─── 지속적인 흐름에도 불구하고, 상승하기에는 희박해져 버린 공간 속에서 투쟁하는, 보이는 것의 에너지 자체 ─── 에 이르게 된다. 그림은 거대한 보이는 것의 폭발을 붙잡아내려고 하며, 보이는 것을 분리하고 분산시킴으로써 필연적으로 완성될, 이중적으로 방벽이 구비된 관cercueil처럼 자신을 부과한다. 그 그림은 이렇게 절제된 틀에서 보이는 것에 관한 가장 높은 포화를 달성한다. 보이는 것의 포화는, 자신에게 주는 그것을 그대로 볼 줄 아는 사람에게는, 그야말로 참을 수 없는 것이 된다. 너무나도 조밀한 보이는 것은 그 틀이 견뎌낼 수 있는 것의 여백 ─── 과 우리의 시선 ─── 에 도달한다. 「흰색 위의 흰색」

_Paul Klee, l'oeil en trop_, Paris: Éditions de la Différence, 1988, t. 1, pp. 108 이하.

*Carré blanc sur fond blanc*이라는 작품이 기획적으로 묘사한 것 ──그 밀도는 '일체를 이루는 하얀색 갈등' 속에 보이는 것의 하얀색 불을 지핀다──을, 말레비치보다 더, 의심의 여지 없이 다른 누구보다도 더, 바로 클레 자신이 여기서 보여주고, 부과하고 성취한다.

　　여기에 그림이 있다. 보이는 것이 홀로 지배하는 비-물리적 공간은 보이지 않는 것(결여를 통해 보이지 않는 것)을 폐기하고 현상을 순수한 가시성으로 환원시킨다. 그림은 더 고전적이면서도 엄밀한 현상학에 소속된다. 왜냐하면 그림은 보이는 것의 현상적인 것으로 환원되기 때문이다. 또한 후설의 초월적 환원은 절대 이것에 이를 수 없다. 왜냐하면 후설의 초월적 현상학은, 그의 자연적 태도에 대한 모든 전복에도 불구하고, 자연의 영역에 머무르며, 또한 본질적으로 (혹은, 오로지) 그것은 세계-영역의 대상을 통해 선점되고 그 구성을 통해서 강박에 이른 채로 존속하기 때문이다. 그림은 하나의 예를 제시하는 것이 아니라, 오히려 흥미로운 환원 ──그것은 철저히 질(강도나 '집약적인 거대함')을 따라 성취된다──이라는 현상학적 방법의 임의적 선택을 제시한다. 보이는 것을 그 원자적 정수로 환원시킴으로써, 보이는 것의 광기의 에너지를 그 틀 속에 담아냄으로써, 그림은 자신을 주는 것 ──우상의 체제 아래서 ──을 신을 보여주는 것에게로 환원시킨다. 다르게 말해서, 플라톤이 말했던 것처럼, "[…] 실제로, 아름다운 것만이 가장 눈에 띄는ἐκφανέστατον, 또한 가장 욕망할만한 존재(être, le phénomène)를 통해서 수용된다."[18]

───────────────

18) Platon, *Phèdre*, 250d.

## 4. 더 많이 나타나는 것

눈에 띄는 것ἐκφανέστατον의 탁월함, 보이는 것, 곧 우상의 수준으로 고양된 보이는 것은, 그 작열함incandescence에 있어 어떤 보이지 않는 것을 위한 자리를 더 이상 남기지 않으며, 요컨대 역설적 결과를 초래한다. 이 모든 것은 현상학적으로 이론의 여지가 없는 사실에서 비롯한다. 틀 속에서 순수한 가시성으로 주어진 것을 환원시키는 일을 작동시키는 그림은 어떤 사람에 의해서는 절대 이전에는 보여지지 않았던 보이는 것을 (한 사람으로서의 생산자는 하나의 광경을 생산하는 것처럼 하나의 행위자, 노래 부르는 이, 요컨대 한 '우상'을 과시한다) 생산해낸다. 우리가 의심하지 않았기 때문에 보이지 않거나 예견할 수 없는 현상 이전의 모호성으로 분화되기 전까지, 보이지 않는 어떤 것들invus은 세계의 대상들의 자연적 가시성(현전과 간접현전의 결합)을 위해서, 대상들이 폐지하는 한계인 가시성을 위해서 중단 없이 생겨나고 지나간다. 곧 보이지 않는 것은, 견딜 수 없는 섬광의 나타남에서조차, 가장 가능한 나타남으로 나타난다. 틀 속에서 그림이 그 고유한 권리를 성취하는 변형, 보이지 않는 것에서 우상으로 돌연 변형되는 사태는 절대 기시감déjà vu을 생산하지 않으며 세계 안에 보이는 것과도 전혀 유사하지 않다. 그러한 변형은 세계에 속한 보이는 것에, 세계에 속하지 않고 그것을 넘어서고 무효화하는 또 하나의 보이는 것을 더한다. 회화는 재생하지 않고, 생산해내며, 아무것도 복사하지 않고, 보이게 한다. 그런데 이 평범함은 다음과 같은 점에서 더 중요한 의미를 갖는다. 화가는 보이는 것에 새로운 보이는 것을 덧붙인다. 왜냐하면 화가만이 음영의 입구의 극단의 가장자리로 무분별하게 전진하면서, 보이지 않는 것들의 갑작스런 돌출을 엿보고 유발시키기 때문이다. 여기서 이전에는 알려진 적이 없는 대담한 어떤 시선이 격렬한 새로움에 다가서게 된다. 예상 밖의 보이지 않는 것을 사냥하는 자로서의 화가는 어떤 것에다가 이미 활용 가능한 가시성을 더하기 위해 암중모색한다. 화가는 자신의 틀 속에 새롭게 도래하는 것, 새롭게 보여지는 것을 수용하고 순수한 가시성으로 아무런 잔여 없이 그것들을 환원시키면서 포착하려고 한다. 미학적 변이 속에서, 현상학적 환원은 충만하게 작용하고, 특별히 순수한 보이는 것의 비물리적 우주를 구축하게 된다. 세계가 보이도록 주어지는 것을 복구할 수 없을 정도로 침식시켜버리는, 보이는 것들이 강렬해지고 조밀해지는 바로 그 지점에 이르러 회화의 역사는 이따금씩 중단된 흐름의 출현으로 이해되어야만 한다. 세상의 보이는 것들은 그림이 보여지지 않는 것 ──세상의 광경들보다 더 고풍스럽고 정교하게 보이는 것들── 으로부터 뽑아내서 계속 증가하는 보이는 것들의 총합을 복원해내려고 하지 않고 보이는 것들을 그냥 [인간들에게──옮긴이] 넘겨준다. 즉, 인간이 자연을 지배하고 통치한다. 다만 그러한 지배와 통치는 기술적으로 자연을 관리하고 자연을 인간의 계보로 이식시키는 데서만이 아니라, (이 두 지배 방식이) 화가 없이는 전적으로 접근 불가능한 보여지지 않는 것의 변형태들, 새로운 보이는 것들을 (이 지배와 통치가 보이는 것들을 생겨나게 하지 않은 한에서) 통제 불가능할 정도로 도발해내는 데서 그 절정에 이른다. 각 그림과 더불어, 새로운 보이는 것이 우리 가운데 머무르기에, 그것들은 우리의 현상성과 관련해서 한정적으로 우리 가운데 체류하기에 이른다. 화가는 전적으로 새로운 현상, 그리고 어떤 현상들 ──우상들!── 을 만들어낸다.

그것이 바로 각 시대에 자연적인 보이는 것들의, 구성된 대상들의 나타남을 지배하고, 그것들에 대해 매력을 부과하는 패러다임에서 비롯된 모든 것을 보게끔 우리를 강요하는 우상들이다. 화가는 왕이다. 의심의 여지 없이 어떤 철학자보다 더 직접적으로, 또한 바로 그만큼, 우리의 왕들은 무시되지 않는다. 그림은 포화된 현상을 우리에게 제공한다――그런데 그림으로부터 시작된 우상의 틀 속에 있는 어떤 것만이 보인다고 하더라도, 그림은 우리의 시선이 상상하는 모든 자연적인 보이는 것들이 그 자체로 보이는 것처럼, 그렇게 포화한다. 그림은 보이는 것 안에 있는 새로운 보이지 않는 것, 현상의 영광이라는 새로운 풍요로움을 우상에 기입한다.

여기서 우리가 한 폭의 그림을 단번에 볼 수 없다는 사실이 이어진다. 대상의 구조, 목적, 사용법에 대해 충분히 알고 있는 한, 일상적으로 활용하기 위해 한 번 보는 것으로 충분한, 그리고 더 이상 **보는 일**(그것은 우리가 기술 사회에서의 개인의 적응을 측정하는 이러한 능력 속에 존재한다)로 돌아갈 필요가 없는 세계의 대상들과는 다르게, 그림은 다음과 같은 하나의 명료한 규준을 통해 구별된다. 우리는 절대로 모든 것을 완전하게 볼 수 없으며, 단지 규칙적인 간극들을 가지고 그림을 다시 보아야만 한다. 보이는 모든 것은 이차적으로 그저 우리가 단순한 대상, 자연적인 보이는 것에 지나지 않는 것을 다시 보기를 요구하지 않는다. 반대로, 보여지기 위해 다시 보아야만 하는 일이야말로 그림과 유관한 일이다. 그림은 단일한 층위에서 볼 수 있는 것이 아니다. 그것은 나타나기 위해서 다시 보여져야만 한다. 왜냐하면 그림은 포화된 현상의 현상성을 따라 나타나기 때문이다. 예술의 무덤이라고 너무나도 경솔하게 비난받는 박물관은 어쩌면 이러한 이미지로의 필연적 귀환에 적절한 사회적 구조를 제공하는 것이며, 이러한 자유는 묵묵히 그림을 요구하는 봄으로 귀환한다. 또한 우리는 그림을 다시 보아야만 하기 때문에, 우리는 **그림을 보기 위해 나아가야** 한다. 그림은 거기 있고, 나는 여기 있다. 거기로 나아가는 것 —그림을 승인하는 것— 은 필연적이며, 그림이 여기로 오는 것은 아니다(그림을 긍정하는 전시에서도 마찬가지다). 우리 시대는 교회를 짓는, 심지어 궁전을 구축하기 위한 미학적 수단을 상실한 것 같기 때문에, 박물관, 숨겨진 순례지의 성소라는 이 변형태에 과도하게 조롱을 가하지는 말아야 할 것이다. 무엇보다도, 보증이나 투명성은 없다고 해도, 잔존하는 숭배의 여지가 맹목적인 야만보다 더 가치가 있다. 다음으로, 여기서 사람들에게 경애를 표하는 그림을 강요하고 그림에게로 나아가지 못하게 하는 수집가의 전복의 전술은 섬세하기에 물리칠 수 없는 불신을 고취시킨다. 그림이 줄 수 있는 매우 공통적인 선-텍스트 아래 그림을 일종의 노예로 만드는 수집가가 그림의 핵심을 형성하는 권리를 가지는 것인가, 또 수집가가 이 그림을 관조하는 일로부터 다른 시선들을 박탈할 권리를 가지는 것인가? 더 나아가, 수집가는 어떤 순수한 나타남에서 비롯되는 것을 위해 그림을 살아나게 하는 셀 수 없는 여타의 시선들로부터 그림을 박탈할 권리를 가지는가 —요컨대, 예외적으로 강력하면서도 교양 있는 어떤 독특한 시선이 없을 때도 (매우 드문 경우, 우리는 상상한다), 자신만의 시선 아래 그림을 유폐할 권리는 이 우상들 각각을 확산시키는 가시성의 거대한 과잉을 받아들일 수 있겠는가? 사적 수집의 공적 토대로의 최종적 변형은 미학적 명령에 앞서 이러한 도덕적 강제를 입증한다.

따라서 그림(우상)의 현상성의 탁월성은 언제나 관조라는 특수한 계기, 그림에 이끌리는 이러한 경험적 시선을 능가한다. 그림이 전개하는 강도는 거의 무규정적인 시선의 연속체를 요구한다. 그 각각의 연속체는 그림의 섬광의 정당성을 인정하며 동시에 그 (정서라기보다) 섬광에서 비롯하는 결과를 수용할 수 있다. 색의 섬광이나 빛깔의 조화는 하나의 주어진 시선(재빠른 정신mens momentanea), 선의 분출이나 형태의 힘, 빛의 방사를 통해 연결된 여러 점들의 망을 충족시키기에 충분하다. 매 경우, 그것은 새로운, 반복할 수 없는, 견뎌낼 수 없는 마주함을 일으키는 데 적합하다. 내가 여러 해 또는 여러 달 동안 같은 박물관을 방문한 것을 계산해보면, 나 자신의 물리적 역사보다도 매번 새로운 빛을 발하는 그림의 가시성에 대한 시간적 배치를 더 많이 구상하게 된다. 따라서 매번 방문할 때마다 항상 달라지는 나의 고유한 시선은 곧 방문하고 방문하면서 지연되고 연기되며, 시선의 전진과 배치에 앞서 그 자체로 달라진 그림을 형성한다 ― 또한 근접한 대상이 절대 배타적으로 보여지지 않을 것이라는 점에 주목하자. 나의 시선이 그림이라는 거대한 보이는 것을 정의하기 위해 여러 차례의 방문을 요구하는 바로 그만큼, 그림은 그 자체로 시선의 기원을 다양화할 것을 요구한다. 나의 시선, 그림에도 다른 모든 가능한 관람자들의 시선들. 분명 그들이 보려고 하는 그것을 보기에는 그리 적합하지 않고, 위대한 전시회를 거대한 대기실로 변형시켜버리는 단체 관객을 검토해보는 게 좋을 것 같다. 그곳에는 상상할 수 없는 파편화되고, 혼란스럽고, 암시적인 것들이긴 하지만 그럼에도 불구하고 각 경우 깨달음을 얻은

듯한 시선들, 그때까지 더 많은 교육을 받은 것도 아니고, 어렴풋하게나마 볼 뿐인 시선으로 이따금씩 장엄함을 선별해내면서 그림에 대해 예상치 못한 방향으로 전개되는 시선들이 있음을 참작해보는 것이 적절한 일이 될 것이다. 가장 전통적인 (그리고 저속한) 비평에 뒤이어, 거기서 받은 시각효과를 명명할 이는 누구인가? 그림은 어떤 시선을 어느 정도까지 도야해낼 수 있을까? 그들이 밤을 새우며 공부한 노력이 그림의 영광을 파악하는 일에 어느 정도의 진보를 이뤄낼 것인가? 현상학적으로 ─다시 말해 주어진 것으로서의 나타난 것만을 고려하는 것 ─각각의 진품 그림은, 일정한 순서로 조합된 다양한 염료를 떠받치고 있는 캔버스 조각을 훌쩍 넘어서는, 그토록 보기를 열망했던 보이는 것을 보고서 낙담할 때까지 한 점 속에 고정되어 있었던 헤아릴 수조차 없이 많은 수많은 순간적 시선들 전부를 배치할 수 있는, 보이는 것들의 잠재성 전체로 나타난다. 그림은 그 전경 이상의 것을 무한하게 열어준다 ─그림과 박물관에 관한 학문은 거의 다 유한한 대상으로 환원될 수 있다. 그림은 그것이 야기하는 모든 감상 활동에 공간과 시간의 무대를 열어준다. 그림은 모두가 보았고 보고 있으며 보게 될 모든 잠재적인 것의 총합으로 자신을 노출한다. 그림의 삶은 한정적으로 가시적인 것으로 주어지면서 현실적으로는 절대 보여지지 않는 것으로 말미암아, 시선을 사로잡는 시선들의 규제적 이념으로 전개된다.[19] 그림은 언제나 다시 보여지고 눈에 띄게 되는데, 이는 바로 그

---

19) 로스코: "한 편의 그림은 예민한 관찰자의 눈에서 팽창하고 빠르게 활동하면서, 동반자를 통해 살아있게 된다. 그것은 동일한 선물(동일한 표시)을 통해 시들게 된다. 따라서 그림을 세계 바깥으로 보내는 것은 위험하면서도 가혹한 행위이다. 그림은 얼마나 자주 그 괴롭힘을

림이 번쩍이는 틀에서 분출되는 견뎌낼 수 없는 강도로 증가되기 때문이다. 바로 거기에 그림의 사건성événementialité이 있다.

고립된 시선으로 접근할 수 없는 그림은 순수한 보이는 것 — 여기에는 어떤 모순도 없지만 긴장 그 자체가 ἐκφανέστατον(가장 분명하게) 존재한다 — 으로 환원된다. 남겨진 것 없이 현상학적으로 가시성에 환원된 순수한 보이는 것은 성체현시대(聖體顯示臺, le cadre, 틀)처럼, 더 과감하게 말하자면, 극단적 **과시**ostenté로서, 그렇게 자신을 드러내놓는 것으로 마주 서게 된다. 어떤 여과나 허식 없이 이것의 명증성을 기술하는 것은 정의상 불가능하며, 그보다 우리는 순수하게 보이는 것을 재차 보고 마주하는 일을 발산해낼 수 있다. 이와 관련해서 마크 로스코라는 확실한 안내자를 따라가도록 하자. 그의 여러 작품들과 그 작품의 진화 과정을 탐구해보자. 우선, 「지하철 풍경」Scène de métre[20]이란 작품이 있다. 여기서 자주색 장미 빛깔 색조 전체는, 그 절반이 계단을 삼켜버리고, 다른 절반이 배경으로 유지된 채로 실루엣 사이의 텅 빈 공간을 여전히 파고들고 있다. 시선은 아직도 하나의 관점에 박혀서, 곧 유사 '텅 빈' 공간에서 '충만한' 보이는 것이 작용되고 있다고 간주될 수 있다. 약 10년 후 거의 동일한 빛깔로 「수중 드라마」Drama aquatique[21]라는 작품이 '텅 빈 것'과 '충만한 것' 사이의 모든 관점적 구

---

연장할 수 있는 무능한 자의 저속한 눈과 잔인함으로 인해 영구적으로 손상되어야 하는가!" (*Tiger's Eye*, n° 2, 1947. 다음 문헌에서 인용. Nicholas Serota *et al.*, *Mark Rothko, 1903-1970*, New York: Stewart, Tabori & Chang, 1987, p. 83).

20) *Subway Scene*, 1938, n° 7, Estate of Mark Rothko, in N. Serota *et al.*, *op. cit.*, p. 96[「지하철 풍경」, 1938, n° 7, 마크 로스코 소유, 앞의 책 p. 96].

21) *Aquatic Drama*, 1946, n° 23, National Gallery of Art, Washington, in N. Serota *et al.*,

별과 분할을 일소해버린다. 갈색, 흰색, 붉은색, 그리고 노란색 계통의 색들은 근접해있기는 하지만 가벼운 분위기 속에서 두 물갈래 사이를 떠다니기 시작한다. 보이는 것은 배경에 어떤 것도 남기지 않으면서, 혹은 더 낮은 강도로 캔버스 전체를 일의적으로 점령하고 있다. 그런데 한동안 이어질 캔버스에서 보듯, 어떤 형태들은 여전히 이해하기 쉬운 상태로 잔존하는데, 그 형태는 분명 더 이상 동질적 색채의 섬과 일치하는 어떤 것이 아니며, 다만 남겨진 계층구조, 어쩌면 개연성 있는 조직들을 찾아내서 시선을 분산시킨다. 로스코는 어떤 캔버스에다가는 「멀티폼」*Multiformes*이란 제목을 달지 않았던가?[22] 그러나 이 마지막 가설적 작품은 결국에 거의 같은 색의 가로 줄무늬의 찬란한 그림 시리즈와 함께 고양될 것이다. 「7번」*Numéro 7* 그림을 보자.[23] 이제부터 형태는 색들과 모순을 일으키거나 색들을 구성할 것이다. 왜냐하면 세 가지 줄이 그것들을 분리시킬 수 있는 선으로 모형화되지 않았기 때문이다. 전체 길이에 있어, 캔버스 가장자리로 흘러넘치지 않으면서도, 같은 노란색 계열의 토대가 거의 지각할 수 없는 흰색 **층운**을 통해 아래쪽 오렌지색 선과 분리되는 와중에도 맨 위에 분명하게 보이는 연보라색은 중앙의 노란 선 윗부분에 걸려들고 어두운 오렌지색 정제에 슬그머니 배합되기에 이른다. 이런 점에서 각각의 색은, 마치 그 색들이,

---

*op. cit.*, p. 112 [「수중 드라마」, 1946, n° 23, 워싱턴 내셔널 갤러리, 앞의 책 p. 112].

22) 이런 점에서 *Multiform*, 1948, n° 26, Estate of Mark Rothko, in N. Serota *et al.*, *op. cit.*, p. 115를 보라 [「멀티폼」, 1948, n° 26, 마크 로스코 소유, 앞의 책 p. 115].

23) *Number 7*, 1951, n° 38, Sarah Campbell Blaffer Foundation, Houston, in N. Serota *et al.*, *op. cit.*, p. 127 [「7번」, 1951, n° 38, 사라 캠벨 블래퍼 재단, 휴스턴, 앞의 책 p. 127].

침식, 접촉, 자기들 간의 경쟁 없이 내밀한 팽창력을 따라 그 각각의 영역에 자발적으로 경계를 설정하는 것처럼, 바로 그렇게 자신의 형태를 자유롭게 지탱해간다. 선들은 더 이상 액자틀이라는 물리적 한계를 건드리기를 요구하지 않는다. 협소하지만 연속된 윤곽은 틀로부터 선을 억제하고 보호하는데, 이는 더 나아가 낯선 색과 더불어, 색의 근원적 익명성(황적색, 붉은색, 갈색)에 충실하게 머무르는 와중에 색 전부를 나란히 놓이게 하는 것(연속되는 핑크색, 노란색, 오렌지색)의 영향 아래서 다양해진다. 그 경계가 경쟁하는 물결의 기적적이고 동시적인 쇠락이 아닌 공통적인 조화를 통해 가볍게 그어지는 이 연약한 평화는 기적적인 평형상태를 보여주며, 동시에 거의 파괴되어버릴 수도 있는 순간에 있는 듯이 매우 흐물흐물하게 그어져 있다. 캔버스는 색을 입은 선들의 ── 그럼에도 불구하고 교환이나 혼합과는 무관하기에 비생산적인 ── 자유로운 교류로부터 그 자신을 부풀리고 나타낸다. 여기서 색을 입은 선들은 분리되지 않고서 부분으로 선을 형성하기에 충분한 지혜를 가지고 있다. 색을 입은 선들의 이 고요한 동요 내지 호흡은 그것들이 어떤 형태나 노선, 운동을 방어하는 것이 전혀 아니기 때문에 지속된다. 캔버스는 더 이상 물질적인 토대에 의존하는 것이 아니고, 오히려 그것으로부터 분리되어 있다. 캔버스는 심지어 (「수련」*Nymphéas*처럼) 물 위가 아니라, 혹은 적어도 지지해주는 표면이 아니라 그 자체로 울렁이고 있다 ── 여기서 강력하게 붙어있는 것은 없다.[24] 캔버

---

24) 만일 전통에 대한 참조가 필연적이었다면(또한 이는 분명한 것이기도 하다. 다음 글을 보라. Robert Rosenblum, "Notes on Rothko and Tradition", N. Serota *et al.*, *op. cit.*, pp. 21~31) 이는 오히려 다음과 같은 작품일 것이다. *Homage to Matisse*, 1954, New York, coll.

스는 어떤 심원함도 없는 색-선들의 평화로운 공존에 의존하고, 접촉을 회피하지는 않으면서도 언제나 부정되는 접촉의 순간에 멈춰 서 있는 선들의 진정된 가벼운 스침에 의존한다. 그 형태 —정녕 그런 것이 있다면 — 는 "스스로를 긍정하려는 의지와 정념을 가진 유기체"가 되고, 또한 그것들은 "[…] 내적 자유를 가진 채 스스로 움직인다." 캔버스는 스스로 확증되고 스스로 정립된다. 왜냐하면 캔버스는 바깥에서부터 그것을 형성해낼 수 있었던 모든 제약과 개입을 무효화시켰기 때문이다. 화가는 다시 그 자체로 쓸모없는 경기자, '외부인extérieur, outsider'이 된다. 그리하여 관객은 캔버스 안으로 진입하기 위해 다시 돌아올 수 있을 것이다. "나는 매우 큰 캔버스를 칠하고 있다. […] 작은 캔버스를 칠하는 것은 우리 자신을 우리의 경험 바깥에 두는 것이며, 원형적 시야를 지닌 채로, 혹은 작은 안경a reducing glass을 쓴 채로 위에서부터 보는 것이다. 그런데, 어떤 식으로든지 너는 큰 캔버스를 칠하고 있고, 너는 그 안에 있다. 그것은 네가 명령하는 어떤 것이 아니다." 뿐만 아니라 그림은 더 이상 우리와 마주하여 정립된 대상으로 놓여 있는 것이 아니며, 우리는 심지어 더 이상 그림 앞에 소환되지도 못한다 —이제 우리는 너무 작은 것이 되어버렸는데, 왜냐하면 우리가 그림 속으로 빨려 들어가기 때문이다. 이러한 대가la maîtrise의 전복이 그 고유한 방식으로 포화된 현상에 의거해서 그림을 특징짓는다. "[…] 액션 페인팅은 나의 작품의 정신 및 나타남 자체의 반정립적 대조물이다.

---

"McCrory Corp."(in Diane Waldman, *Mark Rothko, 1903-1970: A Retrospective*, New York: Harry N. Abrams, 1978, n° 107).

작품이 최종적 중재자가 되어야 한다The work must be the final arbiter." 작품은 우리가 생산할 수 있는 대상으로 우리의 시선에 자신을 현전해 내기를 그친다. 하지만 우리는 그것을 이해한다. 작품은 그 자체로 우리와 대립한 채로 있게 된다. 작품은 우리를 마주하면서 그 자신을 일으켜 세운다. 더 나아가, 작품을 포화하는 보이는 것이 있으며 그것은 보이는 것 없이는 우리에게 쇄도하면서 스스로를 솟아오르게 할 수 없다 ── 그것은 우리를 더 작은 것으로 끌어와 거대한 덩어리로 유인한다. "[…] 캔버스는 내밀하고 강렬하며 장식 같은 것과는 매우 대조적인 것이기도 한데 […] 그것은 작품의 느낌과 더불어 방을 **포화하는** saturant 가운데, 벽들이 극복되고 각 작품의 예리한 충격이 나에게 더 잘 보이게 된다." 순수한 가시성으로 환원된 보이는 것의 자율성이 바로 로스코가 캔버스의 고유한 삶, 호흡, 흐름을 전달하는 가운데 달성해낸 것이다. 이에 모든 것은 다음과 같은 절대적 원리에 매인다. "그림은 그 고유한 내적인 빛을 가진다."[25] 우상은 말없이, 불가항력적으로, 숭배할 수 있도록, 우리 앞에 불쑥 그 모습을 드러낸다.

---

25) 우리가 강조한 인용은 각각 다음과 같다. Rothko, *Possibilities*, n° 1, hiver 1947/1948, *Interiors*, 10 mai, 1951. 그다음 *Letter to Art News* 56, n° 8(1957), *Lettre à Katharine Kuh*(Archives of the Art Institute, Chicago), 그리고 *Notes prises au Musée d'art moderne*, New York. 첫 인용부터 차례대로 pp. 84, 85, 86, 59(또한 다음 문헌을 따라서도 인용함. M. Compton, *Rothko, the Subjects of the Artist*; Katharine Kuh, "Mark Rothko", *Institute of Chicago Quarterly*, vol. 48, n. 4, novembre 1954) 그리고 p. 88. 이 부분에 대한 매우 느슨한 프랑스어 번역은 다음 글에서 볼 수 있다. J. Stewart, "Chronologie", *Mark Rothko*, Paris: Musée d'Art moderne de la Ville de Paris, 1999, pp. 251~272.

## 5. 우상이 위장하고 있는 것

우상은 가시적으로 주어지는 것을 순수하게 보여지는 것으로 현상학적으로 환원하는 일을 성취해낸다. 우상은 이 주어진 것을, 빠져나감 없이, 공허함이나 심연 없이 표면에 되돌려준다. 보이는 것은 어떤 술책도 없이 다시 발견되고, 평면에서 으스러진다. 이 평면에서부터 보이는 것은 충만한 가시성을 제외하고서는 아무것도 발산하지 않을 것이다.

우리는 여기서 단순한 표면과 벌거벗은 평면이 최소한 진리로의 극적인 환원을 작동시켜야 하는 의무를 갖는다는 점을 의식해야만 한다. "우리는 복잡한 사유에 대해서 단순한 표현을 채택하기에 이른다. 우리는 거대한 형태를 위해 존재한다. 왜냐하면 그것은 비-다의적인 것의 충격을 일으키기 때문이다. 우리는 매우 평면적인 묘사the picture plane를 재-정립하기를 원한다. 우리는 편평한 형태들flat forms을 위해 존재한다. 왜냐하면 그 형태들이 환영을 파괴하고 진리를 드러내기 때문이다."[26] 이는 완벽한 지식으로 포착되는 선택, 대체로는 방법과 관련한다. "우리에게 모든 것을 말해주기를 원하는 몇몇 예술가들이 존재하지만, 나는 별다른 말을 하지 않는 데 더 심혈을 기울여야 한다고 생각한다. 내 회화들은 때로 외관으로 [비평가들을 통해서] 기술되고, 실제로 그것들은 외관이다as facades, and, indeed, they are facades." 거기에 오로지 그 가능한 결과(외관)만을 부여함으로써 그림의 도구(이미

---

26) M. Rothko and A. Gotlieb, *Lettre au New York Times*, 13 juin 1943(다음 문헌에서 인용함. N. Serota *et al.*, *op. cit.*, p. 79).

지 평면도, 평면 형태)를 급진화하는 이 선언은 특별히 로스코에게서도 두말할 필요가 없는 것이다. 로스코는 어떤 강제와 강요를 따라 이 선언에 이르렀을 뿐이다. 왜냐하면 그가 바로 외형 — 인간의 외형 — 을 그리고자 얼굴을 바라보고, 궁리할 때, 또 다른 결과를 달성하기를 단념했기 때문이다. "나는 인간의 외형에 관심을 두고 연구했던 세대에 속한다. 그것이 나의 요구에 반응하지 않는다는 것을 나는 마지못해 지각했을 뿐이다. 누구라도 인간 외형을 활용하고, 훼손한다. 세계를 표현하는 어떤 것을 만들어내는 감정을 가진 있는 그대로의 것으로 인간의 외형을 그려낼 수 있는 이는 없다. 나는 그것을 훼손하기를 거부하고 또 다른 표현 방식을 찾아 나서야만 했다. […] 나의 현재 그림들은 내가 표현할 수 있는 바로 그만큼, 인간의 정서의 규모, 인간의 드라마와 연관된다."[27] 결정적인 텍스트가 존재한다. 그림은 인간의 형태를, 적어도 그 얼굴을 보게 할 수 없다. 이 자동적 불가능성은 최초의 조형적 시도들(1936년작 노란색 누드 「무제」와 「자화상」)[28]의 좌절, 1940년대의 신화들을 묘사하려던 시도의 좌절을 통해 입증된다(「안티고네」, 「독수리의 징조」, 「시리아 황소」 등) — "이것은 만족스럽지 못한 결과물이었다."[29] 로스코가 직면한 아포리아는 무엇이었는가? 자명하게

---

27) "[…] are involved with the *scale* of human feelings, the human drama, as much as I can express"(이 인용은 다음 문헌에서 뽑아낸 것이다. James E. B. Breslin, *Conférence* au Pratt Institute, New York, 27 octobre 1958, *Mark Rothko: A Biography*, Chicago: University of Chicago Press, 1993, pp. 394~395).

28) N. Serota *et al.*, *op. cit.*, n. 3, 4 and 5, pp. 92, 93 and 94. 그런데 그 작품들은 "인간적 의사소통 불능의 [프랑스어 텍스트에서] 활인화(tableau vivant)"(*ibid.*, p. 84)를 형성하는 데 그쳤을 뿐이다.

29) N. Serota *et al.*, *op. cit.*, n. 8 and 10, pp. 97 and 99. 인용한 텍스트의 정확한 문구는 다음

도 그 아포리아는 활기찬 인간의 실루엣이나 심지어 묘사에 관한 기술적 난점을 안고 있다(로스코는 이따금씩 이런 것을 시도하기도 했다). 전통은 이런 것들과 대면하기 위한 수단이고, 로스코는 이를 완벽하게 알고 있었다. 따라서 자동적으로 다음과 같은 난점에 관한 물음이 생겨난다. 만일 회화가 자신을 보여주는 것으로 자신을 주는 것을 환원하고, 순수하게 보여지는 것에 잠재적으로 가시적인 것을 환원하는 현상학적 기능을 실행한다면, 이 환원이 모든 보이는 것을 표면의 순수하고 단순한 평면성으로 되돌린다면, 그것은 불가피하게 외관으로 종결되어야만 한다. 하나의 미학적 결과가 여기에 부과된다. 그런데 이 결과는 외관이 '형태를 있는 그대로 그려내는 일', '훼손'을 통해 형태를 구제하는 일을 금지하는 이유를 아직 이해하지 못하게 만든다. 다른 많은 이들이 지각하지 못했으나 로스코가 여기서 발견한 자동적 양립불가능성은 무엇인가? 왜 그는 피카소가 그렇게 쉽게, 폭력적으로 열어둔 그 길, 피카소 이후 많은 이들에 의해 답보상태에 빠진 그 길을 원하지 않았는가 혹은 단언컨대 **따를 수 없었는가**? 우리는 다음과 같은 한 가지 답만 제시할 수 있을 뿐이다. 인간의 왜곡된 형태에 인간 자신을 연루시키지 않기 위해서, 인간들을 강제로 밋밋한 가시성(활용만 가능한)으로 들어가게 하려고 인간의 살과 얼굴을 쉬지 않고 왜곡해야만 하는 일을 하지 않기 위해서 '인간'을 외관으로 욱여넣기를 단념하는

---

과 같다. "[…] 나는 당혹감 없이 강렬한 몸짓을 만들어낼 수 있었던 다양한 창조물들을 대체하기 위해 얼마 동안 신화를 활용했다. 나는 사람이 만들어낼 수 없는 몸짓을 그려내기 위해 형태론적 형상을 사용하기 시작했다. 하지만 이것은 불만족스러웠다"(trad., citée, p. 269 modifiée, texte in E. B. Breslin, *op. cit.,* p. 395).

것이 그에게는 필연적인 일이었다. 「게르니카」*Guernica*의 폭력을 고발하는 물타기식 핑계삼기로는 아무것도 할 수 없다. 그 정도로는 인간에 대한 훼손을 극복하는 데 이르지 못한다. 또한 우리는 이 응답을 실질적으로 이해해야만 한다. 그것은 기술적 아포리아나 선의지의 퇴보, 혹은 악의 모호성에 앞서는 공손한 두려움을 목도하는 것도 아니다. 아니, 그것은 정녕 윤리적 결의에서 비롯한다.

이 점을 보여주기 위해서 최초의 논증으로 돌아가자. 환원에서만큼은, 그리고 틀에서만큼은, 그림은 외관, 밋밋한 평면으로 되돌아간다. 외관은 모든 심원함을 무효화한다. 이 무효화는 세계의 사태들에서의 어떤 손상에서 비롯하는 것이 아니다. 대상들은 분명 허용된 관점을 상실하지만 조직이 파괴된 대상들의 형태는 다른 현출에서도 더 자유로운, 혹은 더 "기적적인" 것이 된다.[30] 따라서 외관을 통한 심원함의 무효화는 인간의 형태 및 무엇보다 인간의 얼굴에 손상을 가할 뿐이다. 마르쿠스 로트코비츠가 강렬하게 이해했던 바, 자신의 회화의 과제 전체를 완전히 개혁하는 데 동의했던 사태 자체를 이해하기 위해서, 우리는 그와 똑같이 러시아에서 포틀랜드로 이주한 것은 아니지만, 그와 동시대 인물이자 또 다른 이주민*émigré*, 곧 리투아니아에서 프랑스 스트라스부르로 이주한 에마뉘엘 레비나스에게 접근해야만 한다. 왜냐하면 레비나스는 외관과 얼굴 사이의 절대적 양립불가능성을 수립했기 때문이다. 그는 '외관'에 대해, 로스코에게서 반향되어 있는 내용(심연 없는 전적으로 가시적인 밋밋한 표면)처럼 다음과 같이 진술

---

30) "그림은 기적적인 것이 되어야만 한다", *Possibilities*, n° 1, hiver 1947/1948, p. 84.

한다. "[…] 비밀을 간직하고 있는 것은 마법과 같은 은총에 예속되어, 자신을 전해주거나 […] 드러내지도 못한 채, 광채처럼 빛나기만 하는 기념물의 본질과 신화 속에 유폐된 채로 자신을 보여준다."[31] 외관은 정면으로 마주 서 있지만 자신을 더더욱 유폐하고 있다. 왜냐하면, 만일 모든 것이 보인다면, 보여지는 것은 필연적으로 평면에서 보여져야만 하고, 단조로움platitude으로 환원되기 때문이다. 따라서 외관은 내밀함으로의 접근을 봉쇄하고 만다.[32] 어떤 내밀함인가? 그것은 유심론적이고 주관적인 환영과 관련하는 것이 아닌가? 그렇지는 않다. 하지만 그것은 공통의 척도가 없는 나타남의 두 가지 방식에 관한 철저한 탐문이다. "사물이 한 얼굴을 취할 수 있는가? 예술은 얼굴을 사태에 제공하는 활동이 아닌가?" 이제, 사물은 특별히 예술에서 오직 하나의 외관만을 정확하게 보여줄 수 있지만 얼굴은 절대 그렇지가 않다. "집의 외관은 우리를 주시하는 집이 아닌가?"[33] 물론 외관이 우리를 주시하지는 않는다. 오로지 얼굴만이 그렇게 할 수 있다. 왜냐하면 얼굴만이 마주함의 방식으로 자신을 드러내기 때문이다. 나타난다는 것은, 인간의 형상에 있어서, 그림의 밋밋한 표면에 자신을 펼치도록 (그리고 의심의 여지 없이) 눈에 보이는 어떤 것을 억지로 강요하는 것

---

31) Emmanuel Lévinas, *Totalité et Infini: Essai sur l'extériorité*, La Haye: Martinus Nijhoff, 1961;1963, p. 166[p. 167의 오기이다 —옮긴이].

32) *Ibid.*, p. 87

33) Lévinas, "L'ontologie est-elle fondamentale?", texte publié dans la *Revue de métaphysique et de morale* in 1951(repris dans *Entre-nous: Essais sur le penser-à-l'autre*, Paris: Grasset et Fasquelle, 1991, p. 23). 로스코의 작품과 거의 동시대에 나온 글이라는 것과 그림에 대한 암시가 있다는 것은 큰 주의를 기울일만한 대목이다.

을 의미하지 않는다. 이 당혹스러운 탐구는 우리를 정확히 타인에 대한 광적인 객관화, 곧 순결한 것의 훼손massacre에 이르게 할 수 있다(표현주의, 피카소, 심지어는 수틴과 베이컨의 방식으로 말이다). 인간의 형태로 그렇게 나타난다는 것은 반대로 타인으로서 자신을 부과하기 위해서가 아니라, 어떤 후퇴도 없이 중립적인 보이는 것인 타자로서 다시 돌아온다. 그렇다면 타인은 자신을 어떤 식으로 부과할 수 있는가? 만일 한편으로 내가 타인에 대해 나의 지향성을 발휘하면서 (이를 통해서 그 가운데서도 나는 그림을 포화된 우상으로서의 그림에게 나 자신을 개방한다) 나 자신을 부과한다면, 또 다른 한편으로 타자가 나 이외의 나의 지위를 차지하기 위해서, 더 이상 타자들 가운데 있는 일자로 나에게 자신을 복종시키지 않기 위해서, 나의 궁극적 특권을 받아야만 한다면, 타자가 나에게 그 자체로 나타나기 위해서, 타자가 나의 지향성만큼이나 근원적인 지향성을 나에게 발휘함으로써 나를 현시해내야만 한다. 얼굴은 이렇게 보이는 것을 형성함으로 자신을 현시하지 않지만 나에게 자신의 시선을 전달하면서 자신을 현시하는 역-지향성contre-intentionnalité으로 불쑥 나타난다. "타인에 대한 책임은 ── 지향성이 은닉하는 데 이르지 못하는 지향성과 의지에 반대하는 ── 주어진 것과 주어진 것의 수용 및 지각의 드러남을 가리키는 것이 아니라 모든 결정에 앞서 타인에 대해 나를 노출시키는 것을 의미한다."[34] 이로부터, 우리는 낯이나 얼굴이 그림의 가시성 속으로, 보이는 것의 틀 속으로

---

34) Lévinas, *Autrement qu'être ou au-delà de l'essence*, La Haye: Martinus Nijhoff, 1974, p. 180.

들어갈 수 없거나 들어가지 말아야 한다고 이해한다. 우리는 얼굴에 매달릴 뿐이다. 왜냐하면 얼굴은 자신을 봄으로 환원할 수 없는 현현, 의무에 관한 침묵의 진술을 따라, "보여지지 않거나 알려지지 않는" 그 자신만을 현시할 따름이기 때문이다.[35] "너는 (나를) 죽이지 말아야 한다!" 얼굴은 나타나지 않는다. 얼굴은 그것이 나에게 전달하는 영감을 불어넣는 책임을 통해 자신을 현시한다. 이에 로스코는 레비나스의 의도를 다음과 같이 완벽하게 전조했다. 즉, 외관은 우리가 그 얼굴을 그리는 것을 금지하고 있기 때문에, 그 그림의 평면성에 얼굴을 틀에 끼워 넣어 살해하고 얼굴을 우상 안에서 죽음에 이르게 하거나, 아니면 화가로서 자신을 '훼손하고' 얼굴을 직접 가시성 안에서 생산하기를 포기하는 것 가운데서 선택을 해야만 한다. 로스코는 자신이 '인간 드라마'라고 명명한 얼굴을 죽이지 않기 위해서 자신을 훼손시키는 쪽을 선택했다.

　　이러한 결의를 통해서, 로스코는 매우 큰 일을 해냈다. 무엇보다도, 그는 어떤 애매성도 없이 우상의 가면을 씌운 것 — 낯, 얼굴, 현현 속에서의 타인 — 을 각인시켰다. 그림으로, 로스코는 레비나스가 현상학에서 수립해낸 바를 확증한다. 그는 현상학자가 개념들로 보여준 것을 현상학적으로 작업해낸 것이다. 다음으로, 로스코는 적어도 '신의 죽음'의 시대의 예술과 '예술의 종말'의 시대 가운데, 철학이 언술한 것과 동일한 것으로서의 적절한 윤리적 금지사항을 회화 속에서 정립해낸다. 우상은 타인의 얼굴에 접근하기를 요구할 수 있다. 반증

---

35) Lévinas, *Totalité et Infini,* p. 168.

이 나오지 않는다면, 현대 회화는 보이는 것의 우상 — 참으로, 장엄한 것 — 과는 다른 방식을 활용하지 못한다.[36] 타인의 얼굴에 대한, 아이콘과 관련하는 다른 방식이 있어야 한다. 하지만 그것은 있는 그대로의 것을 추종하는 화가에게 의존하지 않는다. 만일 화가가 이러한 금지를 위반한다면 — 다수의 화가들이 어떤 고려도 없이 스스로 권한을 부여하는 일을 멈추지 않는 것처럼 — 그들은 적법한 영역(그림의 틀, 보이는 것으로 포화된 우상) 속에 있는 회화를 위기로 몰아넣을 뿐 아니라, 이러한 미학적 위험에 더하여 화가들 자신으로 인해 인간 살해의 공모자가 되는 일에 노출된다(우리 시대에는 이런 일이 다른 시대와는 비교할 수 없고 상상할 수 없을 정도로 자행되고 있다). 또한, 실제로, 그림은 인간의 죽음을 촉진하는 역할을 한다. 이런 역할을 하면서, 인간을 보이는 것이 되게 하는 일에서 만족을 찾는다. 그것이 그저 인간의 죽음을 보여주는 것, 곧 앞서 보이게끔 하는 데서 만족을 찾고, 더 나아가 우리가 더 이상 인간을 시신이나 부패된 것으로서의 죽음에 불과한 것으로밖에는 달리 그릴 수 없다는 것을 원리적으로 가정하는 일에 그치는 것이긴 하지만 말이다. 그런데 로스코는 여전히 이 이상의 것을 성취하는 법을 알고 있었다. 그는 자신이 행한 윤리적 훼손에도 불구하고, '인간 드라마' 속에서의 "[…] 매우 내밀한 인간"이 되게 하는 일, 다시 말해 다른 것들 가운데서도, "죽음에 대한 분명한 집착"을 경계하기를 단념하지 않는다. "모든 예술은 필멸성의 내밀함과 관련한다" — 또한 다음과 같은 것들과도 연관된다. "세계를 구체적으로 인식하기

---

36) 루오와 아마도 자코메티의 방식을 제쳐두면, 과연 누가 그러한 방식을 차용하는가?

위한 토대, 감수성", "긴장", "역설", "정신과 인간", "수명의 총량, 행운", 또한 심지어 "10퍼센트 가량의 희망… 만일 당신한테 이런 것들이 필요하다면 말이다. 그리스인들은 이런 것을 절대 언급하지 않는다."[37] 만일 우리가 평면 형태, 우상의 테, 그림의 평면 장막에 할당된 예술가로 머무르길 원한다면, 우리는 '인간 드라마'의 이러한 심연과의 근접성을 어떻게 유지하는가? 아마도 그리스인들은 10퍼센트의 희망을 나눠주고 말 것이다. 왜냐하면 그들은, 예술과 인간을 위한 희망의 시대에 살면서, 그런 식의 희망에 대한 거대한 욕구를 가지고 있지 않았기 때문이다. 예술과 인간을 위한 삶의 시대를 살았던 그리스인들에게는 크게 필요하지 않았기 때문에 나눠줄 수 있었던 10퍼센트의 희망. 로스코가 자신에게 부과한 — 가시성을 순수한 보여진 것으로 환원하고 죽음, 감성, 긴장, 요컨대 타인을 소환해내는 데 집중하는 — 평형상태를 보존하기에 이 정도의 희망만으로도 충분할까?

분명 그렇지는 않다. 이런 점에서 휴스턴에 있는 **예배당**Rothko Chapel의 위협적인 비밀이 해명될 수 있다. 1960년대 로스코의 캔버스는 이미 모순을 현시한다. 그 틀과 평면 외형은 타인의 삶과 죽음(인간 자체)이 소환하는 것과 마주해야만 한다. 하지만 타인의 얼굴에서 비롯하는 모든 가시성의 필연적이고 결정적인 부재는 그것을 직접적으로 정의할 수 없게 한다. 모든 고통, 욕망, 그리고 긴장은 오로지 간접

---

37) 각각 *Interiors*, 10 mai, 1951 그리고 *Conférence* au Pratt Institute, New York, 27 octobre, 1958(다음 문헌에서 인용함. N. Serota *et al.*, *op. cit.*, pp. 85, 87 그리고 E. B. Breslin, *op. cit.*, p. 390). 여기서, 다른 데서와 마찬가지로, 프랑스어 번역(*op. cit.*, p. 267)은 근사치 그 이상을 보여주는데, 창의적이기까지 하다(어쩌면 누군가 또 다른 텍스트를 읽고 있는 것일까?).

적으로만, 색채들의 부유하면서 떠돌아다니는 작용을 통해 현전하는 것으로 보여질 수 있다. 이는 곧 우리를 끈질기게 괴롭히는 것을 (그 충격을 받아냄으로써) 받아들이고 견뎌내기 위해서, 타인과 타인의 죽음이 현시되는 ─ 아이콘이 될 수 있기 때문에 우상이 약속하는 바를 단념하는 현시, 다만 아이콘으로의 접근이 차단됨으로써 우상 혼자 실행 가능한 것으로 남아있기 때문에 기각할 권리를 가지지 못한 현시 ─ 불가능한 요구를 받아들이고 견뎌내기 위해서 우상에게 남겨진 유일한 원천이 될 빛깔의 변양이 될 것이다. 이때 붉은색이 갈색을, 그다음 갈색이 갈색을, 그다음 갈색이 파란색과 검정색을 가볍게 터치하기 위해 남아있다. 때때로, 핑크색은 퇴색한 회색, 심지어 그 자신이 가지고 있는 더러워진 하얀색으로 자신의 나타남을 살려내고자 한다. 결국 두 붉은색은 거의 오렌지색에 가깝게 뚜렷이 나타나며,[38] 이것들은 더 이상 아무것도 포함시킬 수 없는 긴장의 폭발처럼, 모든 틀을 압도하는 최후의 붉은색의 격돌 직전의 마지막 순간을 보여주는 것처럼 보인다.[39] 그 특유의 정교함으로 지난 10년간 거의 모두를 사로잡아 버린 **예배당**은, 외관과 얼굴, 우상과 아이콘 사이의 긴강감을, 또는 자유자재로 가정된 수축을 예화하기 위해 갈색, 자색, 그리고 검은색의 압도적이면서도 마술적인 조화symphonie만을 배치한다. 그 예배당은 건축 공간이 그림들과 단번에 조화를 이루는지에 따라, 반어적인 혹은 희망

---

38) *Untitled*, 1969, Washington, National Gallery of Art, n° 92, in N. Serota *et al.*, *op. cit.*, p. 181「무제」, 1969, 워싱턴 내셔널 갤러리, 92번, 앞의 책 p.181].

39) *Untitled*, 1969, Washington, National Gallery of Art, n° 93, in N. Serota *et al.*, *op. cit.*, p. 182「무제」, 1969, 워싱턴 내셔널 갤러리, 93번, 앞의 책 p.182].

의 보증으로서의 심원함과 조화를 이루는지에 따라, 그림들을 확대할 때 일어나는 불가피한 내향적 파열implosion을 지연시킨다.

타인의 시선도, 그리스도의 시선도 아닌 어떤 심원함이 본당을 잠식하는 가운데 안온함에 이르게 한다. 그 본당에 죽음을 욕망하는 시선 따위는 없다. 처음에 가톨릭적 공간이 되기로 ──부활한 얼굴을 성체성사에서의 현전 가운데 받아들일 장소로 ──예정되었던 예배당이, 막연한 (또한 시급한) 교회일치운동œcuménisme보다 고유명의 결여, 신의 이름의 결여를 더 많이 암시하는 것 같은, '비-교파적non dénominationnelle' 공간으로 남게 된 것은 우연이 아니다. 시선을 열어주고 아이콘을 나타나게 할 이름의 결여. 이로부터, 이 최후의 노력과 더불어, 그림이 터질 수 있다éclater.

# 4장

# 살 또는 자기의 주어짐

> "따라서 우리는 살을 육적으로 이해하지 말아야 합니다."
>
> 성 아우구스티누스,『요한복음 주석』, XXVII, 1.[*]

## 1. 느끼는 신체

일상의 삶은 나-자신에게로의 접근을 나에게 제대로 주지 못한다. 그것은 실제로 욕망과 욕구 자체를 가지지 못하게 만든다. 왜냐하면 내가 나와 한 가지 암묵적 협의를 맺었기 때문이다. 나는 내가 나-자신에게 접근하기를 요구할 것이다. 하지만 나는 나의 세계의 일들과 더불어 자유로운 정신을 다룰 수 있을 만큼 너무나도 흔하게 내 자신에게로의 접근을 입증하는 일로부터 나 자신을 제외시킬 것이다. 내가 여기 (또는 거기) 있는데, 왜 나는 나를 확증하는 일에서 당혹감을 느끼는가? 나는 나-자신에 대한 나-자신의 신실함을 충분히 보증할 것을 나에게 가정하는데, 이를 매 순간 계속해서 증명하지는 않는다. 이런 점

---

[*] 마리옹은 원문에서『요한복음 주석』의 28장 1항이라고 기재했으나 이것은 오류이다. 위의 아우구스티누스의 말은 27장 1항에 나온다.

에서 이 사태의 과정은 다음과 같이 경과한다. 내가 거기 있는지를 보기에는 나 자신이 너무 확실해서, 나는 나머지 존재자들과 나 자신을 연관시킬 뿐이다. 왜냐하면 나는 나-자신을 통해서 잘 유지되고 있기 때문에, 나는 나를 망각할 수 있다. 이런 점에서 나는 나-자신과 더불어 신체와 사유의 분리의 상태 가운데 나의 삶을 횡단시킨다. 나는 나 없이 ─자기 없이 ─존재하지 않는다. 하지만 실제로 나는 나 자신에게 접근하는 의지의 힘을 정녕 보증하고 있는가? 게다가, 나는 어떻게 나 자신을 그 자체로 ─나-자신에 의해 나-자신을 ─경험할 수 있는가? 내가 (만일 내가 그럴 수 있다면) 낯선 자로, 정의되지 않는 자로, 심지어 부재하는 자로 남겨질 수 없는 때와 장소가 있는가? 그 물음의 불온한 단순성에 대해, 잘못된 명증적 답변이 다음과 같이 메아리친다. 나는 나 자신을 경험하면서 다시 나-자신에게로 돌아오고, 나 자신이 살을 취하고 있음을 경험한다. 여기서 '살을 취한다는 것'이 의미하는 바가 무엇인지를 이해하는 일이 남게 된다.

이를 이해하기 위해, 나는 살을 무시하고 금기시했던 인물인 데카르트를 통해 논의를 시작한다. 데카르트로부터 시작함에도 불구하고 나는 너무나 유명하면서도 허약한 논리인 이원론에 접근하여 논증을 도출하지는 않을 것이다. 그에 앞서, 에고ego의 현존의 증명의 순간들 중 하나, 나쁜 뜻에서 여전히 자신의 사유cogitatio의 증명이 필요한 순간들 중 하나를 검토해볼 것이다. "Nunquid ergo saltem ego aliquid esse? Sed jam negavi me habere ullos sensus et ullum corpus. Haero tamen; nam quid inde? Sumne ita corpori sensibusque alligatus, ut sine illis esse non possim?" 뤼느duc de Luynes는 이를 다음과 같이 번역했다. "그렇다면 나는 적어도 그 어떤 것이 아니란 말인가? 그러나 나는 이미 내게 어떤 감각이나 어떤 신체가 있음을 부정했다. 하지만 나는 그럼에도 불구하고 주저한다. 그래서 도대체 어떻다는 말인가? 나는 신체와 감각들에 의존하고 있으니 이것들 없이 나는 존재할 수 없다는 것인가?"[1]

나는 데카르트의 추론을 다음과 같은 방식으로 재구성한다. 나는 x(신, 기만하는 악마, 혹은 당신이 좋아하는 어떤 것)가 잘못된 생각을 나에게 전달함으로써 나를 기만하고 있다는 점을 이미 인정하고 있다. 하지만 이 경우에, 이 **어떤 이**aliquis[2]가 기만당하기 위해서는 **어떤 것**aliquid—나와 같은 어떤 것—이 필요하기 때문에 나는 그러므로 이미 필연적으로 어떤 것이지 않은가? 내가 감각도 육체도 없다고 스스로를 확신시켰는데, 내가 무슨 **어떤 것**이 될 수 있고, 무엇으로 남아있을 수 있겠는가? 그럼에도 불구하고 이러한 거부 자체는, 존재한다는 것이, 내가 오로지 느낌을 부여받은doué[타고난 — 옮긴이] 신체로서의 존재와 같다는 것을 전제한다 — "[…] 감각과 […] 신체." 나는 내가 느낌을 부여받은 신체가 — 내가 인정컨대 — 아니라는 단순한 구실 아래 내가 "어떤 것"으로 존재한다는 것을 부정할 근거를 가지고서 주저하게 된다는 결과가 뒤이어 나온다. 실제로, 나는 어쩌면 내가 다른 어떤 것일 수 없다는 데 너무 속박되어(의존하는 것보다 더 강한 속박 alligatus) 거기 존재하지 않으며, 실제로 나는 그 대신 또 다른 어떤 것,

---

1) René Descartes, 각각 AT VII, p. 24, 25~26, 2. 또한 AT IX-1, p. 18. 23~30.
2) Descartes, AT VII, p. 24, 2.

사유하는 것res cogitans으로 나 자신을 정의할 것이다.

이 물음은 때로 다음과 같은 방식으로 표현된다. 데카르트는, 이 텍스트에 대한 거의 모든 해석, 내가 의심의 여지 없이 느낌을 부여받은 신체와 연결된 x라는 것을, 적어도 외견상 배제한다. "[…] ullos sensus, et ullum corpus/[…] corpori sensibusque…([…] 어떤 감각, 어떤 신체도/[…] 신체와 감각들…)." 따라서, 만일 내가 어떤 것으로 존재해야만 한다면, 이것은 연장적인 것(이미 정립된 지점)이 아니라 사유로 존재할 것이다. 또한 실제로 나의 신체는 연장, 세계로 발견된 것에 동화됨으로써 논박되기에 이른다. "[…] nihil plane esse in mundo, nullum coelum, nullam terram, nullas mentes, nulla corpora…([…] 세계에 아무것도 존재하지 않는다고, 하늘도, 땅도, 정신도, 신체도 없다고…)."[3] 그런데 이 논증은 **감각을 부여받은** 나의 신체가 세계 안에서 발견되는 것으로서의 자격을 박탈당하는 일 자체를 겪을 수 있으며, 곧 그것은 나의 신체가 하늘, 땅 등에, 다시 말해 내 바깥에 기입될 수 있음의 명증성을 전제한다. 이는 또한 어떤 것을 느낀다는 의미에서의 느끼는 신체, 느끼는 자가 어떤 것을 느끼게 됨, 느낄 수 있음[4]의 의미에서의 느끼는 물체들에 가해지는 반박과 같은 반박에 굴복하게 된다는 것을 전제할 수도 있다. 그런데 이러한 동일시는 직접적으로 지속가능한 것이 아니다.

이는 무엇보다도 세계의 **물체들**corps(하늘, 땅 등)이 **감각을 부여받**

---

3) Descartes, AT VII, p. 25, 4.
4) 이 신조어는 우리에게 '눈에 보이는, 들리는, 만질 수 있고, 지각할 수 있는' 등의 것에 견주어 받아들일 수 있는 것처럼 보인다.

은 나의 **신체**와 절대적으로 동일시되지 않는다는 점에 기인한다. 이 차이가 여기서 망각되지 말아야 한다. 세계의 물체들은 감각의 대상들(느낄 수 있는 것으로서의 감각)이지만, 그 스스로는 아무것도 느끼지 못하는 것(느끼지 못하는 것으로서의 비감각적인 것)인 반면, 나의 신체는, 비록 그것이 세계 안에 기입되어 있고 그 자체로 대상과 같이 느껴지게 되는 것이라는 점이 발견될 수 있다고 해도, 없어질 수 없는 타고난 감각 덕분에, 스스로 느끼고 감각적인 것을 통해 그 자체로 촉발되는 것일 수 있다는 것 —— 동일한 데카르트의 텍스트를 따르자면 —— 을 그 고유한 성격으로 갖는다. 간단히 말해서, 느끼는 자로서의 나의 신체는 세상의 물체들과는 근본적으로 구별된다. 오직 그것들은 오로지 느끼게 되는 것일 뿐, 결코 느낌으로서의 느낌의 능력은 갖지 못한다. 그러면 내가 **느끼는** 신체가 될 수 없을 것이라는 논증은, 내가 **느껴지면서** 느끼지는 **못하는** 물체들의 현존을 의심할 수 있기 때문에, 붕괴되고 만다. 데카르트는 다른 데서 그 스스로 물체들을 수상하게 여기기도 하고 암묵적으로 그것을 옹호하기도 한다. 왜냐하면 그는 세계의 존재자(하늘, 땅, 물체들)들을 열거하며 은밀하게 또 다른 항목을 추가하여 자신의 주장을 강화하기 때문이다. "[…] nullas mentes —— 어떤 정신들 ….″[5] 이 첨언의 동기는 자명하다 —— 만일 내가 세계 내 정신이 없다는 것을 인정한다면, 이 경우 **감각을 부여받은** 나의 신체는 그 자체로 자격을 박탈당한 채로 발견될 것이다. 그런데 나의 임의성은 곧 다음과 같

---

5) Descartes, AT VII, p. 25, 4. 여기에 더해서, 그가 제기한 난점(그리고 극소수의 비평가들만이 주목한 것)에 대해서는 Jean-Luc Marion, *Questions cartésiennes II*, Paris: Presses Universitaires de France, 1996, pp. 31 이하를 보라.

은 것이다──데카르트는 앞서 (신의 전능성에 호소한다는 점에서) 결정적이기까지 한 의심의 과정에서 정신이 아닌 감각만을 문제로 삼는다. **둘째 성찰**에서 인용되는 **첫째 성찰**의 결론은 실제로 "[…] coelum, aërem, colores, figuras, sonos, cunctaque externa(하늘, 공기, 땅, 색, 형태, 소리, 그리고 **다른 모든 외부 사물들**)…"을 의심에 붙이며, "**정신들**esprits, mentes"은 절대 의심하지 않는다.[6] 따라서 데카르트가 **첫째 성찰**에서 물리적 세계의 대상들(단순한, 물질적 본성을 가진, 인식가능성의 조건)과 같은 의심의 대상으로 삼지 않았던 "**정신들**"을, **둘째 성찰**에서 도입한 데는 별다른 이유가 없다.

　　이렇게 적법하지 않은 첨언은 분명 이성의 질서에 중대한 난점을 도입한다──왜냐하면, 엄밀하게 말해서, 절대 의문시되지 않는 "[…] dubitans […] et sentiens([…] 의심하고 […] 감각하는)",[7] 느끼는 자로서의 나, 곧 **정신**으로서의 내가 절대적인 확실성 가운데 재정립되지는 않기 때문이다. 적어도 신체로 느끼지 못하는 감각하는 **정신**으로서의 에고는 그 현존을 입증하는 일을 더 이상 필요로 하지 않는다. 왜냐하면 궁극적인 것으로서의 의심은 언제나 오로지 파악되어야만 하는 느

---

6) Descartes, AT VII, p. 22, 26~28(AT IX-1, p. 17, 강조는 필자). 이와 같은 방식으로, 대상들의 목록은 신적 전능에 관한 가설에 종속된다. "[…] nulla plane sit terra, nullum coelum, nulla res extensa, nulla figura, nulla magnitudo, nullus locus(실은 땅도, 하늘도, 펼쳐진 사물도, 모양도, 크기도 없는데)…"(VII, p. 21, 4~6). 또한 이와 같은 방식으로, 더 정확하게는 "[…] Qualia ergo ista fuere? Nempe terra, coelum, sidera et omnia quae sensibus usurpebam(어떤 종류의 것들이었는가? 말하자면, 땅, 하늘, 별들과 그 이외에 내가 **감각으로 포착했던 모든 것들**)"(VII, p. 35, 18~19). 그것은 나의 외부에 남겨진 모든 것 가운데 매우 독특한 문제이다. "[…] foris vero(또 내 외부에)…"(VII, p. 74, 27~28).

7) Descartes, AT VII, p. 28, 21~22.

껴지는 감각과 연장을 의문시하기 때문이다. 이 논리적 과오는 어떻게 설명되는가? 우리는 세계 바깥의 **정신**이, 모든 외부적인 의심의 대상들의 예외라는 것, 그리고 바로 의심이 세계 안으로 철학자를 밀어 넣는 혼동의 효과를 구성한다는 점을 단숨에 이해하지 못한다. 즉 그것은 데카르트의 과도한 사려 깊은 숙고과 관련한다. 고립된 **사유**cogitatio 의 차원에서 에고의 조건 지어지지 않은 현존을 정의하는 데 관심을 두는 것은, 비록 두려운 일이긴 하지만, 그럼에도 만일 데카르트가 신체와 결부된 감각에서 자아를 정립했다면, 어떤 독자들은 신체 자체가 사유한다는 결론을 그저 내리기를 바랄 수 있을 뿐인데(우리는 여기서 토머스 홉스와 피에르 가상디를 떠올린다), 감각 안에는 신체가 아닌 느끼는 영혼이 있다는 오해와 관련해서,[8] 데카르트는 자신의 논증 — 만일 에고가 느껴지는 한에서의 느끼는 자, 감각적인 것과 동일시될 수 있다면, 그 자아는 의심에 빠지게 될 것이다 — 을, 일반적인 독자에게는 너무나 미묘한, 연장된 감각적인 것과 느끼는 사유 작용 간의 본질적 구별(그럼에도 불구하고 이는 첫 번째 정의로부터 **사유하는 것**res cogitans 에서 정당화될 것이다)을 제시하지 않으면서 그 논증을 교훈적으로 철저화할 수 있었다.[9] 세 번째 설명이 앞선 두 설명과 결부되지 않는 한, 데카르트 자신은 감각하는 느끼는 것(정신)에서의 감각과 감각되는 느낌(느낄 수 있는 신체)에서의 감각 사이의 구별을 개념의 차원으로 제기할 수 없었을 것이다. 그럼에도 불구하고 이 과정 자체는 이미 사용될

---

8) 본질적인 요점이 다음 문헌에서 발견된다. Descartes, *Dioptrique* IV, AT VI, p. 109, 6~7.
9) Descartes, AT VII, p. 28, 22.

것을 강요받고 있다. 기술하기 위한 현상은 철학자가 배치하는 개념들이 보여줄 수 있는 것 그 이상의 것을 요구한다. 해석학은 현상학적 결핍에 시달림을 당하고, 이런 점에서 분명 해석학은 그것이 등장시키고자 했던 데서 한발 물러선 채로 머물게 된다. 철학자는 여전히 그 **자체로**en soi 주어지는 것으로서의 현상을 전달하는 데 실패할지도 모른다.

그럼에도 불구하고, 이러한 첨언은 한 결정적 요점을 시인하기에 이른다. 과장된 의심의 논증에서 비롯된 이 대단할 것 없는 첨언을 의심한다는 것은 대체 무슨 의미인가? 어떻게라도 우리는, 정확히 말해서, 물체들이 포함되지 않은 것을 — 말하자면 — 그럼에도 불구하고 여전히 한 물체가 아니라 한 예외적 신체, 곧 **감각을 부여받은 한**에서의 나의 **고유한 신체**를 지향한다는 것을 사후적으로 이해해볼 수 없을까? 이런 점에서 데카르트는 내가 존재한다는 것을 **느끼는** 이러한 신체라는 예외적인 것에도 불구하고, 그것이 세계의 물체들과 더불어 헤아려지지는 않는다는 것을 거의 인정하고 있는데, 왜냐하면 그러한 물체를 회피하기 위해서는, 그것과 철저하게 구별되는 항목을 의심의 대상에 첨가해야만 하기 때문이다 — 연장된 것으로서의 느껴지는 물체들보다 더 세상에 속하지 않은 것, 곧 느낄 수 있고 그렇게 이미 완벽하게 사유하는, 내적인, **정신**. 다시 말해, 미셸 앙리가 결정적으로 규정해낸 것처럼, **사유하는 것**이 근원적 감각으로부터 전개되는 것일 뿐만 아니라,[10] (스스로를) 느끼는 것으로서 사유하는 **에고의 느낌**이라는 본질이,

10) Michel Henry, *Généalogie de la psychanalyse: Le commencement perdu*, Paris: Presses Universitaires de France, 1985, pp. 35 이하, 〈5〉(앞서 언급한, "철학과 현상학"을 보라). 이는 나의 다음 문헌에서도 확증된다. "Le *cogito* s'affecte-t-il?", *Questions*

암시적으로, 자아의 현존에 **앞서서** 입증되는——정확하게 현존을 입증하기를 요구하는 논증의 흐름 속에서——것으로 나타난다는 것이 인정되어야만 한다.

요컨대 **코기토**가 존재하기 전에, **에고**는 **신체와 감각**corpus et sensus 으로서 조건 지어지지 않은 현존으로 이미 매우 잘 정립된 것일 수 있다. 느끼는 신체가 사유에 선행할 수는 있지만 후행할 수는 없다. **사유하는 것**에 대한 정의는 분명 가장 낮은 수준에서 느끼는 신체를 포함한다. "Res cogitans. Quid est hoc? Nempe dubitans, intelligens, affirmans, negans, volens, nolens, imaginans quoque et sentiens (사유하는 것. 이것은 무엇인가? 의심하는 것, 이해하는 것, 긍정하는 것, 부정하는 것, 바라는 것, 바라지 않는 것, 그뿐만 아니라 상상하고 **느끼는 것**)——[…] 신체 기관들의 개입에 의해서 많은 것을 **또한 느끼는 것**."[11] 현상학적 기술의 요구를 따라서, 정교한 해석학은 의심의 양태가 있은 바로 그 직후, 다른 모든 것들 이후가 아니라 그에 앞서서, 느낌이라는 근원적 작용의 양태를 따라 일탈하게 된 **사유하는 것**을 요청했을 것이다. 이런 점에서 그가 어떤 의심을 가졌다는 사실에도 불구하고, 데카르트에게서조차 나는 우선 분명하게 나의 느끼는 신체에 결속되어——alligatus, 결속——있다. 에고는 자신을 살로 내어준다. 비록 그것이 이를 감추려고 한다 해도 말이다.

---

*cartesiennes I,* Paris: Presses Universitaires de France, 1991, chap. V, pp. 153 이하("철학과 현상학"은 마리옹이 무엇을 의도하고 썼는지 확인되지 않는다. 이 말 자체가 책 전체에서 단한 번만 언급된다——옮긴이).

11) Descartes, AT VII, p. 28, 21 이하. (AT IX-1, p. 22). 강조는 필자.

## 2. '가장 근원적인 나의 것'

이 단계에서 수사적 표현(신체와 감각)을 따라 살을 생각했기 때문에, 데카르트는 살을 절반 정도는 결여하고 있었고, 이에 그것은 신체(언제나 세계에 속한, 물리적인)에 대한 엄밀한 대립을 통해 획득된 살을 현상학적 통일성 안에서 드러내는 (분명 아리스토텔레스 이후)[12] 후설에게 준거하게 된다. "이 자연을 따라 파악된 물체들 가운데, 하나의 특징지어진 특색과 더불어, 말하자면 단순히 물리적 신체Körper가 아니라 바로 살Leib인 유일한 것[존재], 바로 그것 때문에 감각영역으로 내가 들어가는 추상적 세계 층 안에 있는 유일한 대상, 곧 나의 살을 발견한다." 나의 살은 그러므로 세계 안에 있는 가능한 외부대상으로 그 자체로 지각될 수 있기 전에 그것이 지각하는 바로 그런 방식으로, 세계의 모든 대상과 구별되고, 다른 모든 신체와 구별된다. 심지어 그 자체로 느껴지기 전에, 나의 살이 느끼게 한다. 요컨대, 그 자체로 보여지고 나타나게 되기 전에, 그것은 나를 [스스로] 느끼게 하고 나타나게 한다. 실제로, "내가 다른 인간들을 그 고유한 것으로 환원한다면, 나는 물리적 신체를 고유하게 획득한다. 그런데 만일 내가 나를 인간으로 환원한다면, 나는 나의 살 및 [그리하여] 영혼 내지 심리물리적 통일체를 획득하고, 이 살 안에서 그리고 이 살의 주선으로 외부세계에 작용하고,

---

12) 당연하게도 이 분석은 그 기원을 아리스토텔레스에게에서 찾는다. *De l'âme*, II, 11, 특별히 423 b23. "이를 통해서 또한 감각(감각작용의 기관)이 촉각적인 것의 내부에 있음이 분명해진다." 또 결과적으로, 우리는 오로지 촉각기관 자체와 마찬가지로 "이와 동시에"(423 b16 이하) 감각 안에서 촉각적인 것을 느낄 수 있다. 그래서 루크레티우스(Lucretius)는 이렇게 말한다. "Tangere enim et tangi, nisi corpus, nulla potest res(만지거나 만져지는 것, 몸을 제외하면, 아무것도 이렇게 할 수 없다)"(*De Natura Rerum*, I, v. 304).

그 세계를 **또한 겪음으로써**et en souffre 그 통일체 속에서 나의 인격적 자아Je를 획득한다."[13] 나의 살의 고유성은 그 살의 겪음, 수동성, 수용과 관계하는데, 그것은 세계에 속한 것이 아니지만 그것 없이는 세계가 도무지 나타날 수 없다. 살이 되는 것, 그것은 지각하는 데서만 나타난다 ─내가 한 사물을 만지기 위해 그것에 손을 뻗을 때, 나는 그 추가적 소유권을 얻은 다음 질적 향상을 이루곤 하는 한 물리적인 사물로 뻗어나가는 것이 아니며, 다만 "[…] 그것이 살이 되고, 그것은 **느낀다**empfindet."[14] 우리는 신체에서 살로 추가적으로 이행하는 것이 아니라 대립, 대조, 지속성의 해소를 통해 ─ 그저 느끼게 되는 것으로부터 유일한 느끼는 자로 ─ 신체에서 살로 이행한다. 느끼는 자에 대해, 느끼는 바로 그 자신은 확고부동하게 그 스스로 느끼게 되고, 그와 동시에 그런 느끼는 바로 그 자신은 느끼는 자로서의 자기를 통해서 확고하게 느끼게 되고, 심지어는 느끼는 동시에 자신을 느끼는 그 느낌을 느낀다.

　살Leib의 번역어로서 '고유한 신체corps propre'라는 말은, 그 말이 지닌 그럴듯한 성격에도 불구하고, 또 그 성격 때문에, 반대되는 것을 초래한다. 그러한 번역어는 실제로 우리가 하나의 신체, 곧 결국에 신체를 우리 자신의 것으로 삼기 위해 긴밀하게 붙잡아두도록 외부세계에서의 물리적 물체를 통해 신체가 시작된다는 것을 암시한다. 그런데

---

13) Edmund Husserl, Hua. I, V, § 44, p. 128; trad., *Méditations cartésiennes et Les Conférences de Paris*, pp. 146 이하(번역 수정).

14) Husserl, Hua. IV, § 36, p. 145(§ 37, p. 151을 보라); *Idées directrices pour une phénoménologie II*, trad. Éliane Escoubas, Paris: Presses Universaitaires de France, 1982, p. 207(번역 수정).

원리상 매우 어렵사리 극복될 수 있는 명백한 이원론에 대한 물음이 있을 뿐만 아니라, 특별히, 만일 우리가 느끼지만 느낌 없는 세계의 신체와 더불어 시작한다면, 본질의 법칙상 반대되는 것 — 근원적으로 느낌과 같은 것과는 다른 것을 절대 느끼지 못하는, 느끼는 살 — 에 이르기에는 불가능한 것이 된다. 절대적으로 단번에 받아들여진 살만이 궁극적으로 세계의 신체에 결부된다. 왜냐하면 무엇보다도 살은 신체를 느낄 것이기 때문에, 실제로 신체를 자신의 고유한 것으로 전유하고, 신체를 자신의 고유한 것으로 느낄 수 있을 것이다. 우리는 세계의 신체를 자신의 고유한 것으로 정의하는 일을 궁리할 수 있다. 왜냐하면 신체 그 자체는 언제나 고유하지 않고, 중립적이고, 귀속되어 있지 않은, 일상적이고 개별화되지 않은 것이기 때문이다. 오직 살만이 그 자체로 고유하게 확고하게 느끼고 느껴지기 때문에, 어떤 것을, 심지어는 때때로 세계의 신체를 전유할 수 있을 것이다. 살은 신체를 취할 수 있지만 신체는 절대 살을 취할 수 없다. 더 나아가 살과 신체는, 한편으로 그 자체로 보이지 않는 것으로 남겨지는 바로 그 지점에서 그 기능상 감각으로 나타나게 하는 것과, 다른 한편으로 그 정의상 보이는 것으로 나타나게 하는 것, 곧 나타나거나, 느끼거나, 지향하게 하는 일을 절대 할 수 없는 것으로, 현상학적으로 더욱더 철저하게 서로 대립하게 된다. 신체는 나타나지만 살은 바로 나타나게 하는 것이기 때문에 보이지 않는 것으로 남겨진다(여기서 우리는 필연적으로 하이데거가 존재와 존재자 사이에 수립시킨 현상학적 관계를 생각하게 된다).

후설은 이런 점에서, 촉각이 다른 감각들에 비해 더 특권화된다는 아리스토텔레스의 논지를, 그의 범접할 수 없는 솜씨를 발휘하여 확장시켜버렸다. 여기서 감각의 특권은, 느끼는 자가 그 스스로 느끼지 못한 채로는 절대 느낄 수 없는 바로 그런 방식으로, 지각계에 속한 것들 가운데 바로 촉각이 지각하는 자와 함께 나타난다는 사실에서 비롯한다. 이러한 분석은 우리가 여기서 재차 언급하지 않아도 되는 너무나도 유명한 것으로 남아있다. 그런데, 우리가 실제로 여기서 도입하는 한 가지 논점은 약간 다른 것을 말한다. 나에게 세계의 모든 현상화는 나의 살을 통해 전해진다. 살이 없으면 세계는 나에게서 사라져버릴 수도 있다. "우선, 모든 지각의 **수단**인 살이 있다. […] 이런 점에서 나타나는 모든 것은 **그 자체로**eo ipso 살과의 정위관계를 갖는다."[15] 살은 절대 임의적으로 선택 가능한 것이 아니다. 살만이 세계를 나타남으로, 다시 말해 주어진 것을 현상으로 전환시킨다. 나의 살 바깥의, 나에 대한 현상은 없다. 뿐만 아니라 이런 점에서 우리는 "정신의 살"(보들레르)에 대해서도 말할 수 있지만,[16] 우리는 오로지 살이 정신화하는—즉, 보여지지 않는 것의 밤에, 살 없이 남겨져 있는, 세계의 신체를 보이게 하는—것만을 이해한다. 나의 살은 불확실성의 영역만을 나에게 열어준다.

이제, 이 예외적인 현상학적 기능은 또 다른 결과를 함축한다. 나

---

15) Husserl, Hua. IV, § 18, *a*), p. 56; trad., *Idées directrices pour une phénoménologie II*, p. 92(번역 수정). "[…] mittels…": *Méditations cartésiennes*, V, § 44(*loc. cit.*, n. 4), *Idées directrices… II,* p. 128, § 36, *ibid.,* p. 144(trad., p. 206) 등.

16) Baudelaire, *Les Fleurs du mal*, "Spleen et idéal" XLII, ed. Y.-G. Le Dantec / C. Pichois, Paris: Gallimard, 《La Pléiade》, 1966, p. 41. 다르게 말해서, "살은 사태의 가능성의 조건이고, 살의 더 많은 구성은 사태의 모든 구성을 통해, 다시 말해 세속적 초월 일반의 모든 구성을 통해 전제된다"(Didier Franck, *Chair et corps: Sur la phénoménologie de Husserl*, Paris: Éditions de Minuit, 1981, p. 95).

는 나 자신을 살로부터 분리시킬 수 없다. 후설은 이를 다음과 같이 강조한다. "살은 억압될 수 없다." 나에게 일어나는 일이 무엇이건, 이것은 나에게 나의 살의 중개자를 통해 나타날 것이다. 혹은 아무것도 나타나지 않을 것이다. 따라서 물리적 신체와는 반대로, 살은 바로 지탱할 수 없는 여기를 대체하기 위해서 세계 안의 저기là-bas를 찾아내며, 나의 살은 나를 그 여기에 결정적으로 고정시킨다. 그것만이 모든 현상화의 유일한 수단이기 때문에, 그 여기는 나의 여기, 곧 나에게만 가능한 여기가 된다. 요컨대 나는 "[…] 나 자신을 나의 살로부터 또는 나의 살을 나 자신으로부터 떼어놓을entfernen 가능성"을 절대 가지지 않는다.[17] 나의 살은 나 자신에게 나를 부과하는데m'assigne, 왜냐하면 그것은 "[…] 가장 근원적인 나의 것das Ursprünglichst Meine"을 나에게 고정시키면서 나-자신에게 나를 할당하기 때문이다. "나의 살은, 다른 모든 것들 가운데, 지각에 대해 가장 가까이das Nächste 있고, 나의 느낌과 의지에 가장 가까이 있다." 그것보다 더 근원적인 것은 없다. 왜냐하면 그것이 나에게 세계를 현상화하는 나je로서의 가능한 유일한 근원을 주기 때문이다. "나의 살, 다시 말해 내가 근원적으로 움직이고, 내가 근원적으로 변형시키는 이 근원적으로 주어진 것original gegebene Ding은 이 모든 운동과 고유한 변화 속에서 나에 대해 근원적인 현존하는 통일체original für mich daseinde Einheit로 존립하고 또한 나에 대해 그 자체로 스스로 주어짐의 성격을 갖는다. […]" 또한 만일 한 사물이 나의

---

17) Husserl, Hua. IV, § 21, p. 94(p. 95를 보라), 또한 § 41, p. 159; trad., *Idées directrices pour une phénoménologie II,* pp. 142 이하, 224.

고유한 영역에서 나에 대해 존재할 수 있다면, 이것은 정확히 언제나 "[…] 나의 살과 살의 근원성이라는 수단을 통해" 존재한다.[18] "떼어놓음entfernen" 및 "현존하는 통일체daseinde Einheit"와 같은 개념은, 의심의 여지 없이, 조금 전 **현존재** 분석론을 제안했던 이들을 따라잡기 위해서, 순수하고 단순한 표상적 사유로서의 에고의 초월적 지위를 이미 넘어서고 있는 것 같다. 우리가 여기서 이 문제를 강조하지는 않을 것이다. 왜냐하면 우리의 물음에 다른 본질적인 것이 여전히 남아있기 때문이다.

**코기토**의 에고는 원리상 (데카르트에게서조차)[19] 자기 자신에 대한 동일성이 아닌 자기 자신에게로의 직접적이고 논박할 수 없는 접근을 통해서 그 자체로 확보된다. 이제, 지성의 방식에서의 **사유**는 이러한 접근을 열어주지 않는다. 왜냐하면 그것은 표상의 간극을 유지하기 때문이다. 이 간극이 에고와 자기 자신 사이에서 일어난다는 사실이 자아를 다시 흡수해내지 못하지만 역으로 더더욱 자아를 깊이 파고 들어간다. 이는 (특별히 미셸 앙리에 의해서) **사유**를 파악하기 위해 제시된 것이며, 이것만이 자기-자신으로 말미암은 자기의 근원적 감각의 방식으로, **자기의 사유**cogitatio sui를 직접 성취한다. 데카르트는 이 감각을

---

18) 각각 Husserl, *Zur Phänomenologie der Intersubjektivität. Texte aus dem Nachlaß. Zweiter Teil: 1921-1928,* in Hua. XIV, ed. Iso Kern, The Hague: Martinus Nijhoff, 1973, p. 58; *Zur Phänomenologie der Intersubjektivität. Texte aus dem Nachlaß. Dritter Teil: 1929-1935,* in Hua. XV, ed. Iso Kern, The Hague: Martinus Nijhoff, 1973, p. 567.

19) 우리는 이 점을 적어도 다음 글에서의 우리의 분석에 대한 논박의 지점에 있는 것으로 취할 것을 고려한다. Marion, "L'altérité originaire de l'*ego*", *Questions cartésiennes II*, chap. I.

제거하는 데 이르지 못한다. 왜냐하면 그는 **신체와 감각** ── 감각하는 신체는 이미 **정신**으로서의 자격을 부여받게 된다 ── 에 대한 의심을 일소해버리기 때문이다. 만일 **코기토**가 언제든 그 스스로 수행될 수 있다면, 이것은 어떤 표상적인 혹은 지향적인 간극에 앞서는, 자기를 통한 자기촉발로 파악되는 감각작용의 방식으로 존재해야만 할 것이다. 후설은 확실한 세계의 현상, 무엇보다 자기의 현상에 관해 ── 에고를 살에 부과하는 방식, 혹은 그 대신 현상학적인 근원적 감각작용의 환원할 수 없는 주어짐을 통해 결국 살을 자기 자신에게 결합시키는 일을 허용하는 방식으로 ── 더 직접적이고 철저한 방식을 통해서 그와 동일한 결과에 이르게 된 것처럼 보인다. **코기토**는 살 안에서 자기 자신을 성취하거나, 또는 성취하지 못한다 ── 왜냐하면, 눈은 스스로 보는 것에 지나지 않고 (또는 귀가 스스로 듣는 것에 지나지 않듯) 지성은 자신을 검토하지 못하기 때문이다. 이로부터 피할 수 없는 역설이 후설의 너무나도 형이상학적인 언어를 통해 규정된다. "[…] 살아 활동하는 주체는 물질적 살 없이도 확실히 사고될 수 있지만 [곧 유령], 살이 전혀 없는 것은 아니다keineswegs ohne Leib überhaupt."[20] 근원적 **감각**이 없는 **정신**은 더 이상 존재할 수 없다.

　이러한 **코기토**의 치환은 또 다른 결과와 ── 특별히 우리에게 ── 연관된다. 만일 감각이 이러한 특권을 얻게 된다면, 이는 결국 에고가 자아 자신에게 부과되기 때문에 그런 것이다. 다만 살은 언제나 그것

───────────────

20) Husserl, Hua. IV, § 21, p. 95 (p. 96과 § 20, p. 93을 보라); trad., *Idées directrices pour une phénoménologie II,* pp. 143, 144, 140.

에 대해 근원적인 것으로 남아있기 때문에, 그로부터 절대 거리를 둘 수 없기 때문에, 그렇게 할 수 있다. 요컨대, 살이 거기서 취해지기 때문에 그런 것이다. 따라서 **에고를 통해** 살을 취하는 것은 다음과 같은 가치를 갖는다. 살 **안으로** 에고가 스며든다는 것. 에고는 자신의 살을 취할 때, 물이 흐르면서 스며드는 시멘트나 석고처럼, 그렇게 스며든다──그 자체로 고정된다. 이것이 살에서 자신을 고정시키는 것은 아니다. 그것은 살로서의 자기에게로 자신을 고정시킨다. 죽은 지 얼마 되지 않은 이의 얼굴을 고정하기 위해 얼굴에 '석고를 투입하고', 그런 다음 그 얼굴의 초상을 이끌어내는 방식처럼, **자아는** 자신을 응고시키지 않고 고정시키기 위해서 살에 투입되며, 이런 식으로 최초의 **자기가** 포착된다.

### 3. 고통, 쾌락, 나이 듦

에고만이 살을 취할 때 자신을 고정시킨다. 에고만이 살을 취하는 바로 그때 포착된다──곧 에고는 살 안에서 그리고 살로서 포착된다. 또한 곧 결정적으로, 에고의 살이 에고를 취하는 한, 살은 더 이상 에고를 풀어주지 못한다.

　이 상황을 어떻게 기술할 수 있겠는가? 실제로 (두 번째) 환원이 본래의 의미 그대로 가장 근원적으로 나의 것이라는 차원으로 살을 전달해준다는 것을 긍정하는 것으로는 충분치 않다. 가능한 술책이나 도피와 무관하게, 살이 나를 나 자신에게 넘겨주는 방식을 보여주는 것이 필연적인 일이다. 에고가 살을 취하는 한, 에고는 살의 토대에서, 그 현상학적 지면terre에서 (심지어 나 자신에게서만) 자기-자신에게 고정되어 있음을 발견한다. 그 지면에서 포착됨으로써, 살의 포착이 결정적으로 에고를 그 자신에게 오로지 에고 자체에게만 할당한다. 오히려, 에고가 부정하거나 흔들리거나 달아날 수 없는 장소에 자아를 부과함으로써, 살, 곧 그 지면에서부터 포착되는 살은 결국 자기-자신même으로서, 자기ipse로서 확인된다. 우리는 살의 중대한 경험이라는 방식을 통해 자아를 확증해낼 수 있어야 할 것이다. 살의 나 자신으로부터의 분리불가능성inséparabilité을 정립해내기 위해서, 내가 나 자신을 살로부터 떼어놓을 수 있는 경우, 곧 살 없이 —심지어 나 자신에게만— 나타날 수 있는 경우를 헤아려보아야 한다. 이제 최소한 세 가지 논변을 통해서, 내가 살을 가지지 않지만 살이 있기 때문에, 나의 살과 거리를 두거나 살로부터 벗어나는 것이 가능하지 않다는 점을 입증해야만 한다. 살은 나의 자기성의 흔적을 기입해놓기 때문에, 나는 살로 존재하고 살은 흔적으로 존재한다.

우선 고통에 대해 생각해보자. 내가 고통스러운 한, 나는 나 스스로 고통을 겪고 있다. 나는 내 앞에 놓인 검이나 불꽃, 이것들의 형태, 색깔, 치수 등을 보는 것처럼, 간단히 말해서 멀리서도 이것들을 대상으로 기술할 수 있다는 그런 의미에서의 불이나 쇠로부터 고통을 받는 것이 아니다. 나는 내 신음소리나 울부짖음, 삐걱거리는 소리와 충격을 들을 수 있는 것처럼 그렇게 되울림되는 대상들로 고통을 겪는 게 아니다. 왜냐하면 고통을 겪는 것은 느끼는 신체가 아니라 영혼이기 때문에(데카르트), 내가 고통을 겪는 한, 고통은 고통을 겪는 내 안에, 나를 통해, 나로부터 존재한다. 고통을 겪는 한, 쇠와 불은 더 이상 세계에서 나타나는 것이 아니라 나-자신 안에서 나타난다. 그것들은 나의 살 한복판에서 살을 취한다. 나는 그 현시의 한복판에 있다. 따라서 나는 오로지 이것들의 현상성(으로부터)을 겪어냄으로써 고통을 겪는다. 나는 불과 쇠로부터 고통을 겪는 것이 아니다. 다만 그것들이 나에게 직접적으로 아픔을 주기 때문에, 그것들은 나에게만 아픔을 준다. 고통을 겪음으로써 쇠와 불과 나 사이의 틈은 사라진다. 나는 더 이상 저 멀리 떨어진 망루로 후퇴할 수 없다. 망루 울타리가 에워싸면, 나는 분명 침탈되고, 사로잡혀, 끝장나고 만다. 고통은 나를 바닥에 ―― 접지 prise de terre를 통해 ―― 못 박아둠으로써 나에게 고착된다. 고통은 나에게 아픔을 줄 뿐만 아니라 살로서의 나-자신에게 나를 특별하게 부과한다. 내 기관에 닿지 않으면, 그러니까 내 살에 달라붙지 않으면, 목구멍을 움켜쥐듯이 살에 걸리지 않으면 고통은 나를 해칠 수 없다. 레비나스는 이를 다음과 같이 완벽하게 분석했다. "[…] 신체적 고통은, 각각의 강도에 따라, 존재의 순간으로부터 자신을 떼어놓지 못함이라는 불가능성이다. 그것은 존재의 면제 불가능성 그 자체이다. 고통의 내용은 고통으로부터 자신을 떼어놓을 수 없다는 불가능성과 뒤섞인다. […] 고통에는 모든 도피refuge의 부재가 존재한다. 고통은 존재에 직접적으로 노출되는 존재의 사실이다. 그것은 도주와 물러섬의 불가능성으로부터 형성된다. 고통이 그토록 뼈아픈 것은 이러한 물러섬의 불가능성 가운데 존재한다. 그것은 삶과 존재에 꼼짝달싹 못 하게 된 존재의 사실이다."[21] 그렇다고 해서 내가 결과적으로 그 존재에게로 돌아

---

21) Emmanuel Lévinas, *Le temps et l'autre,* Paris: Presses Universitaires de France, 1948[1], 1983[2], pp. 55~56.

가는 것인가? 아니, 단지 고통받는 것, 이 고통으로부터의 풀려남을 지연시키는 일의 불가능성에 있어서, 나는 어떤 조건이나 지연이나 간극 없이, 고통에게 나 자신을 전달해야 한다. 고통은 내가 결코 고통에 빠트릴 수 없는 것으로서의 나-자신에게 나를 부과한다. 더 나아가 파스칼이 고통을 시간적인 정신적 시험으로써 분석하려고 했던 경우에도, 그는 고통을 나의 살의 시험으로 읽어낸다. "분명한 것은 고통 없이는 결코 자신을 분리시킬 수 없다는 점입니다. 성 아우구스티누스가 말했듯이 인도해주는 사람을 자발적으로 따라갈 때는 자신이 매여있다는 것을 느끼지 못합니다. 그러나 저항하고 떠나기 시작하면, 우리는 참으로 고통을 겪습니다. 매여있음은 모든 폭력을 확장하고 견디게 합니다. 이 매여있음은 죽음에서만 끊어지는 우리 자신의 몸입니다."[22] 분명 우리는 여기서 ─신학적으로─ 신적인 것으로부터 나를 분리시키는 것이 그 자체로 나 자신의 신체와 동일시할 수 있는지를 논의할 수 있으며, 고통이 "우리 자신의 몸", 다시 말해 우리의 신체 자체만이 아니라 진실로 우리의 살에 단도직입적으로 부과되어 있음을 인정할 수 있다.

파스칼은 더 이상 고통이 아니라 쾌락과 연관된 두 번째 논증을 우리에게 도입한다. 첫 번째 강해에서, 이 접근은 의지적인 쾌락 ─의욕된 예속, 곧 전적으로 수동적이지 않은 것─ 에 비의지적인 고통을 대립시킨다. "인간이 고통을 이기지 못한다는 것은 수치스러운 일이

---

22) Blaise Pascal, "Seconde lettre aux Roannez, II, 24 septembre 1656", *Pensées*, ed. Louis Lafuma, Paris: Editions du Seuil, 1963, p. 266.

아니다. 오히려 쾌락에 굴복하는 것이야말로 수치스러운 일이다. 이는 쾌락이 우리가 추구하는 것인 반면에 고통은 외부에서 우리에게 오기에 그런 것이 아니다. 인간이 고통을 추구할 수 있고, 이런 종류의 비천함 없이 일부러 고통에 굴복할 수 있기 때문에 그런 것이다. 그렇다면 이성이 어떤 이유로 고통의 압력에 굴복하는 것은 명예로운 일이지만, 쾌락의 압력에 굴복하는 것은 수치스러운 일이라고 하는 말은 어디서 온 것일까? 그것은 우리를 유인하는 것이 고통이 아니기 때문이다. 즉, 고통을 의지적으로 택하고, 고통으로 하여금 우리를 지배하게 하는 것은 바로 우리 자신이다. 그렇게 함으로써 인간은 자기 자신에게 굴복하는 셈이다. 하지만 쾌락의 경우에, 쾌락에 굴복하는 것은 인간이다. 따라서 영광은 오로지 억제와 통제로부터 오며, 수치심은 오직 예속에서 오는 것이다.”[23] 그런데 이 논증은 파스칼의 도덕적 의도와 직접적으로 분리시킬 수 있는 것으로, 또한 그 의도를 뒤집어볼 수 있다. 만일 고통이 여기서 모든 수치심을 이성에게서 떼어낸다면, 그것은 우리가 의지적으로 다른 것에 직면할 수 있으며, 또는 적어도 의지적으로 다른 것을 제외시킬 수 있기 때문에 그런 것이다. 또한 만일 고통이 “[…] 우리가 의지적으로 택하는” 것이라면, 우리가 “사태의 지배자”로 있다면, 또 우리가 궁극적으로 우리 자신에게만 압도된다면, 고통이 여전히 의지를 위한 여지, 고통을 감소시키거나 발전시키는 힘, 요컨대 능동성에 대한 여지를 여전히 남겨두고 있다는 결론에 논리적으로 이르

---

23) Pascal, *Pensées*, §795, p. 601. 파스칼은 분명 그리스도가 의지적으로 고통에 자신을 내놓고 죽음에 이르고자 한 『요한복음』 10장 18절을 생각하고 있었다(또한 13장 17절 이하일 수도 있다).

게 된다. 고통에 있어서, 내가 고통에 굴복할 때조차도 나는 고통을 선택한 것이며, 그래서 고통은 "[…] 우리가 찬양하거나 비난하는 이성과 더불어 행해질 수 있다는 식의 임의적 자유에 의존하는 유일한 행위들" 가운데 하나로 남게 된다.[24] 파스칼에게 고통은 데카르트의 자기만족, 곧 이성의 능동성과 양립 가능한 것으로 남아있다. 이로부터, 쾌락과는 반대로, 고통만이 수동성의 끝자락으로 나아가는 것으로 나타난다. 왜냐하면 쾌락은 여전히 "동기"를 통해 부과되고(말브랑슈),[25] 고통은 나의 물리적 신체만이 아니라 나의 의지 자체, 나의 신체의 영혼—나의 살—까지도 뒤흔들기 때문이다. 나의 살은 (적어도 살의 현전의 조건, 죄의 무질서에서) 쾌락을 경멸하거나 지연시킬 수 없다. 이로부터 쾌락의 '예속'은 참으로 이성에게 '수치심'을 야기하는데, 왜냐하면 예속은 살을 향한 모든 독립성으로부터 수치심을 빼앗아버리고 어떤 여지나 배려도 없이 수치심을 이성에게로 데려가기 때문이다. 살은 자기 자신의 이용 가능성으로서의 정신의 명석한 탈자보다도 더 근원적인 모호한 자기의 표지로서의 이성과 의지를 회피해버린다. 따라서 파스칼의 분석은 그 분석이 신학적으로 고지한 것 — 쾌락 안에서의 살의 예시적 성취 — 을 현상학적으로 강화하는 데 이른다. 왜냐하면 쾌락이 그 자체로 고통으로 대체되는 것도 아니고, 고통을 무효화

---

24) Descartes, *Passions de l'âme,* §152, AT XI, p. 445, 18~20.

25) Nicolas de Malebranche, *Réponse générale aux Lettres du R.P. Lamy:* "일반적으로 쾌락으로 받아들여지는 것, 말하자면 감각적이거나 이성적인, 현실적이거나 희망된 쾌락은 곧 우리의 모든 사랑의 유일한 동기이다." In *Œuvres complètes,* ed. A. Robinet, t. XIV, Paris: J. Vrin, 1963, p. 164

하거나 심지어 안정시키는 것도 아닌데, 이상하게도, 고통이 쾌락을 성취하지 않으면서 쾌락이 고지한 것의 마지막까지 나아가기 때문이다. 쾌락과 더불어, 심지어 의지도 살을 취하는 데 (이성과 더불어) "굴복한다." 살과 궁극적 수동성(곧 고통)은 이런 점에서 그들 자신을 맨먼저 제한이나 예외 없이 쾌락에서 현시한다. 그런데 이런 이유로 고통과 쾌락은 때로 거의 구별되지 않는 어떤 것일 수 있지 않을까?

살의 분리불가능성을 근거로 하는 세 번째 논증이 남아있다. 그런데 이 논증을 정식화하기 위해서, 또 현상학적인 방식으로 **자기**의 주어짐에 대한 직접적 접근을 보여주는 두 번째 작용을 전달하기 위해서, 우리는 지금부터 우선은 부정적인(데카르트), 다음으로는 긍정적인(파스칼) **자기**에 대한 해석학을 탐구하는 일을 멈추어야 한다. 현상학적 과정 그 자체 내에서 주어진 것을 자기 자신에게 주는 것이 가능한가? 분명, 만일 우리가 그 주어짐의 시간화를 고려한다면, 다시 말해 나이의 현상, 또는 나이 듦(또한 이런 점에서, 질병)의 현상을 고려한다면, 이는 자기의 주어짐의 힘이 그 유한성, 시간성의 원리(칸트, 하이데거)와 연관된다는 사실에서 비롯한다. 더 나아가 우리는 **현존재** 분석론이 시간의 탈자, 특별히 내던져져 있음dérélection, Geworfenheit의 '어떤 것-앞에 있는 것'을 기술한다는 점에 경탄할 수도 있다. 그것은 나의 가장 고유한 유한성을 정확하게 완성하는 어떤 본질적 특징에 주목하지 않는다 ——시간은, 특별히 존재해온 바를 따라 **지나가 버린 것**이 아니라 말하자면 쌓여온 것이다. 왜냐하면 시간은 다음과 같은 결정적 역설에 대한 물음이기 때문이다. 현상학적으로, 시간은 지나간 것이 아니다. 만일 그것이 지나가 버린 것이라면, 시간은 어떤 흔적을 남길 수 없고 아무것도 파괴하지 않을 것이다. 그 대신 과거는 그 무게, 휨, 굳어짐이라고 우리가 정확하게 명명하는 것 아래서, 나의 수족, 근육과 뼈 속에 축적되어 있으며, 그 이전의 수행들은 잃어버린다. 특별히, 나의 살이 더욱 숨김없는 표면 ─ 나의 얼굴 ─ 을 형성하는 데 시간의 무게가 축적된다. 실제로, 시간이 흔적을, 시간의 흔적을 남기기에 좋은 것이 나의 얼굴이다. 더 나아가, 나의 얼굴은, 탁월한 시간을 표기하고, 시간을 배치하며 중단 없이 시간을 대체하고, 매우 다양한 방식으로 비감각적으로 대체되는 묘사 안에서, 시간을 변화시키고, 시간을 둘러싸고 있지만 그 거리상 비교되고 거의 전적으로 인식할 수 없는 각기 거의 유사한 것들 안에서 변화하는 시간의 흔적들이다. 우리는 같은 얼굴을 절대 두 번 보지 못한다. 왜냐하면 축적된 것으로서의 시간이 얼굴에 나타나는 바로 그만큼 얼굴을 왜곡시키기 때문이다. 얼굴에서만 시간이 그려지기 때문에 시간만이 얼굴의 초상을 그릴 수 있다. 시간이 얼굴을 알아차린다. 왜냐하면 시간이 살을 취하고 보관하면서 얼굴을 표시해내기 때문이다. 그런데 이것 이상의 다음과 같은 쟁점이 있다. 과거가 성취된 것처럼 그렇게 시간이 지나가는 것으로 제한된다면 그것은 결코 나타날 수 없다. 죽음과 마찬가지로, 그 순간이 오자마자, 시간은 더 이상 나에게는 없는 것이 되고 만다. 만일 순간이 지나가 버리는 것이라면, 정의상, 시간은 그 자체로 우선 죽어버린 것이 될 것이다. 그럼에도 불구하고 시간은 나타난다. 왜냐하면 우리는 당연하게도, 지나가 버린 것을 보기를 요구하기 때문이다. 따라서 시간은 그 흔적이 물리적 신체를 망가뜨리지만(이로부터 파괴미가 나온다), 생생한 살에, 곧 다른 모든 살보다도, 나의 얼굴의 살에 흔적으로 남겨지는 시간 표식의 축적에서 나타난다. 이런 점에서, 축적되어 지나간 시간은 그것이 손상시키고, 촉발하고, 표기하는 나의 것으로서의 살을 취함으로써 현시된다. 시간은 내 안에 있는 살을 취한다.[26]

이런 점에서, 세 가지 논증이 에고의 살을 취함이라는 중요한 경험을 형성시키는 일을 가능하게 한다 ── 다시 말해 에고는 절대 그 자체로 세계의 존재자로 현상화되는 것이 아니라, 그저 그 자신을 통해 촉발될 때, 곧 살을 취하고 스스로 살을 취하게 할 때 현상화된다. 수동적이고, 비의지적인, 그리고 남겨진 것으로서의 사실적인 살의 취함은 곧 에고의 실추 내지 소외가 아니라 자기를 최초로 취하는 일을 성취하고, 자기의 소유로 진입하는 일을 일궈낸다 ── 자기는 그 자체로 살을 취하면서 정립된다(또한 휴식을 취한다). 살은 어떤 가능한 귀환 ── 현상학적 시간을 가리키는 것 ──없이 나 자신을 나에게 부과한다. 결정적으로 주어진 것인 살에게는 회한이나 재연이 없다(그것은 상환이 불가능한, 위탁이 불가능한, 일회용 꾸러미에 불과하다). 살을 취함에 있어서, 나는, 순수한 주어진 것을 따라, 나-자신에게 돌아가지 않고 주어진다. 즉 나는 나의 시간을 보내기 위해 완전히 나-자신에게 주어진 것이다. 그러므로 우리는 이렇게 기쁨이 영혼과 육체의 결합(살을 취함의 또 다른 이름)을 가능하게 하는 정념들 가운데 첫 번째 것이라는 점을 확인하면서, 데카르트의 놀라운 말에 접근할 수 있게 된다. "[…] 신체가 잘 정돈되어 있지 않은 한 영혼이 신체 속에 놓여져 있다는 것은 믿을 수 없는 일이며, 이런 식으로 잘 배치되어 있을 때, 이것은 자연스럽

───────────────

26) 앞의 2장 3절과 뒤의 5장 4~5절을 보라.

게 우리에게 기쁨을 준다.ᵃᵉ⁾²⁷⁾ 우리는 살을 취함이 갖는 행복함을 상상해보아야 할 것이다. 나는 결국 나-자신(에게 주어진다)이다.

## 4. 개별화하는 사실성

이렇게 우리는 살을 취함이라는 근원적인 주어진 것에 이르게 되었다. 따라서 우리의 분석은 사태 자체의 직접적인 요구를 따라 앞으로 더 나아갈 수 있으며, 사태 자체가 작용하는 것, 그 사태 자체의 작용으로, 나의 것 속으로 들어가는 것, 나의 살을 취하는 탁월성을 성취해내는 것에게로 환원되고 갱신된다. 왜냐하면, 다시 말하건대, 살을 취하는 곳이 바로 내가 붙잡힌 곳이기 때문이다. 나는 사로잡힌 채로 존재한다——이는 나의 **자기**로 말미암아 또 나의 자기로서, 어떤 행위로 말미암아 사로잡혀 버린 상태로 있는 죄수나 가택연금 같은 것과는 다르다. 왜냐하면 나는 오로지 살로 취해진다는 이유로 인해 사로잡혀 있는 것이기 때문이다. 나는 내가 존재하는 장소가 아니라 맨 처음으로 내가 존재하는 바로 그 **사람, 그것**이다. 살을 취함은 의심의 여지 없이, 실존이 **현존재**에게 허용한 그 방식보다 더 철저하게, 더 경제적으로 사실성을 성취한다. 왜냐하면 여기서는 결단성이 요구되지 않으며 어떤 비결단성이 결단성을 지연시키거나 감추지도 않기 때문이다. 다만 사실성과 관련해서 개별화——이것은 **현존재** 분석론에서 나온 긍정적 교훈이다——가 성취된다. 따라서 살을 취함이란 사실성과 관련해서 개별화를 보증해야만 할 것이다.

---

27) Descartes, *À Chanut*, 1ᵉʳ février 1647, AT IV, p. 604 이하.

우리는 지성이 절대 개별화시키지 못하는──오로지 살을 취함으로만 시행할 수 있는──것을 규칙으로 정립함으로써 이 문제를 확증한다. 왜냐하면, 살과는 반대로, 나의 지성이 사유하는 것은 또 다른 지성도 사유할 수 있을 뿐만 아니라 모든 지성이 사유를 할 수 있는 이성적 요구를 실행하기 때문이다. 학술적 인용과 이성이 증명하는 것은 각각의 논변자들이 (할 수 있는 한) '소리' 없이, 의미할 수 있는 것, 곧 각각의 다른 이들이 사유하는 것을 일의적으로 이해한다는 점을 기능상 함축한다. 논변의 비인격성은 오로지 강제력일 뿐이다. 완벽하게 민주적인 사회라는 정치적 이상은, 이성적 사유를 하는 이라면 누구든지, 모든 이들 사이에서 공유될 수 있고 공유되어야만 하는 그런 방식으로, 완벽하게 의사소통하는 의사소통적 이성(하버마스)을 함축하며, 또 수평적 만장일치는 지성의 사유들의 엄밀한 익명성을 요구한다. 이러한 비-개별화는 다른 점에서 보면 **공적 영역**public square뿐만 아니라 특별히 말해지지 않은 것, 함축, 비언어적 대화를 통해 지성의 공동체를 가정하는 사적 대화에서도 참되지 못한 것이다. 너무 정교하지만 너무 위험한(프루스트), '세계'라고 잘 명명된 이 활동의 비밀은 정신의 비인격성에서 비롯하며, 그것은 가장 섬세한 말로는 숙달의 문제와 관련한다. 섬세함의 정신은 의미와 사유의 보편성에서, 뿐만 아니라 (완곡한) 개념성과 (간접적인) 증명의 방식에서 비롯하는 기하학의 정신과 길을 달리하지 않는다. 우리는 여기서, 완전히 다른 기재영역registre으로, 아리스토텔레스의 능동 지성의 단일성과 보편성에 대한 가설을 발견하고, 아베로에스Averroès의 해석에서는, 그가 개체에게만 기재되는 잠재적 지성의 다양성을 제시한다는 점을 발견한다. 우리는 비본질적이면서 그 자체로 비사유인 개별자들을 전체 단말장치에서 작동시키는, 모든 영역들에 공통적이고 모든 파일들을 연결해내는 보편적 제어장치라는 신화에서, 이 가설의 매우 정확한 현대적 반향을 발견한다.

따라서 에고의 개별화는 형상(너무나도 보편적인 이해)이나 질료(너무나도 구별되지 않은 신체)에 의해서가 아니라, 일자와 타자가 '완전히 일치를 이루는 공허한 갈등'에 의해서 이루어지는 것이 아니라 살을 취함으로 이루어진다. 왜냐하면 살은, 정확히 그 권리상, 본래적인 개별적 속성만을 가지기 때문이다. 이는 말하자면 개별적인 것의 자기 자신으로의 전유를 뜻한다. 두 자기ipse는 절대 동일한 살이 아니며, 같은 살을 가지지도 않는다. "그들은 하나의 살이[한 몸이—옮긴이] 될 것이다"라는 명령은, 그것이 출생 시 아이의 살로부터 이해될 수 없는 것이라면, 끊임없이 모순을 이루는, 양자에게 공통적으로 유효한, 경건한 맹세에 불과하다.[28] 그런데 우리가 여전히 '살들의 연합'이라고 명명한 것은 다음과 같은 가장 분명한 증거를 우리에게 제시한다는 사실을 따라 정확히 특징지어진다. 타자의 살은, 타자에게서 나의 살이 그런 것처럼, 나에게 절대 접근할 수 없는 것으로 남겨진다. 두 살의 쾌락이 서로를 자극하고, 동시에 성취되면, 그 쾌락은 분할되지 않는다. 이것이 나의 살에 관한 문제인 한, 오직 나만이 살을 취하고 살은 나의 것이 된다. 내가 살로 취해지지 않게 되는 바로 그때, 곧 또 다른 자기와 관련하는 살이 시작된다. 오직 살의 모나드만 있을 뿐이다. 이것이 바

---

28) 우리는 여기서 더 나아가 모제스(S. Mosès)의 박식함이 우리에게 가르쳐준, 랍비의 공통적 해석을 발견한다.

로, 라이프니츠와는 반대로, 우리가 모나드들이 죽을 수도 있다고 이해하는 이유이다.

사실성에 의한 개별화는 한 가지 궁극적 특색으로 인해 살에 기인한다. 나의 사실성을 따라서, 나는 나의 개별성에 이른다. 이러한 살 안에서 곧 나만 나에 대해 홀로 관계된다. 또한 이 살 안에서, 오로지 살 안에서만 나와 관계된다. 그런데 이러한 자기성은 오로지 궁극적으로 언제나 이미 성취된 각자성mienneté, Jemeinigkeit을 통해 나를 개별화한다. 이제, 자기성은 내가 나를 선택하기 전에, 또는 내가 그렇게 행동하기를 결의하기 전에 나를 취하기 위해 살과 관계한다. 이 육체적 자기는 나에게 참이다. 왜냐하면 정확히 내가 그것 없이는 절대 존재하지 않는다고 해도 내가 그것을 선택한 것은 아니기 때문이다. 여기에는 확실히 각자성이 존재한다. 그럼에도 불구하고 이는 내가 각자성을 결의할 수 있기 때문이 아니라 각자성이 나에게 일어나고, 나를 촉발하고, 나를 규정하기 때문에, 요컨대, 자기 자신의 살이 언제나 이미 나를 취하기 때문이다. 나는 나에게 나의 살을 주지 않으며, 나를 나-자신에게 주는 것은 나의 살이다. 나의 살을 받아들이면서, 나는 나 자신을 나에게로 받아들인다 ── 이런 점에서 나는 나의 살에 대해 바쳐진 자adonné이다.

인간에게 고유한 것은 **로고스**를 소유하는 것으로 나타나지 않으며 살을 취함으로 나타난다. 물론, **로고스**가 관계이면서도 자기와의 관계는 아닌 한, 그것은 오로지 근원적으로 살을 따라 성취된다. 따라서 근원적으로 살을 취하는 탄생은 생물학적 지위를 갖는 것이 아니라 현상학적 지위를 갖는다. 또한 그것은 영원성을 소유해야만 하는데, 이 경우에는 신체의 부활이 있어야 될 것이다.

## 5. 모든 관계로부터의 사면

따라서 내가 나의 살을 나에게 주는 것이 아니다. 나의 살이 나에게 스스로를 줌으로써 나-자신에게 나를 부여한다 ── 나는 살에게 바쳐진 자이다.[29]

우리는 나-자신에게 나를 주는 이러한 살의 현상성을 어떻게 이해할 수 있는가? 만일 우리가 현상에 대한 공통적 정의 ── 나타남과 나타남의 충전, 직관과 의미작용, 노에시스와 노에마 등 ── 에 의존한다면, 우리는 그러한 현상성을 이해할 수 없다. 왜냐하면 살에서는 아직 이러한 구별의 정확한 갈피를 잡을 수 없기 때문이다. 이 독특한 사례에서 지각된 것은 지각하는 자와 함께 형성되기 때문에, 지향적 의도는 반드시 본질적인 내재성 안에서 성취되며, 여기서 내가 지향할 수 있는 것은 잠재적인 충족과 혼동된다. 하나의 의미작용이 여기서는 절대 직관을 함유하지 못할 것인데, 왜냐하면 이 직관은 모든 지향성에 앞서 일어나고 그 지향성을 가능하게 하는 것이기 때문에, 곧 그렇게 해서 모든 의미작용이 지향적으로 의도된다는 점에서 그러하다. 따라서 모든 현상의 근본fond 규정으로서의 주어짐으로부터 살의 취함을 사유하는 것이 불가피해진다. 왜냐하면, 비록 자신을 주는 모든 것이 스스로를 현상화하지 않는다고 해도, 자신을 현상화하는 모든 것은

---

29) Jean-Luc Marion, *Étant donné*, Paris: Presses Universitaires de France, 1997, § 26, pp. 361~366.

우선 자신을 주어야 하기 ── 주어짐의 주름을 따라 펼쳐내는 것, 바로 이것을 통해서, 그 펼침의 도래가 언제나 그 사실성과 우연성의 표시를 가져오기 ── 때문이다. 그러므로 주어진 것의 현상성이라는 가설에서, 살은 우리가 다른 곳에서 포화된 현상이나 역설을 따라 명명한 것에 대한 가장 직접적인 단순하면서도 강제적인 사례가 된다. 육체적으로, 나는 내가 그 의미를 알기 전에도 끊임없이 나를 침입하는 직관으로부터 ── 예를 들어, 고통 ── 촉발된 것이다. 살은 나의 심적 현상에 속하는 견디기 힘든 현상(정신적 고통을 신체적으로 전환하기), 나의 물리적 현상(아픔) 내지 세계의 한 대상(충격)으로부터 일어나는가? 아니면 이조차 또 다른 주체성(공공연한 적, 요행에 좌우되는 잘못된 만남)으로부터 일어나는가? 의심의 여지 없이, 가설들 사이에서 결정을 내리고, 내가 우울, 감염, 충격, 또는 공격 행위로부터 고통을 받고 있는지를 아는 것은 ── 항상 그런 것은 아니지만 ── 가능할 것이다. 하지만 나는, 예견할 수 있고, 선택할 수 있으며, 고통을 조직할 수 있는 지향적 의도로는, 나의 살의 고통의 충족의 직관에 앞서는 것으로는 결코 일어날 수 없다. 나는 절대로 나의 고통을 지향하는 데 이르지 못한다. 이는 나의 지향이 언제나 고통을 향해 달려가지 않고 고통을 회피하게 될 것이기 때문이 아니라 특별히 ── 필시 그 자체로는 절대로 원하지 않는 것을 겪게 되고 대처하게 되는 ── 운명처럼 나에게 그 자체로 부과되는 우연한 사건, 어떤 일의 일어남처럼, 고통이 나를 경고하고 놀라게 만드는 주도권을 가질 것이기 때문에 그런 것이다.

이러한 역설 내지 포화된 현상은 그 자체로 공통 현상phénomène commun의 정의에서 배제된다. 왜냐하면 그것은 칸트가 제시한 현상성의 본질적 성격 가운데 한 성격에서 벗어나 버렸기 때문이다. 그 성격은 다름 아닌 관계다. 모든 공통 현상은, 칸트의 원리들을 따라 선행하는 것들과의 관계를 미리 허용함으로써(실체의 내속성, 인과성, 혹은 실체들 간의 공통성), 경험, 곧 시간이라는 규칙의 경로 속에 기입되어야 하지만, 살은, 느껴진 것과 느낌의 불가분한 통일성 속에서, 절대 그 자신에게만 준거할 뿐이다. 살은 자기-촉발 자체로서 살 자신에게 준거된다. 결과적으로 살은 타협 없이, 관계와 같은 것 내지 관계와 동등한 것과 관련하지 않으면서, 하나의 절대성 안에서 —나의 고통, 나의 쾌락은 소통이 불가능한 독특한 것에 해당하는 대체될 수 없는 어떤 것이다 —모든 관계를 회피한다. 더 나아가, 모든 관계로부터 정화된 이 절대성이 바로 나의 개별성 안으로 나를 위탁하는 데 적합한 것이 되는 특권을 구성한다. 만약 살이 모든 관계로부터 자신을 사면하는 데 이르지 못한다면, 살은 오직 살만이 성취할 수 있는 것 —나의 고유한 장소를 나에게 할당하고 나의 힘을 나에게 느끼게 한다는 이중적 의미에서 —을 성취하는 데 이르지 못한다.

그런데 여기 또 다른 사안이 있다. 그것은 다른 것들 가운데서도 포화된 현상이나 역설들 중 하나와 관련한다. 살은 이러한 것들과 함께 열거된다 —예측할 수 없는 양에서 세계를 주는 사건(2장), 견뎌낼 수 없는 강도와 더불어 보여지는 것을 주는 우상(3장), 응시될 수 없는 타자성과 더불어 타인을 주는 아이콘(5장)이 바로 그것이다. 살과 관련해서, 실제로 현상은 나의 절대성 안에서 나 자신에게 나를 부여한다. 그것은 세계 안에서 오로지 제일 먼저, 나를 통해서 남겨진 것에 대해 현상화되며, 이 현상이 나를 나에게 준다. 살과 관련해서, 그것은 오로지 제일 먼저, 에고를 자기 자신에게 전달하는 —— 오직 그 자신 안에서 가택연금 상태를 부과함으로써 바쳐진 자를 그 자신에게 전달하는 —— 포화된 현상의 문제다. 따라서 살의 현상은 다른 모든 역설과는 비교할 수 없는 특권을 갖는다. 다른 것들은 에고가 그 대상으로 구성할 수 없는 것을 매번 지정하는데, 이는 이미 활용 가능한 모든 감각이나 노에마에 대해 모든 지향적 의미에 대해 직관을 부여하는 현상이 초과적으로 발생한 결과이다. 반대로, 살은, 모든 주어진 것이 자아에게 자신을 주는 일과 동시에, 바로 그 에고 자체를 준다. 살은 그 안에서 에고를 바쳐진 자 —— 아리스토텔레스 이래로 살의 특징적 동시성을 따라서, 그것이 받아들이는 이러한 사태 자체로부터 자신을 받아들인 것 —— 로 고정시킨다. 만일 하나의 주체성이 형이상학적 주체의 파괴를 일으켜야 한다면, 그것은 이질적 촉발과 자기-촉발이 결합된 살에서만 도래할 수 있다.

그럼에도 불구하고 데카르트는 적어도 두 가지 이유에서, 외견상 표준적 해석들이 있음에도 불구하고, 이 문제를 먼저 이해했을 수 있다. *a)* 최소한 명시적으로, 데카르트는 순수한 느낌의 작용에서 시작해서 직접적으로 에고의 현존의 확실성을 수립하는 데 이른다. 느낌의 작용에서 가장 파생적인 방식을 통해 **사유**로 돌아가는 일을 하지 않고서도 말이다. "Falsa haec sunt(빛, 소리, 열), dormio enim. At certe videre videor, audire, calescere. Hoc falsum esse non potest; hoc est proprie quod in me sentire appellatur; atque hoc praecise sic sumptum nihil aliud est quam cogitare." "그런데 혹자는 나에게 이 것들의 나타남이 거짓이고 내가 자고 있다고 말할 것이다. 그렇다고 해보자. 그럼에도 불구하고, 최소한 내가 보고, 듣고, 열을 느끼고 있다는 것은 확실한 것처럼 보인다. 이것은 거짓일 수 없다. 이것이 감각한다는 말의 본래적인 의미이고, 이렇게 이해된 감각함은 사유함과 다른 어떤 것이 아니다."[30] [감각에 대한 — 옮긴이] 이 철저하면서도 완벽하게 현상학적인 긍정을 보라. 자연적 태도에서 환원되지 않는 그 느낌은 사유의 근원적 방식으로 보증된 — 적어도 나는 내가 느낀다는 것을 느낀다 — 순수한 느낌으로 환원된다. 따라서 에고는 자신의 살을 취하는 데서부터 그 자신을 수용하는 것이지 자기와 동등한 것을 형성시킬 수 있는 반성으로부터 자신을 수용하는 것이 아니다. *b)* 그의 여정의 마지막에 이르러, 데카르트가 "[…] 영혼과 신체의 결합"의 환원불가능성에 주목하려고 할 때, 그는 자신이 영혼과 연장만에 대해서 시행했던 바로 그만큼, "원초적 관념"의 지위를 인정할 뿐만 아니라 고유한 인식의 방식을 이 관념에 수여한다. 반면에 별도로 다뤄지는 영혼은 지성만을 통해서 인식되고 "[…] 상상의 도움을 얻은 지성"을 통해서 파악된 것으로 이해되며, "영혼과 신체의 결합에 속하는 것들은 오직 지성만으로는, 그리고 상상력의 도움에 의해서조차도 불명확하게 알려질 뿐이지만, 그것들은 감각에 의해서는 매우 분명하게 알려져 있다."[31] 이것은 일반적이지 않은 여러 결과들을 내포한다. 첫째, 그것은 느낌의 작용이 사유cogitatio의 근원적 방식이 되고, 사유하는 것 res cogitans이라는 정의에서처럼, 더 이상 마지막 것이 아니라는 점을 암

---

30) 각각 Descartes, AT VII, p. 29, 14~18, and IX-1, p. 23.
31) Descartes, *À Elisabeth*, 28 juin 1643, AT III, p. 691, 4, p. 691, 26, and p. 692, 3.

시한다.[32] 다음으로, 내가 여기서 살을 취함으로 이해하는 영혼과 신체의 결합은 원초적 관념, 다시 말해 이 둘의 처음 결합을 통해서는 환원할 수도 없고 절대 획득되지 않는, 다시 말해 (사유와 연장 같은) 단순한 본성의 차원을 가질 뿐만 아니라 영혼과 신체만큼 근원적인, 심지어는 더 근원적인 관념이라는 점을 함축한다. 왜냐하면 살을 취함이 결합을 완수하고 영혼과 신체를 재조합해내기 때문이다. 마지막으로, 이 궁극적인 원초적 관념은 "[…] 형이상학적 사유"와 같이, 훈련된 철학자들의 순수 사유를 통해 도달될 수는 없고, 다만 우선 "[…] 절대 철학화하지 못하는 자들"을 통해서 도달될 수 있다. 혹은 적어도 형이상학적 사유 방식, 서술적 증명을 따르지 않는 이들을 통해서 도달될 수 있다. 실제로, 살을 취한다는 것을 순수한 지성으로 환원된 형이상학적 사유 방식으로 사유할 수 없다면, "[…] 영혼이 신체를 움직이고 신체가 영혼에 작용한다는 것을 의심하지 말라고 한"[33] 사람들이 추종하는 방식 (여기서 우리는 이 방식에 현상학적이라는 자격을 부여하는 위험을 우리 스스로 감수하고 있다)에 자신을 내맡기는 일이 남아있게 된다. 이런 점에서 데카르트는, 작금의 해석을 보존하는 일에 고집스레 집착하는 '이원론'에 빠지는 일과는 별개로, 살을 취함에 속하는 것, 궁극적으로 개별화된 사실적 자기에게로 에고를 그 자체로 갱신시키는 것처럼 보인다. 또한 이러한 갱신과 더불어, 데카르트는 가능한 최종적 환원 ── 에고의 현상이라는 경우에, 주어진 것에게로 현상을 환원시키는 일, 곧

---

32) Descartes, AT VII, p. 28, 20~22 and p. 34, 18~21, 앞서 언급한 157쪽을 보라.
33) Descartes, *À Elisabeth,* 28 juin 1643, AT III, p. 692, 각각 10, 4 and 5~6.

바쳐진 자의 살을 취하는 일 ── 을 성취한다.

이 결과는 잠정적인 것에 지나지 않는다. 여러 가지 물음이 긴장 가운데 남아있거나 오히려 이렇게 습득된 지식에서 바로 그 물음들이 시작된다. 우선, 살을 취하는 것과 관련해서, 순차적으로 다음과 같은 물음들이 제기될 것이다. *a*) 만일 개별화, 사실성과 자기라는 것이, 우리가 살의 지침을 따라 실제로 성취된다는 데 동의한다고 가정한다면, 이는 다른 방식으로 달성될 수 있다. 다르게 말해서, 초월적 환원과 실존론적 분석은 원리상 우리가 여기서 특권화한 주어짐의 현상학과 같은 결론에 이르는 것을 허용해줄 것인가 아니면 배제할 것인가? *b*) 만일 홀로 살을 취한다는 것이 에고에 대해 자기ipse, self, Selbst라는 것을 보증한다면, 그러한 취함만이 주체 이후에 오는 것을 열어 보일 수 있고, 그것이 담아내는 이름이 무엇이건, 형이상학적 주체성의 궁지, 초월적 요구를 주장하는 나je로부터 확실하게 빠져나오게 한다는 결론에 필연적으로 이르는 것일까? *c*) 우리는 후설의 범주에 대한 결의를 따라서, 모든 에고가 자신의 살에 대해 스스로 빠져나오는 일의 불가능성을 더 정밀하게 기술할 수 있는가? 특별히, 현상학적 지위는 놀랄 만큼 내밀한 살의 외재성과 피부의 심원함/피상성에 대해 무엇을 인식할 수 있는가? *d*) 무엇보다, 살을 취함은 아마도 지금 이 순간부터 더 이상 상호주관성으로 명명되지 말아야 할 것이 안고 있는 오래된 아포리아에 대해 어떤 다른 전망을 열어주는가? *e*) 마지막으로, 에고의 최종적인 현상학적 입장으로 이해되는 살을 취함이라는 것은 최소한 이성이 신학적 육화를 고찰하는 사유의 **가능성**을 열어주는가?

# 5장
# 아이콘 또는 끝없는 해석학

## 1. 결핍으로 보이는 것

대상이 나타난다 ── 환원된 대상의 주어짐은 보이는 현상성으로 변환된다. 가장 간단한 사례를 고찰해보자. 우리가 완전하고 일관성 있는 의미를 부여하면서 주어진 것을 구성해내는 데 겨우 도달하기 때문에, 그것이 완전한 나타남인지 또는 그것이 유효한 대상을 전달하는지 의심하지 않는 그런 사례 말이다. 이 컨퍼런스가 끝날 때 내 피터슨 파이프 담배를 채우기 위해 내가 주머니에서 꺼내는 이 단순한 연초 상자(예: 캡스턴)를 생각해보자(이는 그 유효성을 정육면체로 드러내는 것으로, 후설이 좋아하는 예시이기도 하다). 나는 내게 그 담배를 판 상인이 가지고 있던 바로 그것과 유사한 담배를 보고 있다. 그것은 (하버드 구역 주변에 있는) 다른 많은 담배 가게에서도 찾아볼 수 있는 것들과 유사하며, 만일 담배에 대한 규제가 느린 속도로 강화된다면, 적어도 한동안은 의심의 여지 없이 존재할 것이다. 그 담배는 약 2센티미터의 높이에 가로세로 10센티미터로 측정되며, 약 60그램 정도 나가는 청색과 금색으로 채색된 금속 정방향 평행육면체로 되어 있다. 나는 그것을 알고 있고, 그것을 실제로 참된 것으로 지각한다면, 거기에 다른 어떤 것도 첨가하지 못한다. 그것은 내가 의식의 체험을 따라 지각한 것이기 때문에, 여섯 면 중 오직 세 면만 나타날 뿐이다. 만일 내가 다른 세 면을 보기 원한다면, 나는 그 순간에는 실제로 그것을 보지 못하고, 손을 사용해서 그것을 뒤집어볼 것이다. 그런데 내가 그것을 볼 때 —당연하게도! —다른 세 면, 곧 처음의 세 면은 나에게 다시 보이지 않는 것이 되고 만다. 따라서 나는 진정 이 담뱃갑을 절대 전체적으로는 보지 못하는데, 이러한 사실을 나는 단적으로 안다. 나는 그 담뱃갑을 구성하지만 언제나 내가 실제적으로 지각한 것들에 유효하지 않은 다른 묘사들을 더함으로써 그것을 구성해낸다. 나는 현전하지 않은 것에 대한 간접현전에서 현전하는 것에 대한 간접현전을 연상한다 —나는 유효하지 않게 주어진 것들(있어온 것 내지 있을 것이지만 이 순간에 현재적으로 존재하지 않는 것)에 대해 유효하게 주어진 것들의 체험으로부터 그것을 연상해낸다. 또한 물리적 신체Körper에서도, 그뿐만 아니라 또 다른 살Leib에서도, 나는 후설이 "[…] 일종의 **간접현전**Appräsentation"이라고 명한 것으로 돌아가야 한다. "이러한 간접현전은, 어떤 사물의 본래 보여진 앞면이 항상 그리고 필연적으로 사물의 뒷면을 간접적으로 제시하고 있고 이 뒷면이 대체로 규정된 내용을 미리 지시하고 있는 한, 외적 경험 속에 이미 놓여져 있다." 따라서 간접현전은 타인에 대한 접근에 앞서 독립적으로 대상에 대한 인식에 개입한다. 의심의 여지 없이, 세계의 대상의 경우에, 나는 잠시 후에 다른 세 면을 따라서 세 면의 간접현전을 항상 확증할 수 있다. 나는 이 대상에 대해 항상 (내가 결코 타인과 같은 일을 할 수 없다고 하더라도) '재검토할' 수 있다. 하지만, 정확히 말하면, 그런 일을 할 수 있고 해야만 하며, 또한 나는 이전에 제시된 면들을 나 자신에게 현전해내기 위해, 이미 현전한 세 면을 순차적으로 간접현전해내는 일을 단념함으로써 대상에 이를 수 있다. 간접현전은 치환될 수 있고, 또한 그것은 절대 제거되지 않는다. 이제 "[…] 그럼에도 불구하고 거기 그 자체로 존재하지 않으며 절대로 거기 있는-그것 자체ein Selbst-da가 되지 못하는, 거기-더불어로 표상되는ein Mit-da vorstellig macht" 간접현전처럼,[1] 모든 구성은 거기 있는-그것 자체의 결여와 마주한다는 것을 필연적으로 인정해야만 한다. 우리는 후설의 현상학에서 '현전'의 결여에 관한 물음을 여기서 다시 포착하려고 하지는 않는다 ── 다만 복잡하면서도 과잉규정된 결정적 논쟁이 있다. 심지어 공통 대상의 가시성, 그 대상의 구성은 원리상 어떤 난점도 제시하지 않는다. 왜냐하면 주어진 것의 환원은 너무나도 자명하여 이미 비가시성을 감추면서 드러내기 때문이다. 우리는 구성의 또 다른 특색과 관련해서 이를 확인할 수 있다. 의식의 체험에서 모상되어 보이는 것이 되는 통일성은, 모든 현전에서가 아니라 종종 제시되는 음영들에 준거함으로써 재구성되어야만 한다. 체험은 본질적으로 자신을 보여주기 전에 주어지는 모든 것에 결핍을 형성한다. 왜냐하면 본질의 법칙은 모든 음영들의 양립 불가능한 동시적 현

---

1) Edmund Husserl, Hua. I, V, § 50, p. 139; trad., *Méditations cartésiennes et Les Conférences de Paris*, p. 158.

시를 이루기 때문이다. 공간이 이 법칙을 부과한다. 체험들이 양립 불가능하게 나타나게 됨으로써, 공간은 최소한 대상을 구성하기 위해 간접현전에 준거하기를 강요한다. 보이는 것은 기본적으로 보이지 않는, 보여지지 않는 것의 후광과 같은 유한성으로 제약되는 그 순간에만 파열된다.

만일 공간이 사태를 형성한다면, 적어도 현세의mondain 대상의 경우에, 그것은 처음에 가시성을 초래하고 가시성을 벗어난 다음에, 체험들을 생산하면서 특정 체험들의 계기에서의 부재를 우회하게 하는 식으로, 시간성으로 구성된다. 이와 관련해서, 시간적 지연은 공간을 통해 생겨난 체험들 간의 불가능한 양립불가능성을 폐기하는 것이 아니라, 그 대신 언제나 하나의 체험에서 다른 체험으로 이행함을 현상학적으로 보게끔 강요함으로써 그 양립불가능성을 성별해간다고 답해보자. 따라서 구성의 시간화는 심지어 보이는 것에서의 현상의 부각을 수반하는 보이지 않는 것의 부담을 경감시키고 재생한다. 이는 최소한 세 가지 방식으로 일어난다. *a)* 우선 모든 구성은 그 대상의 비규정적 성격을 용납해야만 한다. 대상의 모든 면을 보는 것은 시간이 걸리는 일이며, 또한 이것은, 심지어 우리가 이 일이 필연적으로 시간화된 대상의 가시성에서는 불가능한 순간성을 통해 일어난다고 가정하더라도, 대상 자체를 보기를 필연적으로 배워야 한다는 것과 이러한 견습만으로도 모든 면을 보는 데 부족함이 없을 것임을 뜻한다. *b)* 그런데 자신을 보여주는 모든 대상은 자신을 시간화한다. 왜냐하면, 직접적으로, 이 대상 자체가 변화하기 때문이다. 이는 모든 자연적인 살아있는 것들(그것의 발생, 성숙, 쇠락)에 대해서 참이며, 하나의 역사를 전개하는 모든 생산된 대상들(기술적이거나 산업적인 것)에 대해서도 참이다. 그 개념, 제작, 상업적 전시의 시간(형태, 욕구, 요구 등의 시간), 결국 그 기능함의 시간('삶의 지속') 및 최종적으로는 그 해체의 시간(재활용되거나 부패함)에서 말이다. 따라서 대상은 언제나 오직 진화하는 체험 안에서만 자신을 부여하지만 엄밀하게 말해서 같은 음영을 두 번 나에게 촉발시킬 수는 없다. 그러므로 나의 시선은 동일한 대상의 체험을 두 번 감추지 않는다. 가시적으로 출현하는 회피 불가능한 시간성이 끝없이 보이지 않는 것 안에서 과거의 음영들을 아우른다(모든 것이 그렇게 된다). *c)* 자신을 보여주는 모든 대상은 자신을 간접적으로 시간화하는데, 이는 모든 구성이 근원 인상impression originelle에 의존하기 때문이다. 첫째로, 맨 처음의 체험이 하나의 구성 가능한 대상으로 부과된다는 의미에서 그것은 근원 인상에서 솟아 나온다. 여기서 근원 인상은 보이는 음영인 만큼 세계의 사실로 맨 처음 현전하게 되는 것으로 솟아난다. 끝없이 반복되는, 근원 인상은 자신과 동일한 사물의 연속성을 보장하며, 이는 그것이 자신을 주는 일을 멈추자마자 사라지고 만다. 그런데 근원 인상이 구성 가능하도록 보증한 것은 구성요소에 일치한다. 왜냐하면 의식은 현전하는 사실에 현전에 대한 현재의 주의를 유발하는 그 맨 처음 순간에 나타나기를 중단하지 않기 때문이다. 구성의 두 측면이 근원 인상 안에 동등하게 뿌리를 내리고 있는 것과 관련하여, 후설은 이 점에서 시간적 흐름으로부터 하나가 아닌 두 지향성 ― 시간적 대상의 (가로지를 수 있는) 지향성과 지향적 의식의 (장기적으로 행해지는) 지향성 ― 을 연역해냄으로써 그것을 명시적으로 수립해낸다.[2] 그렇다면 ── 그런 지향성들을 주장하는 것은 무익한 것처럼 보인다[3] ── 이러한 시간성의 근원 인상은, 반면에 이를 가능하게 하는 구성을 정의상 철저하게 회피해버린다. 이로부터, 우리는 구성의 다른 특징을 논의할 수 있다. 구성 가능한 대상은 언제나 지향적 의도에 있어 고정불변적인 대상을 제공하지 않는다. 왜냐하면 그러한 대상의 시간화는 어떤 동일한 핵이 남아있도록 하는 일을 할 수 없게 만들기 때문이다. 그 시간적 과정에서조차도, 대상이 잠시 동안이나마 동일한 것으로 존속한다면, 그것은 그 대상의 체험, 음영을 환원시킴으로써만, 곧 더 작은 공통분모에서의 대상의 가시성을 환원시킴으로써 있을 것이며, 그리하여 또한 그것은 그 대상의 현재보다 더 풍요로운 과거 속에서 음침하게 있는 보이지 않는 것에 무엇인가를 덮어씌우면서 존재할 것이다. 보이는 현상은 그 보이지 않는 것의 애매모호함을 지각함으로써만 나타난다.

구성에 관한 핵심 규정이 남아있다 ── 구성은 대상에 대하여 작동한다. 우리는 구성을 논박할 수 없는 온전한 것으로 고찰하거나 비가시성의 새로운 여지를 구별해내야 하는가? 이에 답하기 위해서, 대상으로부터 그 대상의 대상성이 전제하는 것, 말하자면 지향적 의도, 곧 시선으로 되짚어보아야 한다. 대상에 대해 어떤 지향이 실행되

2) Husserl, Hua. X, § 39, pp. 80 이하; trad., *Leçons pour une phénoménologie de la conscience intime du temps*, pp. 107 이하.

3) 특별히 다음 작품들이 나온 다음에는 그렇게 보인다. Klaus Held, *Lebendige Gegenwart: Die Frage der Seinsweise des transzendentalen Ich bei Edmund Husserl*, The Hague: Martinus Nijhoff, 1966. 또한 Didier Franck, *Chair et corps: Sur la phénoménologie de Husserl*, Paris: Éditions de Minuit, 1981.

건, 그 자체로 참으로 나타날 수 있는 어떤 대상은 존재하지 않는다. 대상이 그 자체로 나타나기 위해서는, 그 정의와 본질에 있어서는 단순한, 자립자(눈앞에 있는 대상objet vorhanden), 그리고 기술적 대상objet technique 내지 사용의 대상의 경우에서, 사용 가능한 그 합목적성과 유용성에 특권화되고 거기에 적응된 것(손 가까이 있는 대상objet zuhanden)이라는 특수한 지향이 요구된다. 우리가 분석하는 단순한 상자 같은 대상조차도 이미 어떤 지향을 요구한다. 만일 하나의 정확한 지향성이 그 대상 ── 바로 (단순한 평행사변형, 닫혀 있으면서 공허할 수 있는, 매우 가벼운 주어진) 우리가 볼 수 있는 것이 아니라 일차적으로는 보여지지 않는, 우리가 들고 사용할 수 있는 것(연약한 물질을 담기 때문에 다시 열고 닫을 수 있는 상자) ── 에 적용된다면, 그것은 존재하고 존재하기를 요구하는 대상으로만 나타난다. 지각하기 위해 남겨진 음영들을 찾아내기에 이르는 지향은 정확하게 이 대상 그 자체를 실제로 볼 수 없다. 대상을 그 고유한 현상성 안에서 구성하기 위해서는, 지각된 것을 찾아내야 하는 것이 아니라, 본질에 있어서, 요컨대 대상의 의미에서, 정의에 대해 질서가 부여된 것으로서의 지각된 것을 찾아내야 한다. 구성은 또한 궁극적으로 의미부여don de sense, Sinngebung로 나타난다. 이렇게 그 대상은 오직, 대상을 지향할 수 있는 모든 지향성들 가운데, 대상에 가장 적절한 의미를 부과할 수 있는 것을 부과함으로써 자신을 현상화한다. 따라서 대상은 지향성을 선택하거나, 혹은 오히려 지향성에 하나의 목표를 고정시키는데, 그 목표를 결핍하면 그 고유한 가시성을 일으키지 못한다(왜상효과anamorphose). 그런데, 이러한 대상의 지향성에 더하여(대상이 나타나기 위해서 부과한 것), 대상을 구성하는 우리와 연관된 다른 것들이 존재하는데, 우리는 대개 보통은 그것들을 따라가지는 않지만 그럼에도 불구하고 그것들은 접근 가능한 것으로 남겨진다. 만일 우리가 그러한 것들을 뒤쫓아간다면, 그것들은 무엇을 할 수 있으며 대개 나타나는 것으로 남겨질 수 있는가? 우리에게 하나의 예시가 될 상자의 예를 다시 고찰해보자. 분명, 하나의 왜상은 사용 가능한 대상으로서의 상자로의 접근성을 부여한다(용기, 그릇, 담뱃갑으로서의 상자). 그런데 우리는 (압력에의 저항, 물샐틈없음 등과 같은 특정한 속성을 가진 야금의 산물로서의) 대상에 대한 다른 지향성과 더불어, 혹은 다른 모든 대상의 지향성 없이도 (덮개의 장식, 두 색의 결합 등과 같은 장식과 관련한 동기를 통해서) 그 대상을 지향할 수 있다. 또는 결국에는 대상으로부터 (레디-메이드의 작용을 따르는 것) 순수한 미학적인 보이는 것으로서의 비-대상으로의 변형을 정확하게 지향하면서 그것을 지향할 수도 있다. 그러므로 동일한 묘사를 따라 동일한 체험이 대상의 지향성을 따라 구성될 수 있거나 모든 의미를 회피해버릴 수도 있지만, 결국 그러한 한 대상으로 구성될 수가 없다. 이제 동일한 보이는 주어진 것 앞에 선 시선의 두 태도는 동일한 지향을 따라 동시적으로 성취될 수 없다. 그러므로 대상 유형의 현상에서의 주어진 것의 모든 구성(남김없이 성취될 수 있다고 가정된 것)은 다른 모든 지향성들을 따라서 ─미학적, 윤리적, 또는 다른 가시적─개념 없이, 다른 가능한 현현들을 정복하는, 가시성에 의해 시야에서 사라지고 만다. 이런 식으로 모든 구성은 그것이 (대체로 대부분의 대상의) 현상성에 수여한, 동일한 체험과 동일한 묘사가 묵인했거나 심지어 요구하기도 했던 다른 모든 가시성에 수여한 의미 유형을 따라 충격을 받게 된다. 다시 말해, 여기서 결국 구성된 현상은 보여지지 않는 것에서의 다른 섬광들의 유령fantôme을 억압하는 경우에만 가시적인 것을 점유한다. 이렇게 우리는 구성이 현상으로 기획해낸 보이는 것이 보여지지 않는 것을 야기시키는 세 가지 방식을 분명하게 제시했다. 이는 공간(소묘의 양립불가능성), 시간성(근원 인상을 통해 주어진 체험의 무규정성), 그리고 구성(지향의 화해할 수 없는 다원성)을 따라 일어난다. 이로부터, 그럼에도 불구하고 자신을 주는 모든 것이 본질의 법칙을 따라 자신을 보여주는 것이 되지는 않는다는 점이 명확하게 밝혀진다. 다시 말해, 현상학에서 보이지 않는 것은 보이는 현상의 구성에 정확히 대응하는 바로 그 차원에서 증식된다.

## 2. 보이는 것의 초과

따라서 우리는 보이는 것으로 진입하지 못하는 것은 빼놓고, **보여지지 않은 것**l'invu의 표지로서의 보이는 것의 이 세 가지 결여를 확인해보았다. '보여지지 않은 것'에 대해서, 우리는 그것을 권리상 가능한 보이는 것으로 검토해볼 수는 있겠지만, 사실상 그것은 아직 가시성에 이를 수 없거나 이르지 못한다고 순수하고 단순하게 이해한다. 실제로, 구성을 통해 성취된 현상성은, 부정적으로, 구성이 현상을 보이게 하는 것과 비례해서, 모든 현상을 둘러싼 보이지 않는 것의 후광을 부각시킨다. 왜냐하면 구성이 대상에 초점을 맞출 때, 그 구성은 대상으로 제한되어야만 하는 것이기 때문이다. 구성에 대해서, 우리는 대상이 체험을 흡수하는 데 이르는 바로 그만큼만 의식의 체험에 대한 권리를 인정할 수 있을 뿐이다. 이제 대상은 언제나 두 가지 거부할 수 없는 한계를 현상성에 부과한다. 우선, 대상은 그 자체로 유한성의 한계를 부과하는데, 이는 의식이 그것에 관해 수용하기를 멈추지 않는 모든 체험들, 묘사들, 그리고 지향점들을 필연적으로 배제한다. 다음으로, 그것은 대상의 지평을 넘어설 수 있고 그렇게 대상의 지평으로부터 해방될 수 있는지를 전혀 고려하지 않으면서, 의미상에서의 후퇴, 또는 더 드물게 균등한 의미(이때 대상은 명증성과 관련한다)에 머무르도록 직관의 유한성의 한계를 부과해버린다.[4] 이 분석의 말미에서, 곧 우리는 모든 현상학적 구성이 보여지지 않는 것이 보여주는 만큼만 보이는 것을 산출한다는 결론을 내릴 것이다.

이 지점에 이르러, 우리는 '나타나지 않는 것des Unscheinbaren의 현상학'에 관한 물음을 회피할 수 없다. 우리가 발견해낸 것으로서의 보여지지 않은 것과 하이데거가 1973년 「체링겐 세미나」Séminaire de Zähringen에서 도입한 수수께끼 같은 규정 사이에서 수립될 수 있는 관계는 무엇일까?[5] 보여지지 않는 것을 실체화하지 않기 위해서, 어떤 구별점이 나와야 한다. 한편으로, 이 1973년 텍스트는 형이상학과 후설 현상학의 작용으로부터 전적으로 해방된 현상학을 향한 징후인 것처럼 보인다. 왜냐하면 그 텍스트는 곧 사건을 제시하기 때문이다. "사건은 곧 나타나지 않은 것의 나타남이다Ereignis ist das Unscheinbarste des

---

4) 칸트와 후설에서 직관의 결여 문제에 대해서는 다음 문헌을 보라. Jean-Luc Marion, *Étant donné*, Paris: Presses Universitaires de France, 1997, IV, § 20, pp. 265 이하.

5) Martin Heidegger, "Seminar in Zähringen(1973)", GA: *I. Abteilung: Veröffentlichte Schriften 1910-1976*, Band 15: *Seminare 1951-73*, ed. Curd Ochwadt, Frankfurt am Main: Vittorio Klostermann, 1986, p. 399; *Questions IV*, trad. Jean Beaufret *et al.*, Paris: Gallimard, 1976, p. 339.

Unscheinbaren-le moins apparent de l'inapparent."[6] 이는 그러므로 근본적 의미에서, 그것은 여전히 이 시간의 차원과 존재의 차원으로 거슬러 올라가 **"필연적인 일자**unum necessarium"만을 용납하는 도래할 사유를 고지한다. 이는 "**나타나지 않은 것의 나타남의 비춤 안으로**in die Lichtung des Scheinens des Unscheinbaren 사유와 그 일자의 사유를 가져오는 것"[7]이다. 이러한 생각을 따라 '나타나지 않은 것의 현상학'은, 주체와 대상, 노에시스와 노에마, 지향성과 구성을 넘어서는, 심지어는 환원을 넘어서는 현상학 자체의 지양을 함축한다. 우리의 제안은 분명 하이데거의 고유한 야심을 인정하지 않고 이 위험을 감수하지도 않는다. 따라서 '나타나지 않은 것의 현상학'은 여기서 우리에게 하나의 지침 역할만 할 수 있을 따름이다. 우리는 1927년에 전개된 현상학의 또 하나의 찬란한 정의로 돌아갈 수 있다. "또한, 현상들이 우선 대개 주어지지 **않기**nicht gegeben sind 때문에, 현상학이 필요하다."[8] 현상학은 무엇보다도 현상이 이미 주어지고 구성되는 것으로 발견되는 거기là가 아닌 그것들이 ──여전히 보이지 않는── 감춰진 것으로 남아있는 거기를 요구한다. 이런 점에서 그것은 **현존재**(그 실존범주, 곧 불안과 염려), 이 존

---

6) Heidegger, *"Der Weg Zur Sprache*(1959)*"*, GA: *I. Abteilung: Veröffentliche Schriften 1910-1976, Band 12: Unterwegs zur Sprache*, ed. Friedrich-Wilhelm von Herrmann, Frankfurt am Main: Vittorio Klostermann, 1985, p. 247. "[⋯]은 나타나지 않는 것 가운데, 가장 나타나지 않는 것이다"(*Acheminement vers la parole*, trad. Jean Beaufret *et al.*, Paris: Gallimard, 1976, p. 246).

7) Heidegger, "Lettre à Roger Munier, 22 février, 1974", *Heidegger: Cahiers de l'Herne*, Paris: L'Herne, 1983, p. 114(번역), p. 115(원문).

8) Heidegger, *Sein und Zeit*, Tübingen: Niemeyer, 1953, § 7, p. 36; *Être et temps*, trad. Emmanuel Martineau, Paris: Authentica, 1985, p. 47.

재의 존재방식 및 권리상 현상으로서의 존재의미를 해방시킴으로 존재하며, 여기서 현상학은 형이상학에서는 보여지지 않는 것으로 남아있는 것을 작업하는, **존재물음**의 방법으로 선택된 것이다. 그러므로 그것은 진정 어떤 제목은 아니더라도, 나타나지 않은 것의 현상학, 혹은 적어도 아직 보이지 않는 것의 현상학이라는 지위를 획득한다. 그런데 여기에 또 다른 난점이 앞서 전개한 내용을 전복시키는 어떤 것을 밝혀낸다. 이처럼 아직 보여지지 않은 것을 보이는 현상으로 전환한다는 것이 현상학이라는 명칭의 가치에 완전히 부합하는 정의를 내리는 것은 아니지 않는가? 범주적 직관을 해방시킨 후설로부터 **차이**différance[*]를 수립해낸 데리다에 이르기까지, 세계의 살을 현시해낸 모리스 메를로-퐁티부터 자기-촉발을 고안한 미셸 앙리에 이르기까지, 대체 어떤 현상학이 그러한 현상을 충만하게 해명하기 위해 보이지 않는 것과 분리되어 있다는 말인가? 이 점에서 하이데거의 규정은 곧장 이해할 수 없는 수수께끼가 된다. 그 규정은 우리가 아직까지 거의 제대로 알아내지 못한 탈-현상학적 사유를 공언하거나, 또는 거의 대체로는 통속적으로, 모든 현상학을 그 자체로 일관되게 특징짓는다. 어떤 경우에, 현상학은 우리가 도달한, 다음과 같은 물음이 묻고 있는 것을 해명하지 못한다. 보이는 것에 보여지지 않은 것을 할당하는 것, 또한 이를 통해서 보이는 것을 그 자체로 가능하게 하는——비가시성이라는 방식의——보여지지 않은 것은 무엇인가?

따라서 이는 보여지지 않은 것에게 자신을 환원시키지 않고, 그것

---

[*] **차이**의 표기 방식에 관해서는 본서 226쪽의 옮긴이 주 참조.

과 구별하고, 그것을 보존하면서 보이지 않는 것의 권리를 인정하는 일과 관련한다. 보여지지 않은 것은 대상의 지향성이 그럼에도 불구하고 대상에 주어진 모든 체험들과 묘사들에 의미를 부여할 수 없다(의심의 여지 없이 없어야만 한다)는 사실에서 비롯한다. 대상은 그것과 관련하는 직관의 중요한 부분을 배제하고 취사선택하고, 선별해내기 위해 구성을 제한시켜버린다. 실제로, 대상의 구성을 약화시키는 것과는 별개로 직관상에서의 빈약함은, 확실성 및 지속성과는 상반되는 어떤 것을 대상에게 보증한다. 대상이 체험을 요청하지 않을수록, 지향은 더 쉽게 체험의 확증을 발견할 수 있으며, 또한 바로 그 지점에서 유사-자립적 대상에서의 체험의 지향을 더 지속적으로 반복할 수 있다. 이것이 바로 학문들(다시 말해 학문을 가능하게 하는 형이상학)이, 논리적 진술과 수학적 이념성 같은 빈약한 현상(공간이라는 오로지 형식적인 직관)이나 물리적 대상과 같은 공통 현상(공간에다가 시간이라는 형식적 직관을 더한 기계적, 역학적인 것 등)처럼, 직관을 결여하는 특화된 현상을 항상 소유하고 있는 이유이다. 더 나아가, 형이상학은 아마도 인식 가능한 것일 수 있는 것 이외의 다른 어떤 직관을 요구하지 않는 주체성 안에서 어떤 출발점을 찾고자 함으로써, 이 길을 처음으로 그려냈다.[9] 데카르트적 에고는 모든 직관(수학적인 것과 감성적인 것)을 의심함으로써 제기되고, 초월적 **자아**는 경험적 자아와의 대립으로부터 해방되며, **현존재**는 대상 등과는 무관한 결단을 통해서, 모든 존재

---

9) 다음 문헌은 이 개념의 엄청난 애매성을 강조하고 있다. Xavier Tilliette, *L'intuition intellectuelle de Kant à Hegel*, Paris: J. Vrin, 1995.

자에 대한 위반을 통해서 나타난다. 이는 감각적 대상으로 구성되는 대상, 권리상 공통 현상들에 대해서도 마찬가지이다. 대부분의 경우에, 직관은 지향의 편에 머무른다. 또한 어떤 발생에 있어서, 직관은 잠정적으로 지향과 동등시되고, 이런 점에서 명증에 이른다면, 개념은 언제나 주어진 것을 통제하고 동시에 주어진 것에 한계를 설정한다.[10] 이런 점에서, 대상들의 가시성, 곧 그 원리의 특권은, 그 대상들 배후에 남겨진 보여지지 않은 것의 척도와 더불어 증가된다. 또한 그 어떤 수단도 보이지 않는 것에 개방되어 있지 않다.

따라서 우리는 이러한 보이지 않는 것에 도달하기 위해서, 그리고 그것을 현상학적으로 정당화하기 위해서 또 다른 길을 제안한다. 이 길은 지향(의미)과 직관(충족)의 이중성에 분명하게 머무르는 현상들, 마찬가지로 노에시스-노에마의 상관관계를 고찰하지만, 또한 빈약한 현상과 공통 현상과는 반대로, 개념(의미작용, 지향성, 의도 등)이 미리 볼 수 있고 보여줄 수 있는 것을 초과함으로써 [자신을] 주는 직관을 검토한다. 우리는 이를 포화된 현상phénomènes saturés 내지 역설paradoxes 이라고 명명한다. 포화된 현상은 역으로 구성이 일의적 의미를 부여할 수 없는 직관적 주어짐과 마주하는 데서 나타난다. 이에 의미를 통합하거나 조직하는 데 이르지 못하여 적법하면서 동시에 엄밀한 의미의 무한함 내지 여러 의미가 넘쳐나는 것이 허용되어야만 한다. 만일 우리가 칸트적 범주라는 실마리를 따른다면, 우리는 양을 따라 사건이라

---

10) 이러한 현상들의 지형에 대해서는 다음 책을 보라. Marion, *Étant donné*, IV, § 23, pp. 309 이하. 이 다음 사례는 여기서 나오겠지만, 포화된 현상으로 통합된다.

는 형태의 보이지 않는 현상을, 성질을 따라 시선으로는 견뎌낼 수 없는 현상을, 관계를 따라 모든 유비를 결여하는 살Leib로서의 절대적 현상을, 마지막으로 양태를 따라 사유 일반에 대하여 모든 관계를 벗어나지만, 탁월한 타인의 아이콘으로서의 관계를 부과하는, 응시할 수조차 없는 현상을 포화된 현상으로 지정한다. 포화된 현상들은 역설을 명명하기에도 적합하다. 왜냐하면 그것은 하나의 억견doxa을 따르는 것으로, 활용 가능하고 통제 가능한 일의적 광경을 부여하지는 않기 때문이다. 실제로, 사건 앞에서, 나는 나에게 예기치 않게 도래한 체험의 거대함에 한 가지 의미를 부과할 수가 없다. 나는 사건의 뒤를 쫓아감으로써 끝없이 다양화되고 변형되는 의미들을 통해서 끝없는 해석학을 추구할 수 있을 뿐이다(2장). 우상 앞에서, 나의 지향은 곧 (질적) 강도를 견딜 수만 있을 뿐이며, 나는 스스로 회피해버릴 수 있음과 동시에 이러한 회피는 그 자체로 나를 짓누르는 것에게로의 접근만이 있을 뿐이다(3장). 느끼는 살, 판명성을 결여한 채로 감각을 스스로 느끼는 살 앞에서, 나는 나와 마주하기 위해 나를 정확히 내 바깥에 자리하게 할 수 없다. 왜냐하면 살은 어떤 '바깥'을 용납하지 않고, 나는 살로 존재하며 달리 어떻게 해볼 도리 없이 살 안에서 존재하기 때문이다. 나는 나 자신을 하나의 광경spectacle으로 보지 못하며, 단지 나는 나를 살 안에서 살로 겪어낸다(4장). 이제 얼굴의 아이콘이 남아있으며, 우리는 이 쟁점에 다가서고 있다. 우리는 이 현상에 대한 봄을 소유할 수 없다. 왜냐하면 우리는 이를 여전히 대상으로 만들어내지 못하며, 일의적 의미에서 구성해낼 수 없기 때문이다. 그것이 무엇이건 어떤 것을 본다면, 우리가 보는 것은 보이는 것에서 그 어떤 것들에게 부과한 구성에서 비롯한 것이 아니라 그것들이 우리에 대해 생산해낸 효과들에서 비롯한다. 또한 실제로, 이러한 현상은 역-지향성contre-intentionnalité의 방식으로, 역으로 우리의 시선을 휩쓸어버리는 데 이른다. 따라서 우리는 더 이상 초월적인 나가 아니라 자기에게 예기치 않게 도래한 것을 통해 구성된 증인témoin이다. 이로써 그것은 역-설, 전도된 **억견**이 된다. 이런 점에서, 우리에게 예기치 않게 도래하고 불시에 나타나는, 전도된 가시성의 질서는, 더 이상 나의 지향에서 비롯되는 것이 아니라 그 고유한 역-지향성에서 비롯된다. 결과적으로, 포화된 역설이 하나의 보이지 않는 것invisible —— 보여지지 않은 것l'invu과의 공통의 척도를 가지지 않는, 구성의 결여로 인해, 주어진 것의 포화로 인해 보이지 않는 것 ——에게 접근할 길을 열어주는 게 아닐까?

### 3. 얼굴의 역설

만일 현상학이, 보이지 않는 것의 모호함에서가 아니라, 본래적 현상의 봄 안에서 보이지 않는 것에 이르는 것이라면, 현상학은 결국 그 엄밀함을 상실하지 않으면서, 혹은 혼동에 빠지지 않으면서 이 보이지 않는 것에 접근할 수 있다. 이런 점에서, 이 현상학은 포화된 현상, 곧 사건, 우상, 살과 관련한다. 이 현상들과 관련해서, 우리는 직관의 초과에서 비롯하는 이 현상의 지위나, 어떤 비가시성에 이의를 제기하지는 않을 것이다. 이 현상들을 정립해내기 위해서 우리는 우리의 주의를, 포화된 현상의 마지막 유형, 곧 얼굴에 집중시킬 것이다.

얼굴은 살의 특권을 공유한다. 살이 살 자신을 느끼는 느낌 안에서만 자신을 느끼는 것과 마찬가지로, 얼굴은 오로지 자신을 보는 데서 보여지도록 자신을 부여한다. 다만, 살처럼, 얼굴은 타인을 마주하는 문제와 관련할 때 문제적인 것이 된다. 살에 대해서는, 후설이 이 아포리아를 이미 다음과 같이 정식화했던 적이 있다. 나는 알려진 물리적 신체Körper로부터 타인의 알려지지 않은 살Leib을 추론할 수 있는데, 이것들의 관계는 나의 알려진 살과 나의 알려진 신체를 비교하는 관계와 관련해서 형성된 유비를 따른다. 하지만 이런 식으로 인식된 것에서도, 타인의 살은 그 자체로 알려지지 않는 것으로 남게 된다. 왜냐하면, 정의상, 타인의 살은, 만일 그것이 직접적으로 직관 가능한 것이 되었다면, 곧 타자와 같은 것은 사라져버리고, 나의 것으로 뒤섞여버릴 수 있기 때문이다. 관점의 상상적 이항으로서의 유비는 (타인의 저기는, 그에 반해 타인의 저기로 이행할 수 있는 나의 여기에서 전도된다) 이러한 타인의 살에 대한 간접적 인식을 교정하는 것이 아니라 부각시킨다. 그것은 대다수 현상들에 공통적인 직관적 현전화에서의 간접현전의 살에게 상처를 가하는 것이다. "[…] 나의 원초적 **자아**는 그 고유한 특성을 따라, 현전화를 통해서는 절대 충족을 요구하거나 허용하지 못하는 간접현전의 통각을 통해 다른 **자아**를 구성한다."[11] 왜 살은 원리상 직관을 통해 현전화되지 못하는 것일까? 직관은 그럼에도 단지 정확히 물리적 신체 ——이것은 나에게 내가 느낄 수 있는 것을 보게 한다—— 를 따라서 살을 완전히 현전화한다. 느끼는 것(또한 자신을 느끼는 느낌)의 경우에, 직관은 그 어떤 시선에 어떤 것도 보여지게 할 수가 없

---

11) Husserl, Hua. I, § 54, p. 148; trad., *Méditations cartésiennes et Les Conférences de Paris*, p. 168.

다. 후설이 그랬던 것처럼, 간접현전이 "[…] 현전화의 핵einen Kern von Präsentation을 […] 전제한다"[12]는 것을 요청하고 있다는 점만 남아있다. 살은 현상성 자체를 회피하고 있다. 왜냐하면 느껴지는 것만이 직관을 통해 자신을 보여줄 수 있기 때문이다. 더 나아가, 나의 살이 타인의 살을 구성할 수 있음과는 별개로, 나의 살은 그 자체로 타인의 삶을 전제함으로써, 말하자면 구성함으로써 자신의 한계(곧, 자기의 고유한 영역)를 경험할 수 있을 뿐이다. 얼굴은 다음과 같은 한 가지 유사한 특성을 제공한다. 얼굴은 그 자신을 보는 만큼 그렇게 보이지는 않는다. 실제로 얼굴과 살을 (활성화된 신체의 다른 부분과) 어떻게 구별해내는가? 만일 얼굴이 살의 특권 ——우리가 필연적으로 느끼게 되는 느낌과 우리가 느끼는 느낌을 스스로 느끼게 되는 것 ——을 공유한다면, 얼굴은 우리가 살로부터 얼굴을 분명하게 구별해냄으로써 두 번째 특권 ——보여지게 될 뿐만 아니라 보는 것 ——을 얼굴에 더한다. 우리는 (가시적이지만 비표현적인) 외관과 (가시적이고 표현적인) 얼굴을 대조해야만 하고, 얼굴을 통해서 그리고 이 얼굴에 대해서 존재해야만 한다는 의무와는 무관한 시선의 응시함이 지닌 독특한 고유성을 알아내야 한다. 그런데 얼굴을 [나를] 응시하는 것으로 정의하기에 충분한 이 독특한 고유성은 내가 얼굴을 볼 수 없는, 또는 순차적으로 응시할 수 없음을 구체적으로 지시한다. 공허한, 맹목적인 시선은 보기를 갈망하는 시선의 수준만큼만 보게 된다. 타인의 시선은 볼 수 없는 것으로 남겨진다. 더 나아가 타인의 얼굴 안에서 우리는 무엇을 보는가? 그의 입술이 그

---

12) Husserl, Hua. I, p. 150 ; trad., p. 171.

의 다른 신체의 일부보다 더 많은 지향을 표현함에도 불구하고 중요한 것은 눈——또는 더 정확하게 그 눈의 공허한 동공. 동공의 검은색 심연은 어두운 눈의 움푹 패인 부분을 열어준다——이다. 다시 말해, 얼굴에서 우리는 아무것도 볼 수 없는 유일한 장소를 고정시킨다. 따라서, 타인의 얼굴에서, 우리는 모든 눈에 보이는 광경이 불가능하게 되는 지점을 정확하게 본다. 이는 전혀 볼 것이 없고, 직관이 보이는 것을 전혀 제공할 수 없는 지점이다.

만일 이러한 것으로서의, 다시 말해 나에게 정립된 시선으로서의 얼굴이 더 이상 시선에 자기 자신을 제시하지 못한다면, 우리는 거기에 있는 현상을 찾아 나서는 일을 단념해야 하는가? 요컨대, 우리는 현상학의 경계를 가로질러 나가는 게 아닐까? 두 가지 동기가 이러한 결론으로 나아가지 못하도록 우리를 붙잡아둔다. *a)* 응시한다Regarder는 말은 라틴어 intueri를 전사하며, 이는 그 자체로 '보호하다garder', '지켜보다surveiller', '감시하다tenir à l'oeil'는 뜻을 가진 tueri라는 말을 기반으로 삼아 형성된 것이다. 실제로, 보이는 것을 지켜본다는 것은 우리가 일의적이고 배타적인 의미로 노에마의 모든 차원을 구성함으로써 지배하는 대상에 적합한 봄의 방식을 특징짓는다.[13] 그런데 지켜본다는 것은 가능한 지향과 봄의 방식 가운데 오직 하나의 방식만을 제공한다. 또한 여기에는 다른 방식도 존재한다. 왜냐하면 모든 현상이 대상으로 환원되는 것은 아니고, 모든 보이는 현상이 지향적 의도를 따라 조정될 수 있는 것도 아니기 때문이다. 우리는 특정한 현상들——

---

13) 본서 3장 1절 107쪽 이하를 보라.

한 예로, 역설 ─ 이 시선intuitus을 완벽하게 회피할 수도 있고, 어떤 것은 나타날 수도 있다는 점을 인정해야 하지만, 그렇게 나타나는 것은 시선이 응시해낼 수 없는 것으로en tant qu'irregardables 나타난다. 우리의 지향성이 시선의 감시 아래 자신을 유지할 수 없는 것이 어떻게 현시되는지를 정의하는 문제가 남아있다. *b)* 우리는 얼굴에 고유한 현상성의 방식을 맨 처음 규정해낸, 레비나스에 대한 부채를 안고 있다. 얼굴은 비활성된 세계의 나타남의 무한정한 계열상의 타자들 가운데 놓인 보이는 것으로서의 어떤 광경spectacle으로 보이도록 자신을 내어주지 않는다. 더 나아가 얼굴이 보여지기를 요구받는다면, 다른 것들과 구별될 수 없다. 왜냐하면 그렇게 되면 얼굴은 기껏해야 혼동의 위험 가운데서 다른 광경들과 단순한 정도상의 차이만을 수립할 수 있을 뿐이기 때문이다. 아무것도 없는 채로 있을 때의 얼굴보다 그 얼굴을 더 화려하게 보이게 하는 화장과 가면은 얼굴을 폐기한다. 왜냐하면 그런 것들은 얼굴을 삭제하고, 하나의 대상으로 보이도록 얼굴을 대체해버리기 때문이다. 아니, 얼굴은 그것이 보여지는 광경에 지나지 않는 한, 그 자체로 현상화되지를 않는다. 따라서 얼굴은 전적으로 다른 방식으로 정의되어야 한다. 다시 말해, 얼굴은 "[…] 얼굴이 말하는"[14] 한에서 자신을 보여주는 것이다. 말한다는 것이 여기서 필연적으로 물리적인 말을 활용하는 것과 말이 발신되는 물질이라는 뜻은 아니다. 더 나아가 이 소리로서의 발화parole는, 만일 말해지지 않은 의미가 지성과

---

14) Emmanuel Lévinas, *Humanisme de l'autre homme*, Montpellier: Fata Morgana, 1972, pp. 47 이하.

이해의 환영을 통해 발화를 구제하여 보호하는 경우를 제외하면, 절대 어떤 것을 '말하지' 않는다. 따라서 발화는 무엇보다도 의미의 침묵과 청취 안에서 작용한다. 이런 점에서 얼굴은 침묵 속에서 말을 한다.

어떻게 이런 일이 가능한가? 얼굴의 중심은, 눈, 공허한 동공 속에 고정된다. 여기서 역-시선이 솟아 나온다. 그것은 나의 시선을 회피하고 역방향으로 나를 직시한다 ─실제로, 역-시선은 맨 먼저 나를 보게 되는데, 왜냐하면 그것이 주도권을 쥐고 있기 때문이다. 타인의 시선은, 곧 응시할 수 없는 것이기 때문에, 보이는 것 속에 침투해 들어온다. 시선의 발화는 우리가 윤리적 현상이라고 명명할 수 있는 다음과 같은 것을 현시하게 된다('들어 보라Écoute voir…'는 장엄한 프랑스어 표현을 따라서 말이다). '너는 살인하지 말라!'는 명령이 바로 그것이다. 타인의 시선이라는, 나의 시선으로는 도무지 응시할 수 없는 얼굴은 내가 죽이지 말아야 한다는 명령을 ─나 자신을 그에게 굴복시킴으로써 ─내가 승인하는 경우에만 나타난다. 분명 나는 그를 죽일 수 있지만, 그러면 그 얼굴은 사라질 것이고, 단순한 대상으로 굳어질 것인데, 왜냐하면 바로 얼굴의 현상성이 지향적 대상으로 소유되고, 생산되고, 구성되기를 금지하기 때문이다. 확실히, 나는 그 사람을 죽일 수 있지만 이 경우 나는 영원토록 나 자신을 살인자로 느끼게 될 것이며, 인간의 정의라고 말할 수 있는 것이 어떤 것이건, 타인의 시선이 나에 대해 주도권과 우월성을 가지게 될 것이며, 타인의 시선은 그 물리적 사라짐이 있은 다음에도 나를 짓누를 것이다. 만일 여기에 지향성이 있어야 한다면 ─구성이 존재하지 않기 때문에, 이 점이 논의될 수 있다 ─그것은 모든 경우에 타자를 나의 것으로 삼는 물음이 아닌 나를 타자의 것으로 삼는 물음이 될 것이다. 만일 직관이 있어야 한다면 —
하나의 현상이 나타나기 때문에 직관이 존속하는 것은 필연적인 일이
다 — 직관은 나로부터 일어난 어떤 지향을 충족시키는 것이 아니라
그 대신 내가 함양해낼 수 있는 대상에 대한 모든 지향들과 모순을 일
으킬 것이다. 노에시스는 노에마를 예비하는 것이 아니고 통제할 수
없고 기대할 수 없는 노에마의 넘침surabondance이 일어난다. 왜냐하면
그것은 "[…] 무한이나 얼굴…"[15]과 관련하기 때문에, 노에마는 무한으
로 나타나고 모든 노에시스를 잠식하며, 또한 직관이 모든 지향을 잠
식한다. 따라서 포화된 현상은 보이는 것이 아니라 초과를 통해 나타
난다. '너는 살인하지 말라!'는 명령은 실제로 어떤 개념으로 포섭하거
나 대상화시킬 수 없는 직관과 더불어 부과된다. 얼굴이 (칸트적인 의
미의 존경심이 도덕적 양심에 부과되는 것처럼) 나에게 부과되기 때문에,
직관의 초과Excès d'intuition가 일어난다. 심지어 특별히, 만일 내가 얼굴
로부터 벗어나게 되거나 얼굴을 죽인다고 해도, 거기서 얼굴이 요구이
자 의무사항이었다는 것을 나는 알게 된다. 나는 얼굴을 알고 있기 때
문에 얼굴을 경멸할 수밖에 없다. 게다가, 그 명령 가운데서 얼굴은 나
와 관련하여 나를 강제로 위치시킨다. 나는 얼굴을 내가 동물이나 도
구를 가지고 행동할 수 있는 것처럼, 그런 식으로 나의 봄의 조처에 적
응시키지 못한다. 나는 나의 지향을 따라 얼굴에 접근하는 것이 아니
라 얼굴의 지향성을 따라 얼굴에 접근한다. 왜냐하면 나에게 살인하

---

15) Lévinas, *Totalité et Infini: Essai sur l'extériorité*, La Haye: Martinus Nijhoff, 1961, p.
182.

지 말기를, 얼굴에 대한 지배를 단념하기를, 나를 얼굴에서 분리시키기를 요청하는 것이 얼굴이기 때문이다 — '나를 만지지 말라noli me tangere!' 따라서 얼굴은 나를 얼굴의 관점에 종속시키는 나, 그리고 순수한 얼굴로 나타나기를 지향하는 정밀하고 정확하며 유일한 장소에 나를 위치시키는 나이다. 나에게서 도래하는 원심의 지향성은 탁월한 왜상 — 나에게 관점을 부과하는 것, 곧 다른 곳에서부터 도래한 관점 — 으로 대체된다. 따라서 직관은 여기서 나를 통해 미리 알려진 의미를 따라 그 자체로 규제를 가하는 것이 아니라 선행하거나 전제되는 조건 없는 현상성의 사실(이런 점에서 칸트는 이성의 사실에 대해 말한다)로 일어난다. 모든 의미와 개념에서 직관의 초과가 나타난다. '너는 살인하지 말라!'는 명령에서, 얼굴은 그럼에도 불구하고 침묵 속에서 나에게 가해지는 것을 이해하지 못하게 한다. 무엇보다도, 이는 내가 그 명령을 듣기 위해 그 명령이 소리쳐 말을 할 필요가 없기 때문에 그런 것이다. 다음으로, 그런 초과는 그 명령이 다양한, 심지어 반대되며 끝없이 갱신되는 해석들, 행동들, 그리고 다양한 의미를 불러일으킬 수 있기 때문에 일어난다. 사실 나는 살인을 저지를 수는 없지만 경멸적인 무관심에서 동등한 이들 간의 우정, 심지어는 자신을 희생하는 무조건적 사랑에 이르는 범위까지 나아가 볼 수 있다. 나는, 또한 여러 가지 이유에서, 곧 근거 없는 야만성, 실수, 환멸을 느끼게 할 정도의 인간주의, 자살이라는 광기, 이데올로기적 확실성, 법이 지정한 처벌, 일견 '정당한' 또는 불의한 전쟁 등의 이유로, 살인을 저지를 수 없다. 요컨대, '너는 살인하지 말라!'고 하면서 나타나는 얼굴은 끝없이 다양한, 모든 가능한, 잠정적인, 불충분한 의미들을 일으킨다. 얼굴은 그 자체로 구성되기를 용납하지 않지만, 자기의 현상을 나에게 부과하기 때문에 얼굴로 있다. 그것은 마치 응시할 수 없는 것처럼, 시선으로 바라보는 것이 불가능한 것으로 나타난다.

그럼에도 불구하고, 만일 얼굴의 윤리적 해석학이 그 특정한 현상성의 방향에서 결정적인 돌파구를 냄과 동시에 레비나스의 사유로부터 획득한 결정적인 부분을 담고 있다면, 또한 그것은 한 가지 요점에 대해서는 의문시되어야 한다. 대상 혹은 존재자의 '현상성'을 넘어서는 '얼굴 또는 무한[의]' 초월이 제일 먼저 윤리학에서 성취된다는 것을 인정한다는 것은 초월이 배타적으로 윤리에 의존해야만 한다는 것을 뜻하는가? 레비나스 자신은 이 점을 의심하면서 논의를 마무리한 것 같다.[16] 윤리학은 여기서 윤리보다 더 근원적인, 그리고 다른 현상들에 관한 기술 내지 이 같은 현상 ─ 얼굴 ─ 에 대한 다른 기술을 가능하게 하는 현상학적 논의를 전개한다. 실제로, '너는 살인하지 말라!'는 명령은 무엇보다 그 내용과는 무관하게 하나의 명령으로 실행된다. 우리는 다른 것들로, 곧 그 명령만큼이나 강한, '바로 너 자신이 되라!'는 존재론적 명령이나 '너 자신을 너의 존재에 어울리는 자가 되게끔 결정하라'는 실존론적 명령, '너의 마음과 영혼과 지성을 다해 너의 하나님을 사랑하라!'는 종교적 명령, '네가 하고자 하지 않는 일은

---

16) 다음과 같은 나의 논의를 보라. "D'autrui à l'individu: Au-delà de l'éthique", Actes du Colloque *Emmanuel Lévinas et la phénoménologie*(Sorbonne, 11~12 décembre 1997). 이 글은 「레비나스와 현상학」(*Lévinas et la phénoménologie*)이라는 주제로 다음 문헌의 보론 가운데 하나로 수록되기도 했다. Emmanuel Lévinas, *Positivité et transcendance*, Paris: Presses Universitaires de France, 2000.

남에게도 시키지 말라'는 도덕적 명령, 심지어 '나를 사랑해주오'라는 에로틱한 명령으로 레비나스의 윤리적 명령을 대체할 수 있다.[17] 이 명령은 의심할 여지 없이 자신을 강력하게 부과할 것이다. 실제로 그 명령이 들을 수 있는 한순간에 부름으로 전달되지 않는다면, 그것은 명령으로 나타날 수 없다. 그런데 이 부름이 어떤 특수한 현상, 즉 얼굴에서 유래하지 않는다면, 그것은 그렇게 때로 침묵 속에 처해 울려 퍼질 수 없다. 왜냐하면 다른 모든 현상보다도, 얼굴은 대상의 광경이 아닌 부름의 형태로 나타나야만 하기 때문이다. 양태에 입각한 포화된 현상인 얼굴은 다른 모든 (포화된 혹은 포화되지 않은) 현상보다 더 많이 부름의 현상학적 작용을 성취할 수 있다. 그것은 원인이나 근거 없이(우연/우유) 일어나고(사건), 그것이 그렇게 초래될 때(예기치 않은 도래), 기정사실로서의 그것을 보게 하는 관점(왜상)을 부과한다. 부름을 부과하는 것은 윤리적 타인(레비나스)으로만이 아니라 그 부름을 부과하는 아이콘으로 더 근본적으로 정의되어야만 한다. 아이콘은 내가 부름을 듣게끔, 그렇게 보여주며 자신을 준다. 이런 점에서 우리는 얼굴이 나를 직시하는m'envisage 방식으로만 아이콘을 이해할 수 있다. 아이콘의 현상성은 결코 다른 것들 가운데 한 가지 보이는 것으로 자신을 보이게 하는 것으로는 구성되지 않는다. 이런 점에서, 얼굴에서 볼 것은

---

17) 우리는 여기서 하이데거가 존재의 부름(GA 9, p. 319)이라는 제목 아래 주제화한 것을 설명하지는 않는다. 왜냐하면 그는 정확히 어떤 얼굴이나 아이콘으로부터 논의를 전개하지 않기 때문이다. 그것은 그럼에도 불구하고 부름의 현상학적 구조에 의존하는 방식을 이해하는 작업으로 남아있긴 하다(나의 다음 작업을 보라. *Réduction et donation*, Paris: Presses Universitaires de France, 1989, VI, § 6, pp. 294 이하; *Étant donné*, V, § 26, pp. 366 이하).

아무것도 없으며 얼굴은 완벽하게 보이지 않는 것으로 남는다. 하지만 아이콘의 현상성은 그것이 이해될 때, 그 영광의 무게가 나에게 부과될 때, 존중심을 고취시킬 때 성취된다. **존중한다는 것**Respecter ── 시야와 주의를 끈다는 것-spectare, 당연하게도 ── 은 다만 보이지 않는 시선의 무게, 그 침묵의 부름으로 말미암아 멀리서 나를 부르고 붙잡고 있는 것을 내가 느끼기 때문에 일어난다. 이런 점에서 **존중한다는 응시한다**의 역-개념contre-concept으로 이해되어야 한다.

## 4. 직시한다는 것

따라서 내가 포화된 것이라고 부르는 것은, 의미상에서의 직관의 초과가 대상의 구성을, 더 철저하게는 하나의 통합되고 규정된 광경의 가시성의 구성을 검열하는 현상이다. 이 역설적으로 비가시적인 현상들 가운데서, 우리는 얼굴을 특권화하게 된다. 왜냐하면 레비나스의 분석이 얼굴에 대한 예시적인 현상학적 지위를 이미 획득했기 때문이다. 그럼에도 불구하고 우리는 요컨대 나를 직시함으로써 부름을 전달하는 아이콘으로서의 얼굴을 사유함으로써 한 걸음 더 전진해보려고 한다. 따라서 이렇게 우리는 나를 직시하지만 보이지는 않는 한 현상에 이른다. 이에 관한 물음은 다음과 같다. 나는 나의 입장에서 얼굴을 직시할 수 있는가? 그 반대로, 구성되고 대상화된 보이는 것이라는 지위로 얼굴을 격하시키지 않으면서, 얼굴의 비가시성을 존중하고 그 고유한 현상성에 고개를 숙이면서, 요컨대 얼굴이 나를 직시하는 것으로 직시하기는 하지만 보이지 않는 이 얼굴 자체에 내가 이를 수 있는가? 얼굴이 직시할 수 있거나 아니면 직시할 수 없다고 주장하는 것은 필연적인 일인가?

이 어려운 물음에 답하기 위해서, 우리는 후설, 그리고 얼굴의 극단적 외형을 제공하는 살의 문제로 돌아간다. "[…] 살은 단지 사물 일반이 아니라 정신의 표현이면서, **동시에 정신의 기관이다**zugleich Organs des Geistes."[18] 따라서 얼굴은 얼굴의 기관으로서의 정신을 표현한다. 이제 적어도 아리스토텔레스와 마찬가지로, 정신은 어떤 점에서 잠재성 안에 있는 모든 사태들이며, 정신의 표현은 빈약한 현상과 공통 현상의 경우처럼, 독특한 하나의 의미로 제한될 수 없다. 얼굴의 표현은 의미들의 무한함을 표현한다. 이러한 무한함은 무엇보다도 그 자체로 설명적인 발화가 수반되는 얼굴의 특색과 운동이 유한한 개념이나 명제로 번역될 수 없다는 점을 나타낸다. 타인에 대한 체험은 나에게 결정적으로 낯선 것일 뿐만 아니라 심지어 (적어도 유비적으로 나의 고유한 경험으로부터 추론될 수 있는) 타인에게서도 낯선 것이며, 이 체험은 개념적으로 그것을 설명할 수 있게 해주는 정교한 진술에서조차도, 한 진술에 있어 너무 복잡하고 혼합되어 있으며 또한 가변적인 것으로 남아있다. 얼굴이 말하는 것은 최선의 경우에 거기에 표현된 것의 근사치에 머무른다. 엄밀한 의미에서 얼굴은 말하는 바를 알지 못하거나 더 정확하게는 얼굴이 표현하는 의미를 말할 수 없다. 왜냐하면 얼굴은 그 자신을 알지 못하기 때문이다. 고정된 하나의 의미 속에서 얼굴이 표현하는 바를 파악하지 못하는 나의 무능함은 무엇보다도 봄이

---

18) Husserl, Hua. IV, § 21, p. 96; trad., *Idées directrices pour une phénoménologie II*, p. 144(번역 수정).

나 이해에 대한 나의 무능함 내지 부주의를 드러내는 것이 아니라 스스로를 이해하지 못하고 말하지 못하는 그 본질적 불가능성을 드러낸다. 타인은 얼굴이 표현하는 바를 이 얼굴을 볼 수 있는 이들보다 더 잘 알 수가 없다(왜냐하면 거울은 절대 그 거울 이미지를 곧장 반사하지 못하고 전도된 이미지만을 반사하기 때문이다). 이 얼굴이 내게 거짓말을 하는, 또는 더 자주 일어나는 일로서, 우선 그 자신에게 거짓말을 하는 사건성은, 그 가능한 결과 중 하나로서, 무한한 체험에서 비롯하는 표현과 개념화할 수 있고, 말할 수 있고, 언제나 비충전적인 의미작용 사이의 환원 불가능한 간극에서 비롯된다. 오직 얼굴만이 거짓말을 할 수 있다. 왜냐하면 얼굴만이 비충전적이고 대상화할 수 없으며, 필연적으로 다의적인 표현을 갖는다는 위험한 특권의 이점을 취하기 때문이다. 현상학적 관점에서 보면, 거짓은 절대 오류와 같은 것이 아니다. 직관이 지향한 의미와 대상이 불일치하는 직관적 충족에 속한 대상이나 사태와 관련하는 것이 바로 오류이다. 오류에 있어서, 정면으로 직시된 얼굴이 아닌 공통의 제삼자tiers가 있음을 넘어서, 우리는 언제나 이미 인식 가능한 하나의 의미를 가정한다. 이는 의미가 직관적으로, 부분적으로 또는 완전히 확증되는지, 아니면 그 의미에 대해 다른 의미를 대체할 필요가 있는지를 결정하는 것과 관련하는 문제일 뿐이다. 거짓에서 또는 더 정확하게 말해 거짓이 표지와 결과를 제공함에 있어서, 얼굴은 그 정의상 절대 하나의 의미, 심지어는 우리가 의도한 복잡한 의미와 결코 일치하지 않는다는 난점이 일어나게 된다. 게다가 얼굴이 진리 가운데 자신을 표현할 때, 곧 그것이 거짓을 전하지 않을 때, 이 얼굴은 직관에 의해 확증할 수 있는 의미를 전달하는 것이 아니다.

그것은 솔직함이나 진실성(기만하지 않을 것임)에 관한 물음일 뿐이다. 이것은 또한 나의 직관이 채워지고 확인하는 의미를 전달한다는 뜻도 아니다. 거기에는, 최상의 사례로, 타인의 행동의 일관성을 입증하는 문제에 대한 외적인, 세상의, 잠정적 확증에 대한 물음만 있을 뿐이다. 내가 얼굴을 믿는다면 내가 얼굴을 믿는다는 것을 믿는다면 오직 얼굴이 자기가 표현하는 것 ——이런 점에서 진실은 언제나 무시된다 ——의 진실을 말해준다. 이는 신앙을 말하는 것이 아니라 신뢰를 말하는 것이다. 신뢰는 타인의 얼굴에 대한 현상학적으로 올바른 접근을 제공한다. 얼굴을 대상으로서의 일의적 현상으로 구성하는 일의 불가능성은 다음과 같이 심각하게 받아들여져야 한다. 진리에 대한 고전적인 정의(충전성, 명증성), 심지어 진리에 대한 현상적 정의(자기로부터 자신을 보여주기)마저도 여기서는 작동하지 않는다. 왜냐하면 얼굴은 얼굴이 표현하는 것만을 보여줄 뿐 의미나 정의된 의미들의 복합체를 결코 표현하지 않기 때문이다. 얼굴이 나를 직시할 때 얼굴은 자신을 현시하지 않는다. 또는 얼굴이 자신을 현시한다면 —— 왜냐하면 나를 직시함에 있어서, 얼굴은, 자신인 한에서 바로 자신으로부터, 다른 어떤 현상이 하는 것보다 더 잘 자신을 현시한다고 말할 수 있기 때문이다 ——이는 그럼에도 불구하고 의미를 말하는 것이 아니다.

우리는 그럼에도 불구하고 얼굴이 많은 경우 처음부터 하나의 의미 —— 예를 들어 (데카르트부터 르 브룅Le Brun에 이르는) 형이상학이 육화된 정신의 의미들처럼 분류해내려고 했던 정념 같은 것 ——를 표현한다는 점에 반대할 수 있다. 그런데 만일 정념들이 다른 것을 재구성하는 것처럼 그렇게 타인을 정신의 상태로 환원시킴으로써 타인을 인식하고 이해한다면, 이는 내가 타인을 심리학적 행위자로만 인식하는 것이다. 이 행위자에 대해 나는 그 행위자의 힘, 행동, 그리고 의도를 측정해야만 한다. 이 경우 나는 내가 타인을 담아낼 수 있거나 사용할 수 있는 것과 같은 방식으로, 다른 것들 가운데서 하나의 요소를 구성하는 사회적 전략 속에 타자를 포섭해버리고 만다. 그런데 이런 상황에서 타인은 더 이상 부름과 더불어 나를 직시하고 나를 마주하는 얼굴과 관련된 것이 아니다. 그것은 내가 나의 관점에서 소망하고 구성하는 것으로 내가 봄으로써 활성화되는 대상과 관련한다. 이와 동시에, 타인은 직접적이거나 사회적인 역할(기술자, 공증인, 의사, 교수, 판사 등)을 통해 확인되는 자로 발견된다. 의심의 여지 없이 그런 타인은 하나의 정의로부터 혜택을 입고 나는 그 타인에게 하나의 의미를 부과한다. 나는 심지어 그런 타인의 행동과 말이 이 의미를 표현하기를 간구할 수도 있다. 그런데 바로 그 직후 타인은 얼굴로서는 사라진다. 나는 타인을 얼굴로 직시하기를 단념한다. 왜냐하면 나는 타인을 향하는 행위를 하기 위해서 얼굴을 필요로 하지 않기 때문이다. 더 나아가 타인은 그 기능과 직업을 따라 인정받기를 요구하고 그 이외의 다른 기대를 하지 않는다. 내가 가장 확실하게 행하는 것은 기능과 직업밖에 없다. 우리의 상호적 비본래성은 표준화와 효율성을 요구하고 익명성을 담보하는 사회적 관계 자체를 보증한다. 곧 사회적 관계는 나를 직시하는 얼굴과의 얼굴 대 얼굴의 대면과는 전적으로 다른 것이다. 타인은 오직 내가 나를 타인에게 노출시키는 그 순간부터, 즉 내가 타인을 더 이상 지배하거나 구성하지 못하는 경우, 또 의미작용과 무관하게 자신을 표현하는 것을 인정하는 바로 그 순간 나에게 나타난다.

나를 직시하는 얼굴은 의미작용이 없기 때문에, 비가시적인 현상에 지나지 않는 것이 되어야만 하는가? 전혀 그렇지 않다. 만약 얼굴이 개념화할 수 있는 의미를 결여한다면, 그것은 결핍이 아닌 초과 때문이다. 얼굴은 매 순간과 무한정한 시간 경과 동안 의미의 무한함을 표현한다. 이러한 끝없는 의미의 흐름은 근원적 시간성에서 솟아나는 현재를 따라 일어나는 것이며, 결코 개념으로 환원되거나 충전적으로 말해지지 않는 것이다. 더 강한 의미에서 나 스스로 할 수 있는 것은 없어지고, 이제 나는 타자성과 거리를 둔 채로, 멈춤 없이 새로워지는 사건으로서의, 외부로부터 타인을 받아들이는 자이다. 따라서 이러한 얼굴에 접근한다는 것은, 요컨대 노에마 아래, 얼굴이 표현하는 것, 얼굴이 말하고자 하는 것 내지 의미하는 것이라는 덮개로 얼굴을 틀어막는 것으로는 나타나지 않는다. 이러한 얼굴에 접근한다는 것은 반대로 한정된 의미의 부재에도 불구하고, 혹은 그 부재 덕분에 얼굴 대 얼굴로 얼굴을 대면하기를 요구한다. 다시 말해, 대신함substitut이라는 것이 그 자체만으로는 결여하고 있는 것으로서의, 하나의 의미를 부여하고(후설이 말한 구성) 표현에 의미를 부여하는 데 이르기를 기대하는 것을 말한다. 이 대신함이란 일어남이라는 것과 행위의 결과를 고정시키거나 줄거리의 대단원을 비준하는 것이라는 이중의 의미에서 사건을 명명한다.[19] 얼굴이 말하고자 하는 바가 얼굴의 말보다 얼굴의 표현에서 더 많이 읽혀지는 것은 아니다. 왜냐하면 양자 모두 기만행위를 할 수는

---

19) 파스칼은 이렇게 말한다. "또한 사건을 통해 성취되고 증명된 이 예언들은 이러한 진리의 확실성과 결과적으로는 예수 그리스도의 신성에 대한 증거를 결여하고 있다"(Blaise Pascal, *Pensées*, ed. Louis Lafuma, Paris: Editions du Seuil, 1963, §189, p. 524).

없기 때문이다(의지적인가 비의적인가 하는 것은 중요하지 않다). 얼굴이 표현하는 것은 얼굴에서 일어나는 일 ─얼굴에서 일어나고 발화되는 말이나 침묵의 표현을 확증하거나 그와 모순을 일으키는 행위와 사건 ─가운데 인식된다. 따라서 얼굴의 진리는 얼굴의 역사 속에서 작용한다. 곧 그것은 말해진 것 안에서가 아니라 행해진 것, 혹은 더 정확하게 얼굴에 일어나는 일을 따라 생성된 것에서 작용한다. 얼굴을 직시한다는 것은 얼굴을 보는 것보다는 얼굴을 기다리기를 요구한다. 이는 곧 얼굴의 성취, 그 최종적인 작용, 그 유효성을 기다린다는 말이다. 따라서 삶의 진리란 바로 그 마지막 순간에만 드러나게 된다. "그러니 항상 생의 마지막 날이 다가오기를 지켜보며 기다리되, 필멸의 인간은 어느 누구도 행복함을 기리지 마시오. 그가 드디어 고통에서 해방되어 삶의 종말에 이르기 전까지"(소포클레스).[20] 따라서 우애l'amitié라는 척도가 항상 지속으로 남아있다. 그러므로 사랑한다는 것은 타인의 죽음이라는 마지막 순간에 타인의 곁을 지킨다는 것을 의미한다. 진정 타인을 마지막으로 본다는 것은, 마지막에 타인의 눈을 감겨주는 것을 말한다.

## 5. 끝없는 해석학

이런 점에서, 공간에 의거하는 만큼 시간에 의거해서 얼굴을 직시한다는 것은, 최종적으로 가리어져 있는 모든 것을 벗겨내고 완연하게 드러난 진리 안에서 얼굴을 전달하는 데 이르기까지, 곧 모순적이라고

---

20) Sophocle, *Œdipe Roi*, v. 1528~1530(trad. Jean Grosjean, Paris: Gallimard, 《La Pléiade》, 1967, p. 711).

할만한, 무한하게 많은 수로 나타나는 얼굴의 표현들에 대한 해석학을 요구한다. 실제로, 타인의 얼굴이 취하는 그 최종적 형태가 **죽음에 이르러**in articulo mortis 그 궁극적 의미를 열어 밝히게 되는 일이 우리에게 보증되어 있는 것은 아니다 — 마지막 것이 제일 좋은 것이 되는 것도 아닐 것이다. 이것이 바로 인간이라는 이데올로기에 직면해서, 그리스도교 신학이 이 마지막 판단을 최후의 판단으로 — 심중을 헤아릴 수 있는 신에게로 — 연기해버리는 신중함과 절제함을 갖게 된 이유이다. 그러나 적어도 우리가 이런 판단을 내릴 수는 없지만, 포화된 현상에 의해 판단력을 잃어버린 우리의 유한성에 끝없는 해석학을 추구해야 할 의무가 남겨진다. 그런데 최소한 여기서 — 또한 이는 우리의 회피할 수 없는 유한성을 확증한다 — 타인의 얼굴이 죽음에 이르는 바로 그때 해석학이 종결되기는커녕, 끝없는 해석학이 진정으로 시작된다. 왜냐하면 이 해석학은 애도작업을, 결코 사라질 수 없는 기억을 되새기기 시작하는 그 작업을 죽음의 순간부터 나타내기 때문이다. 이는 우리에게 남겨진 모든 기록과 회상을 모아내서 이것을 새로운 결합을 통해 발견해내고, 잘못된 것으로부터 사실로 확인된 것을 선별해내며, 요컨대, 구성해낼 수 없는 타인에 대한 포화된 현상을 구성하여 간접적인 정보들을 비판하기에 이른다. 이 경우 가장 중요한 것은, 일관적인 해석을 구축해내는, 혹은 단순화를 피하기 위해 너무 일관적으로 해석을 구축해내는 시도를 하지 않는 것이다. 또한 이 경우 모든 해석학이 함축하고 있는 난점 — 이데올로기나 정념을 초래하는 것, 일방적 상찬과 과소평가 사이에서 망설이는 것, 곧 무익한 이런저런 체계들 사이에서 망설이는 것 — 과 맞서기에 이른다. 이 순간, 나는 나 자신을, 서로 구별되는 두 증인으로 분열시킬 수 있을 뿐만 아니라, 만일 이 타인의 얼굴이 공적인 것에 속해있다면, 다른 증인들은 나에게 또는 나의 것에 대해 모순적인 해석학을 제안할 수 있다. 마찬가지로 타인의 얼굴이라는 수수께끼는 해석학이 단일하면서도 인식 가능한 것으로 가정한 의미에 최종적으로 접근할 수 있기를 요구하는 바로 그 차원에서 모호한 것이 되어버릴 것이다. 이로써, 양태(얼굴)에 의거하는 포화된 현상은 양에 의거하는 포화된 현상(사건)이 지닌 것과 똑같은 모순적 특징을 떠안게 될 것이다.

이런 상황에서, 신학과 철학은 다른 길을 간다. 신학에서, 이 세계 내의 타인의 얼굴은 접근할 수 없는 의미를 가진 현상으로 남는다. 여기서 얼굴은 이 현재가 반복되고 지속되는 한 현재에서는 다다를 수 없는 것이다. 따라서 믿음에 호소하는 것이 필연적인 일이 된다. 곧, "소망하는 것들의 실체ἐλπιζομένων ὑπόστασις" 내지 매우 현상학적인 용어로는 "보이지 않는 것의 표지πράγματων ἔλεγχος οὐ βλεπομένων"(『히브리서』 11:1)로 정의되는 한에서의 믿음으로서의 믿음을 가지는 것 말이다. 명백하게도, 내가 그리스도의 귀환을 기다려야 하는 것처럼 나는 타인의 얼굴의 현시를 기다려야만 한다. 더 나아가 "[…] 우리의 삶은 그리스도와 함께 신 안에 감추어져κέκρυπται 있다"(『골로새서』 3:3)고 보는 게 더 정상적인 것일까? 어떻게 유한한 타인의 얼굴이, 무한한 얼굴의 영광 바깥에서, 그 진리의 영광 가운데 솟아 나올 수 있겠는가? 타인에 대한 포화된 현상의 해석학은, 그리스도교 신학에서 그리스도의 현시에 대한 종말론적 기대에 관한 믿음의 표징이 된다. 신학적 믿음은 유일하게 정확한 접근 계기로 부과된다. 왜냐하면, 언제나 시간의 끝에 이르기까지, 타인의 얼굴, '나의 동료, 나의 형제나 자매'는 지연되기 때문이다.

분명하게도, 철학 — 곧, 현상학 — 은 이 직접적인 왕도를 요구할 수 없다. 왜냐하면 철학은 시간의 끝을 기다릴 수 없고, 끝이 없는 시간 안에서 기다릴 수 있을 뿐이기 때문이다. 이에 다음으로 따라오는 것이 무엇인가? 우리는 여기서, 이것을 치환하는 한, 어떤 점에서 (순수) 실천 이성의 한계 안에서의 영혼의 불멸을 특정한 방식으로 수용하는 가운데 칸트의 추론을 반복한다. 우리는 다음과 같은 요청을 상기하게 된다. "[…] 순전한 이념들로 사변 이성에 남아있는 (신 또는 불멸성 등의) 여타의 모든 개념들은 이제 이 개념에 연결되어, 이 개념과 함께 그리고 이 개념을 통하여 존립하며 객관적 실재성을 얻는다. 다시 말해. 이 개념들의 **가능성**die Möglichkeit derselben은 자유가 현실적으로 있다는 사실에 의거해 증명된다."[21] 다시 말해, 신과 영혼의 불멸성이라는 감각적 실재성을 결여한 이념들은 간접적으로 이성의 사실, 정언명령을 통해 요청되는 자유의 이념의 현실성으로부터 도출된다. 그것은 불멸성이 자유로부터 실질적 가능성을 수용하는 그 지점에서 사실적 자유와 연결되는 방식을 정립하게 되는 것으로 남는다. 도덕법칙을 통해 소환된 자유는 자유의 완전한 현실화(성화)를 지향해야만 한다. 그런데 자유는, 여기에 "[…] 감성 세계의 어떠한 이성적 존재자도 그 **현존**의 어떤 시점에서 도달할 수 없는 완전함"에 관한 물음이 있

---

21) Immanuel Kant, *Critique de la raison pratique*, Préface, Ak. A.V, p. 4; trad., t. 2, Paris: Gallimard, 《La Pléiade》, 1985, p. 610.

다는 사실로부터 이러한 완전성에 이르기에는 무능함을 끊임없이 입증한다. 따라서, "[…] 그 실존이 지속할 수 있는 한, 그리고 이 생을 넘어서까지über dieses Leben hinaus, 이 진보의 미래의 부단한 지속"이 결국 나타나야만 하는 "[…] 무한으로 나아가는" 진보, "무한정한 진보"를 직시하는 것은 필연적이다.[22] 불멸성은 그 완전한 도덕적 지위에 입각해서 자유의 성취의 필연적 조건으로 간접적으로 요청된다. 이 생에서의 자유의 불완전한 사용에 우리 자신을 굴복시키지 않기 위해서, 또 다른 삶, 곧 불멸성이 "마치" 우리에게 가능한 것 "처럼als ob"[23] 살아가는 것이 가능하다. 요컨대 이성의 사실 — "너의 의지의 준칙이 동시에 보편적 입법원리로 적용될 수 있도록 그렇게 행동하라."[24] —이 나의 자유, 이성의 이념의 실재성을 부과한다. 그런데 성화되어야만 하는 이 자유는, 결코 감성적 삶 안에서는 그렇게 현실화될 수 없다. 따라서 도덕적 성화를 향한 자유에서 무한정한 진보의 장소로서의 영혼의 불멸성, 이성의 또 다른 이념의 가능성을 추론하는 것은 필연적인 일이 된다.

우리는 타인의 얼굴의 포화된 현상에 적합하게끔, 이 논증을 현상학적 용어로 이항시키는 것이 가능할 것이라고 제안하고 싶다. *a)* 이성의 사실은 여기서 보편적이고 추상적인 정언명령이 아닌, 타인이 나에게 다음과 같이 지시하는 이 얼굴 자체가 된다. '너는 [나를] 살인하

22) Kant, *Critique de la raison pratique*, Préface, Ak. A.V, pp. 122 이하; trad., pp. 757~758.
23) Kant, Das Ende aller Dinge, Ak. A.VIII, pp. 330, 334; trad., t. 3, Paris: Gallimard, 1986, pp. 313, 318.
24) Kant, *Critique de la raison pratique*, Préface, Ak. A.V, p. 30; trad., t. 2, p. 643.

지 말라!' *b)* 그런데 나의 입장에서 타인의 얼굴은 법칙에 대한 존중과 마찬가지로, 타인을 대상화하지 않는 (죽이지 않는) 지향의 방식을 전개하기 위해 실제로 나에게 강요하고, 나에게 요구함으로써 일어난다. 최소한 프랑스어에서 '죽인다tuer'는 말은 죽음으로 제한되지 않는다. 우리는 잘못 선택한 색이 그림(가구 또는 꽃다발 등)에서의 다른 색을 '죽인다'고도 말할 수 있다. 또한 한 가지 맛이 다른 맛을 '죽이고', 공적 토론에서의 답변이 대화자를 '죽이고', 사회에서 조롱당하는 것도 '죽인다'고 말해진다. 따라서 '죽인다'는 것은 타인이나 사물에 대한 파괴, 무의미한 항목으로의 대상화, 곧 힘이나 고유한 가치를 상실해버린 전적으로 무익한 것을 지시한다. 타인의 물리적 소멸 가운데, 이 말은 실제로 **일차적으로** 이 '죽임'에 관한, 대상화할 수 없고, 인식할 수 없는 타인의 환원할 수 없는 자율성을 제거하는 일에 관한, 결정권과 지향성의 예측 불가능한 중심부를 제거하는 일에 관한 물음이다. 모든 전체주의는 일차적으로 특별히 인간 안에 있는 이 환원 불가능한 인간성을 '죽이기' 위해 특정한 인간 계급을 어떤 질서 안에서 물리적으로 소멸되게 하는 것이라는 점을 입증해왔다. '죽인다'는 말의 은유적 의미가 실제 그 고유한 의미를 전달하고 있다. *c)* 그런데, 이것은 모든 의미 작용을 넘어서는 표현, 충전적으로 상관관계를 맺는 노에마 없는 노에시스, '무한의 이념'(레비나스)을 인식하는 문제이기 때문에, 이처럼 포화하는 직관은 모든 지향성을 넘어서고 만다. 따라서 그것이 더 이상 의지의 물음이 아닌 타인에 대한 인정의 시간에 관한 물음인 한, 나는 여기서 더 이상 칸트가 '성화'라고 부른 것에 이를 수 없다. 내가 의미와 지향의 사실로 타인을 지각해낸 그 모든 것은 언제나 정의상 그 얼굴, 포화된 현상과의 관계를 통해 뒤로 물러선 채로, 결핍된 채로 남겨져 있다. 따라서 나는 공간 및 특별히 시간을 따라 무한한 해석에 나 자신을 바침으로써 이 역설을 감당하고 정의할 수 있을 뿐이다. 왜냐하면, 우리가 이미 주목해왔던 것처럼, 심지어 이 얼굴의 죽음 이후에도, 해석학은 봄의 현전 못지않게 요구되는 기억 속에서 추구되어야만 하기 때문이다. 또한 해석학은 나의 죽음 이후, 타자들에게 위임된 이 시간을 추구하게 될 — 혹은 적어도 추구되어야 할 — 것이다. 이런 점에서 칸트에게서의 도덕성의 타인의 얼굴은 '무한으로의 진보'와 같은 무한한 해석학을 요구한다. 따라서 모든 얼굴은 — 얼굴 자신의 그것이 아니라면, 적어도 얼굴을 직시하는 자의 — 불멸성을 요구한다.

타자의 삶 및 타자의 죽음과 더불어 살아본 사람만이 어느 정도라도 자신이 타자를 알지 **못한**다는 것을 알고 있다. 따라서 그런 이들만이 탁월한 포화된 현상으로서의 타자를 인식한다. 그들은 결과적으로 이 포화된 현상 자체를 — 대상으로 구성하지 않고 사랑 안에서 해석하기 — 직시하기 위해 영원성을 취할 수 있다는 것을 알고 있다. 그 이유는 다음과 같다. "[…] 사랑은 끝이 없다. 오직 사랑함의 무한성 안에in der Unendlichkeit des Liebens 사랑이 있다."[25] 무한한 해석학의 조건으로서의 동일자로 회귀하는 것으로서, 또는 이성의 요구로서, 타인의 얼굴은 나의 고유한 영원성을 믿으라고 나에게 강요한다.

---

25) Husserl, *Erste Philosophie(1923-24): Zweiter Teil: Theorie der phanomenologischen Reduktion*, Hua. VIII, ed. Rudolf Boehm, The Hague: Martinus Nijhoff, 1959, § 29, p. 14; *Philosophie Première II: Théorie de la réduction phénoménologique*, trad. Arion L. Kelkel, Paris: Presses Universitaires de France, 1972, p. 20.

# 6장
# 이름 또는 말하지 않는 법에 대하여

## 1. '현전의 형이상학'과 '부정신학'

오늘날 서로 대결하는 것으로 결론이 나버려 외관상 서로 다른 영역을 드러내는 '현전의 형이상학métaphysique de la présence'과 '부정신학théologie négative'이 큰 틀에서는 서로 겹치는 것으로 보인다는 점은 그리 놀라운 일이 아니다.

두 입장은 분명 공통적으로 한 가지 특징적인 결여, 곧 정확한 정의나 깔끔한 역사적 적법성을 갖추지 못하고 있다는 결여를 안고 있다. 하이데거는 (우리가 알기로는) 그가 형이상학의 구성을 현전의 본질l'οὐσία de la πάρουσία과 같은 것으로 간주하여 끊임없이 철저하게 따져 물은 것 이상의 독특한 논점이라 할 수 있는 '현전의 형이상학'이라는 말을 사용한 적이 없다. 또한 데리다 자신도 우리가 이 말을 통해서 이해할 수 있고 이해해야 하는 바가 무엇인지를 우리에게 일의적으로 설명해주지는 않은 것 같다.[1] 이런 와중에 어떤 기초적 물음이 다음과 같이 이어져 나온다. '형이상학'은 언제나 현전으로 현전을 통해 확인되는 것인가 아니면 부재도 포함할 수 있는 것인가? 현전은, 그것 자체가 하나의 정의를 넘어섬과 동시에 하나의 정의를 받아들이고 있다는 점에서, 존재-신-론l'onto-théo-logie과 정확하게 같은 것인가? 확실히 '현전의 형이상학'의 특징에 대한 (본질 없는 본질적인 것으로서의) 무규정성이 본질적으로 이 형이상학 자체를 특징지을 수도 있고 견고하게 할 수도 있다. 현전의 형이상학은 특별히 해체구성déconstruction에 대한 대중적이고 논쟁적인 활용법에 있어서 나름 분명하게 지속되고 있으며, 또한 이 무규정성이 어쩌면 그 해석학적 유효성에 불가피하게 해악을 끼치는 근본적인 부정확성을 함축하고 있는지도 모를 일이다. 이제 '부정신학'이라는 규정도 그러한 무규정성과 같은 일을 겪게 되는 사태가 발견되고 있다. 무엇보다도, 에메 솔리냑Aimé Solignac이 공언한 것처럼, "사실대로 말하자면, 디오니시오스는 '부정신학'을 『신비신학』 *Théologie mystique* 3장의 제목으로, 단 한 번 도입했을 뿐이다."[2] 우리는

---

1) 이 문제와 관련해서, (적어도 내가 아는 한), 이 말이 처음 나타나는 대목은 후설을, 이상하게도 "[…] 이념성의 형태에서의 현상학, 현전의 형이상학의"(Jacques Derrida, *La Voix et le Phénomène*, Paris: Presses Universitaires de France, 1967, p. 9) 사상가로 지칭한다. 1953년과 1954년에 데리다가 후설을 비판적으로 읽은 것이 이 물음을 정식화하게 이끌었을 것이다 ("현상학은 더 이상 자기 집의 주인일 수 없다. 존재론이 이미 그 집안에 있을 것이다", Derrida, *Le Problème de la genèse dans la philosophie de Husserl*, Paris: Press Universitaires de France, 1990, p. 117). 그러면 사람들은 이러한 "현상학의 형이상학적 담화"(Derrida, "La différance", *Marges de la philosophie*, Paris: Les Éditions De Minuit, 1972, p. 21)에 적법하게 기대를 걸어 볼 수 있다는 것이 틀림없는 사실일까?

2) Aimé Solignac, *Dictionnaire de Spiritualité*, t. 15, Paris: Beauschesne, 1990~1991, col. 513. 이것은 다음 문헌과 관련한다. *TM* III, *PG* 1032d. 데리다는 그가 다음과 같이 말할 때 이 난점을 알고 있었던 것처럼 보인다. "[…] 우리가 일컫는 것은, 때로 오용되고 있는, […] '부정

여기에다 몇 마디 말을 더 보탤 수 있다. 우선, 이 독특한 증언은 이 말이 특정한 장의 주제로 나타난다는 점에서, 편집자에게서 비롯된 것처럼 보인다. 다음으로 중요한 것은, 여기서 문제가 되는 것이 하나의 부정신학 내지 **바로** 그 부정신학을 정의하는 것이 아니라 "그 긍정신학[신에 대한 말]이 어떤 것인지, 그리고 어떤 것이 부정적인 [것들]인지 ─τίνες αἱ καταφατικαὶ θεολογίαι, τίνες αἱ ἀποφατικαί"를 인식하는 것과 관련한다는 점이다. '긍정신학'과의 평행점을 깨지 않기 위해 여기서 실체의 복수적 의미, 또한 고전적 의미가 재정립되어야만 한다. 무엇보다도 디오니시오스에게 신학θεολογία이라는 용어는 신을 말하기 (또는 말하지 않기) 위해, 언제나 형이상학의 개념들과는 거리가 먼, 성서를 통해 활용된 표현들을 지시한다는 점을 또한 이해해야만 한다.[3] 이런 점에서 위대한 학자인 솔리냑조차도 추정적으로 정립된 단일한 '부정신학'이라는 주제를 완전히 깨트리기보다 근사치적 정의를 유지하는 편을 택했으며, 선별되지 않은 주석들이, 우리가 아는 한, 주석에 무지한 저자들에게 이 규정을 원용하라고 고집을 부리고 있다는 점은 그리 놀라운 일이 아닐 것이다. 왜냐하면 신을 명명하고 이러한 부정의 이론을 형성하기 위해서, 알렉산드리아 교부들이나 카파도키아 교부들, 혹은 이레나이우스나 아우구스티누스, 베르나르, 보나벤투라, 토마스 아퀴나스와 같은 이들은 모두 '부정신학'이라는 규정을 도입하지 않았기 때문이다. 결과적으로, 우리는 이 규정이 매우 근대적인 것이

---

신학'이다"(Derrida, *Psyché: Inventions de l'autre*, Paris: Galilée, 1987, p. 535).

3) René Roques, *L'Univers dionysien: Structure hiérarchique du monde selon le Pseudo-Denys*, Paris: Aubier, 1954, pp. 210 이하(이 자료에서 인용).

라고 온당하게 가정할 수 있다.[4] 만일 우연히 우리가 이 용어들을 극복 되어야 하는 불명확한 개념과 같은 것으로 혹은 응답을 기다리는 물음 과 같은 것 — 절대로 굳건한 거점이 되지 못하는 것 — 으로 도입해 야만 한다면, 우리는 '현전의 형이상학'과 '부정신학'이라는 용어를 더 이상 고찰하지 않을 것이다.

그러나, 이러한 평행적 아포리아를 넘어서, 두 가지 물음이 더 깊 은 내밀한 관계를 유지하고 있다. 자크 데리다는 1968년의 중요한 강 연, 「차이」La différance, 差移[*]에서 자신의 작업의 핵심부에 이 용어들이 교차되고 있다는 점을 스스로 인정한 바 있다. "또한 그럼에도 **차이**가

---

4) 우리는 프랑수아 부르고앵(François Bourgoin)이 다음과 같이 신학에 대한 현대적 정의를 부 각시킨 사례를 잘 들여다봐야 한다. "우리는 세 종류의 신학, 긍정신학, 스콜라신학, 그리고 신 비신학이 있다는 점을 언급해야 한다. 긍정신학은 성서에 대한 해석을 그 대상으로 삼는다. […] 스콜라신학은 인간의 어떤 추론과 혼합된 것으로서의 방법을 통해 신앙의 진리를 해명 하는 것이며, 신비신학은 이러한 진리를 적용하고 정신이 신에게 상승하도록 하는 역할을 한 다"(Préface [de 1644] aux Œuvres Complètes du Cardinal de Bérulle, in J.-P. Migne (ed.), Paris, 1856, p. 83). 그는 '부정신학' 내지 신비신학 안에서의 두 가지 다른 '길'과의 적 절한 만남을 전적으로 무시하고 있다. 이 용어의 복잡한 운명에 대해서는 다음 문헌을 참조하 라. Michel de Certeau, "'Mystique' au XVIIᵉ siècle: Le problème du langage 'mystique'", L'Homme devant Dieu: Mélanges offerts au Pere Henri de Lubac, t. 2. Paris: Aubier, 1964, pp. 267 이하(여기서 디오니시오스가 이 시대 탁월한 신비가로 나타났다는 점이 강조된다). 우리는 다음 문헌의 사려 깊은 세심함을 우리의 것으로 만들고자 한다. Michael Sales, "La théologie négative: méthode ou métaphysique", Axes, III/2, Paris, 1970.

* différance를 이 책에서는 차이라고 번역하려고 한다. 일반적으로 이 말의 번역어로 널리 사 용되고 있으며, 데리다가 의도한 차이와 연기라는 두 효과를 모두 지시할 수 있는 차연이라 는 말도 좋은 번역어이고, 데리다가 의도한 철자법의 오기와 같은 착각을 일으키는 효과를 가 져올 수 있는 챠이(주재형)라는 번역어도 좋은 번역이며, 음성적으로는 차이가 없고 문자로만 낯설음과 모종의 다름의 효과를 확인할 수 있는 차이(박성창)나 '차이'(김재희 · 진태원), 한자 어를 통해 두 가지 의미의 결합을 시도한 차이(差移, 김남두 · 이성원)도 좋은 번역어이다. 여기 서 우리는 김남두와 이성원의 시도에 기본적으로 동의하면서 한자를 일일이 병기하거나 떠 올리기 어려움을 고려해서, 소리가 아닌 문자로만 구별되는 différance와 différence의 철자 법상의 차이에서 비롯하는 낯설음의 효과를 더 부각시키기 위해 차이(差移)로 번역한다(한자 는 처음 한 번만 병기하고 이후에는 차이로 표기한다). 여기서 사용된 한자어는 어긋날 차(差)와

나타내는 것은, 부정신학의 가장 부정적인 질서에서조차 신학적이
지 않다. 부정신학은, 우리가 알고 있는 대로, 언제나 본질과 현존, 즉
현전이라는 유한한 범주들을 넘어서는 하나의 초-본질성을 끌어내
는 데 몰두하며, 또한 현존에 대한 서술이 신을 거부하는 경우에, 우
월하면서도, 파악할 수 없으며 말로 표현할 수 없음이 곧 신의 존재방
식이라는 점을 인식하는 데 혼신의 힘을 기울인다."[5] 이는 일종의 거
부dénégation*와 관련하는 것이라고 말할 수 있다. 이러한 파리인의 거
부의사는 20년이 지나 예루살렘에서 거행된 「말하지 않는 법. 거부」

---

옮길 이(移)이다. 어긋남이란 의미를 통해 서로 다름의 의미가 내포되고, 옮김이라는 의미를
통해 맥락에 담겨진 의미들의 시간적, 공간적 이동성을 담을 수 있다.

5) 이에 앞선 강의는 1968년 프랑스철학회에서 발표된 것이고 『철학의 여백』(Marges de la
philosophie)에 수록되었다. 우리는 이러한 거부의 문제를 나의 다음 문헌에서 논의했다.
Jena-Luc Marion, L'Idole et la distance, Paris: Grasset, 1977, p. 318. 우리는 이 고정관
념을 다음과 같은 데서 더 추적해볼 수 있다. "부정신학 및 베르그손주의가 안고 있는 문제들
과 똑같은 문제가 포착되는데, 그[레비나스]는, 이들이 했던 것처럼, 그 스스로 그 자신의 실패
로 인해 단념된 언어로 말할 권리를 주지 않는다. 부정신학은 신에 대한 이해로서의 로고스에
열등한, 그 스스로 실패하고 유한하다는 것을 알고 있는 목소리로 말했다." 본래 이 글은 1964
년에 『형이상학과 도덕 연구』(Revue de métaphysique et de morale)에 수록되었다. 그러고
나서 다음 문헌으로 재간행되었다. Derrida, L'écriture et la différence, Paris: Seuil, 1967,
p. 170. 흥미롭게도, 레비나스는 무한에 대한 그의 기술과 관련해서 거부에 비견할만한 것을
실행했다. "이 '무한과의 관계'에 대한 기술에 관여하는 모든 부정들이 부정의 형식적 의미와
논리에 국한되는 것은 아니며, 부정신학을 구성하는 것도 아니다!" Emmanuel Lévinas, Le
temps et l'autre, conférences de 1946~1947, éditées en 1979, note de 1979, Paris: Fata
Morgana, p. 91.

* dénégation은 부정, 부인, 거부의 뜻으로 쓰인다. 이 말을 부정이나 부인으로 번역할 경우
négation과의 차이점을 나타내기가 어렵다. 그래서 궁여지책으로 여기서는 거부로 번역했
다. 왜냐하면 데리다가 부정신학과 관련해서 사용할 때의 주된 의도는 부정신학의 부정적 존
재정립에 대한 거부와 해체를 나타내기 때문이다. 다시 말해 거부(拒否)라는 한자어는 '아니
다', '부정하다'를 의미하는 한자어 '부(否)'에 '거부한다', '막아내다'의 의미를 지니는 한자어
'거(拒)'가 결합된 형태이기에, 약간의 말놀이와 상상력을 가미하여 부정(신학)의 논리를 막아
내거나 거부한다는 데리다적 의미로 이해해봄 직하다.

Comment ne pas parler. Dénégations라는 강연으로 다시 제시된다.[6] 이 지속적인 거부는 다음과 같이 분리할 수는 없지만 위계적인 세 가지 계기로 규정된다. (i) 우선, 명시적인 거부가 있다. 데리다에 의하면, 이를 통해서, '부정신학'은 신에 관해 긍정적으로 말하지 못한다. (ii) 다음으로, 암시적인 거부가 있다. 데리다에 의하면, 이를 통해서 '부정신학'은, 매번 그럼에도 불구하고 어떤 것을 말하는 것, 즉 '현전의 형이상학'으로 다시 기입될, 곧 신을 서술하는τι κατά τινος 어떤 것을 말하지 말자고 요구한다. (iii) 결국, 가장 중요한 것은 데리다가 명시적인 거부를 제안한다는 점이다. 여기서 데리다는, **차이**와 관련해서, '부정신학'의 과제와 좌절을 반복하기를 그 스스로 거절한다. 이 마지막 거부——**차이**는 '부정신학'을 반복하지 않는다. 왜냐하면 **차이**는 오로지 '현전의 형이상학'과 타협하지 않으면서 해체구성을 시행하기 때문이다——는 다른 두 가지 사안을 분명하게 명령한다. **차이**가 '부정신학'과 구별되는 문제와 관련해서, 그것은 부정신학이 언제나 현전의 특권에 굴복하는 것에 지나지 않는다는 점을 보여주어야만 한다. 데리다의 소위 '부정신학'에 대한 비판은 이 특수한 담론의 방법이 아니라 무엇보다도 현전에 대한 해체구성에서 나타나는 **차이**의 지배 문제와 관련한다.

---

6) 데리다의 「말하지 않는 법. 거부」는 그의 다음 저술에 수록되어 있다. Derrida, *Psyché: Inventions de l'autre*, Paris: Galilée, 1987(또한 다음 문헌을 보라. Derrida, *Sauf le nom*, Paris: Galilée, 1993).『프시케』가 내 작품을 관대하게 언급했을 때(특별히『우상과 거리』와『존재 없는 신』), 이어진 지면들은, 이미 오래된, 그리고 적어도 나에게는 매우 유익한 논의로, 하나의 응답 내지는 보충적인 계기로 읽혀지는 것들이었다.『환원과 주어짐』에 대한 데리다의 언급은 다음 문헌에 나온다. Derrida, *Donner le temps I: La fausse monnaie*, Paris: Galilée, 1991. 이에 대한 나의 응답은 다음 문헌에 담겨있다. Marion, *Étant donné*, Paris: Presses Universitaires de France, 1997, chap. II.

형이상학 역사의 결정적 계기들에 관한 그의 다른 여러 독해들과 마찬가지로, 여기서 데리다의 비판은 현전과 같은 것을 고백하거나 요구하는 현전의 형태들을 해체구성하는 것이 아니라 이미 현전을 명시적으로 거부하는 기획 자체를 해체구성하는 것, 곧 유사-해체를 해체구성하는 문제와 관련한다. 더 나아가 ─ 이는 매우 예민한 문제다 ─ 이 유사-해체가 은연중에 **차이**와 관련하는 본래적 해체구성을 단적으로 선취해낸다고 말할 수는 없다. 왜냐하면 부정신학은 그것이 **결국**에 해체하는 것과는 정반대의 것에 이르기 때문이다. 부정신학은 그것이 모든 현전을 부정하는 바로 그 차원에서, 우리를 신의 현전 속에 들이자고 주장한다. '부정신학'은 새로운 소재나 무의식적 선취와 결부된 해체구성을 제공하는 것이 아니라 제일 심각한 경쟁자, 어쩌면 유일하게 가능한 것과 결부된 해체구성을 제공한다. 요컨대, 해체구성과 관련해서 '부정신학'을 향하는 것은 우선 '부정신학'이 아닌 해체구성 자체, 해체구성의 근원성과 최종적인 우월성이다. 따라서 소위 부정신학의 이중의 요구를 가능한 철저하게 해체구성하는 것이 해체구성에서 전략적으로 중요한 일이 된다. 그 요구란 신을 해체구성하는 것, 그리고 그럼에도 불구하고 신에게 도달하는 것이다. 이 요구가 누락되면, **차이**에 의한 해체구성은 먼저 경쟁(그것이 없으면 현전은 해체될 수 있다)을 겪게 되고, 그런 다음 주변화(해체구성은 존재 바깥, 존재 없이, 신에 대한 접근을 금하지 않을 것이다)를 겪게 될 것이다. 해체구성이 그 모든 전통과 더불어, 여전히 '부정신학'이라는 부정확한 주제 아래 있는 모든 전통과 관련하는 것을 공격할 경우, 자신을 방어하는 데 부합하는 정도의 공격은 정작 시행하지 못한다.

따라서 데리다가 제시한 논증 ─ 보통 '부정신학'에 대항하여 나온 것 ─ 은 비난과 같은 것, 즉, 실제로 가장 급진적인 무신론에서 "침묵으로 인한 공포"라는 구실 아래 나온 비난과 같은 어떤 것이 아니다.[7] 반대로 여기서 데리다는 (특수한 현존으로서의) 신이라는 주체를 긍정하는 부정신학의 영속성을 규탄하고, 그러한 부정신학을 거부함으로써, 그것이 곧 현전 바깥에서 신을 사유하는 것, 혹은 '현전의 형이상학'으로부터 해방된 신을 사유하는 데 이르지 못한다는 것을 보여주는 일과 연루된다. 이 근본적이면서도 독특한 논증은 여러 가지 반대 논점을 조성하는데, 우리는 명료한 논의를 위해 이 논점들을 다음과 같이 선별할 것이다. 유대교 신자, 무슬림, 불자도 아닌 그리스도인에게만, 심지어 상대적으로 늦은 시기에 나온 신약성서의 개념적 해석학과 결부되는 그리스도인에게만,[8] '부정신학'은 그리스도교 철학으로, 사실상 존재-신-론과 관련하는 가장 "그리스적인" 것으로 동화되어버릴 수 있다[9](반대 1). 부정신학은 그 자체로 언제나 존재 지평 안에

---

7) 최근에, 클로드 브뤼에르(Claude Bruaire): "따라서 감각적인 외층, 종교적 파편, 대체 불가능한 절대자, 무의 기호로 싸여있는 경건한 감성과는 별개로, 부정신학에 그 정확한 지위를 부여하기 위해, 공식적인 자리를 부과하는 것은 필연적인 일이다. 부정신학은 모든 신학의 부정이다. 그것의 진리는 무신론이다"(*Le Droit de Dieu*, Paris: Aubier-Montaigne, 1974, p. 21). 데리다에게서 이와 관련한 놀라울 정도의 반향이 발견된다. "만일 부정에 거의 무신론으로 기울어지는 경향이 있다면 […]"(Derrida, *Sauf le nom*, p. 18). 이 잔혹한 동화작용과 대조되는 것으로 다음 문헌을 보라. Henri de Lubac, *De la connaissance de Dieu*, Paris: Éditions du Témoignage chrétien, 1945, chap. V.

8) Derrida, *Sauf le nom*, pp. 69~70(여기서, 의심의 여지 없이 다른 곳에서와 마찬가지로, 그는 다음 문헌에 의존한다. Raoul Mortley, *From Word to Silence*, t. 2, Bonn: P. Hanstein, 1986, p. 57. 이 작품은 생략만큼 많은 편견을 통해서, 자신이 다루는 것과 관련해서 엄청나게 이질적인 것을 다룸과 동시에 상당한 지식을 담고 있기도 하다).

9) Derrida, *Ibid.*, pp. 39, 41, 69~70, 79, 84; Derrida, *Psyché*, pp. 564, 573.

기입된다(반대 2). 실제로 —— 또한 이 반대만이 앞선 두 가지 전제들의 믿을 수 없는 난폭함을 정당화하는 것처럼 보인다 —— 부정신학은 언제나 결국에는 유사-긍정에 도달하고 만다. 부정신학은 "[…] 종종 문장, 심판, 결정, 진술을 다시 불러낸다." 왜냐하면 "[…] 부정은 언제나 일종의 역설적 과장을 표상해왔으며" 또한 부정은 "[…] 모든 곳에서 그 자체로는 아무것도 아닌" 부사 sans(없는)처럼, "[…] 그 부정성을 긍정으로 변이시키기" 때문이다.[10] 요컨대, 부정신학은 본질, 존재나 신의 진리에 관한 부정이 아니라 이런 것들을 거의 과장과 같은 것으로 더 잘 재정립하기 위한 부정이다(반대 3). 또한 신비신학은 분명 거부한 것을 **종국**에 재정립하기를 의도하는 게 아니라 결정적으로 서술에서 말의 비-서술적 형태, 즉 찬양하는 기도ὑμνεῖν에 이르는 탁월함의 길을 통과하는 것이라는 답을 내놓을 수 있는데, 데리다에게 그것은 찬양하는 기도를 순수하고 단순한 기도εὐχή와 대립하는 것으로서의 위

---

10) 각각 *Ibid.*, pp. 16, 70, 81(특별히 '존재'와 '진리'에 관해서는 pp. 72, 80, 82를 보라). 또한 Derrida, *Psyché*, n. 2, 3, p. 542(pp. 540~541을 보라). 이 주장은 또한 이상하게도 (부정의 길에 관한 유일한 참된 신학사로 가정하며) 프로클로스를 찬양하고 그런 다음 닛사의 그레고리우스와 디오니시오스에게 접근하는 모틀리에게 의존하고 있다. "이러한 움직임은 프로클로스의[?] 긍정적인 **부정의 길**[?]과 닮아있다[?]. 그에게서 부정은 초월에 대한 긍정적 진술을 감안하는 경우에만[?] 함축된다"(*From Word to Silence*, p. 229). 이 논증은 심지어 별다른 주의 없이 같은 저자에 의해 다음 문헌에서 재차 강조되고 있다. Raoul Mortley and D. Dockerill eds., "What is negative Theology?", *Prudentia*, Supplementary, 1981. 이것은 또한 해럴드 카워드(Harold Coward)와 마크 테일러(Mark C. Taylor)에게서도 자명한 것으로 가정된다. 이들의 글은 다음 문헌에서 찾아볼 수 있다. H. Coward and Toby Foshay eds., *Derrida and Negative Theology*, New York: State University of New York Press, 1992, pp. 176 이하, p. 188, p. 200 등을 보라. 이와 유사한 입장이 다음 글에도 나타난다. Frank Kermode, "Endings, Continued", *Languages of the Unsayable: The Play of Negativity in Literature and Literary Theory*, eds. Sanford Budick and Wolfgang Iser, New York: Columbia University Press, 1989, p. 89, 특별히 pp. 75 이하.

장된 서술(또는 우리가 항상 어떤 주제 […] 곧 지명을 통해en nommant […]
찬양하는 서술)로 퇴거하는 것에 지나지 않는다[11](반대 4).

　　우리가 더 상세하게 추론해야 할 이런 반대 항목들의 폭력성은 우
리로 하여금 이 폭력성을 과소평가하고 배제하게 만들 수도 있다. 우
리는 원칙적인 동기에서 이러한 유혹에 넘어가지 않을 것이다. 우선
적어도 이 반대들 가운데 하나(반대 3)는 그리스도교 신학에 심각한 의
문을 품게 만들기 때문에 중요하다. 부정의 표현은 실제로 어떤 점에
서 부정 자체가 분명하게 격하되는, **탁월함의 길**via eminentiae을 재정립
하는 것으로는 기능하지 못하는가? 특별히 신적 탁월함은 ——과장의
방식이라는 대가를 지불하면서(초ὑπέρ라는 것과 그 대안을 통해서) ——
존재, 본질, 사유 등의 신의 실질적 속성을 보호하고, 정당화하고, 존속
시키는 역할을 할 수 있는가? 다음으로, 더 본질적으로, 이 반대들 전
부가 다 담론의 형이상학적 조건들을 배제하는 신학의 가능성을 의문
시하기 때문에, 우리는 이를 심각하게 받아들일 것이다. 요컨대, 계시
를 통해 초래된 신학으로서의 그리스도교 신학은, 원칙적으로 언제나
'현전의 형이상학'의 실질적 성취에 속하는 것과 그 자체로 단절될 수
있는가? 아니면 최종 단계에서 신학은 현전의 형이상학으로 환원되는
가? 이는 다음과 같은 물음에 이른다. 그리스도교 신학은 해체구성에
종속되는가, 종속되지 않는가?

---

11) Derrida, *Psyché*, pp. 572 이하, n. 1.

## 2. 제3의 길: 비-지명하기dé-nommer

이런 물음에 대한 응답은, 혹은 그 응답에 관한 가장 기본적인 윤곽조차 너무나 큰 난점을 내포하고 있어서 우리는 한 번에 한 단계씩 논의를 전개해야 할 것이다. 우리는 우선 이 논의를 위한 분명한 예시가 되는, 전통적으로 디오니시오스 아레오파기타의 작품으로 간주되는 『신의 이름에 관해서』Les Noms Divins와 『신비신학』이라는 두 편의 논고로 구성된 **문헌 자료**와 데리다의 반대를 마주하게 함으로써 본 논의를 시작할 것이다.[12]

일단 다음과 같은 한 가지 사실이 부과된다. 디오니시오스는 '부정신학' 자체를 고립시키지 않을 뿐만 아니라(우리가 이미 확인한 것), 둘이 아닌 세 가지 요소를 포함시키는 과정에서만 부정을 포함으로써 부정을 사용한다. 따라서 부정에서 마지막 것이 단번에 첫 번째 것의 승리자이자 계승자일 수 있다는 이중적인 긍정의 방식과 마주하는 역할을 하는 것은 아니다. 왜냐하면 양자 모두 결국에는 제3의 길을 초래하기 때문이다. 이런 점에서 제3의 길은 "[…] 그분으로부터 나

---

12) 우리는 현대의 비평가들이, 마치 '아레오파기타(l'Aréopagite)'라는 칭호에 담긴 기만성을 반드시 고발해야 했던 것처럼(고전적인 예로, 모리스 드 강디약은 애써 자신의 다음 번역판 서문에서 "디오니시오스 신화"를 고발한다. Œuvres complètes du pseudo-Denys l'Aréopagite, Paris: Aubier, 1943¹, 1980²) 디오니시오스에게 부과해야 한다고 고집스럽게 주장한 '위-'라는 쓸모없는 칭호를 아껴둘 것이다. 그것은 분명 종교에 관한 이름이다. 디오니시오스는 성 바울의 **개종자** 아레오파기타(『사도행전』 17:34)로 행세하지는 않았지만, 그 이름을 하나의 역할 모형이자 수호성인으로 가정한다. 이와 달리, 성 바울이 아닌 "거룩한 히에로테오"(Les Noms Divins, IV, 15-17, PG 3, 714a 이하 및 파키메레의 성구 778b 이하)가 자신의 영적 아버지라고 고백한 데는 어떤 이유가 있을까? 이는 디오니시오스와 그 옛날 그의 독자들이 우리가 생성해온 수도사적 실천을 알지 못했음과 동시에 그것을 보다 더 소박한 어떤 것으로 생각했던 그들의 소박한 태도에서 비롯된 것이다.

온 존재자들의 배열로부터 시작하여 우리가 우리의 능력을 따라 가능한 한에서 그 길과 위상을 따라, 그리고 모든 부정과 넘어섬으로[부정의 길], 모든 필요조건으로[제3의 길], 만물[존재자]을 넘어서 ──ἐν τῇ πάντων ἀφαιρέσει καὶ ὑπεροχῇ, καὶ ἐν τῇ πάντων αἰτια ── 우리가 우리를 상승시켜 다가가는 신적 범례들의 특정 아이콘과 유사성을 포함하는 [긍정의 길]" 것이다. 그는 다음 구절에서는 더 명확하게 말하고 있다. "[…] 그분은 만물의 원인이시므로[ὡς πάντων αἰτια], 우선[καὶ] 그분에게 존재자들에 대한 모든 정립을 부과하고 긍정해야[καταφάσκειν] 하며, 그다음으로[καὶ] 그분은 모든 존재를 초월하시므로, 이 모든 것들을 더 근본적으로 부정해야 한다[κυριώτερον ἀποφάσκειν]. 결국[καὶ] 우리는 단순히 부정을 긍정의 반대라고 추정하지 않는데, 왜냐하면 모든 부정만이 아니라 모든 긍정 위에 있는 것[원인]은 ──τήν ὑπὲρπᾶσαν καὶ ἀφαίρεσιν καὶ θέσιν ──여전히 결여 그 위에 있는 것이기 때문이다." 이는 더 형식적이고 가치론적인 디오니시오스의 마지막 논고, 곧 『신비신학』의 마지막 행간과 연관된다. "[…] 만물의 완전하고 독특한 그 원인께서는 만물의 모든 억압을 넘어서고 만물의 총체 저편에서 ──ἐπεκείνα τῶν ὅλων ──발견되는 것이 또한[καὶ] 모든 부정 너머에[ὑπὲρ πᾶσαν ἀφαίρεσιν] 있는 것처럼 모든 정립 너머에[ὑπὲρ πᾶσαν θέσιν] 계시기 때문이다."[13] 따라서 이 놀이는 두 항들, 곧 긍정과 부정 사이에서 이루어지는 것이 아니라 서로 구별되고 환원이 불가능한 세 항들 사이에서 이루어진다. ἡ πάντων θέσις, ἡ πάντων ἀφαιρέσις, τό ὑπὲρ πᾶσαν καί

---

13) 각각 *Les Noms Divins*, VII, 3, 869d-872a; *Théologie mystique*, I, 2, 1000b, and V, 1004b.

ἀφαίρεσιν καί θέσιν.[14] 우리는 결국 이 세 분할을 이해하지 못하며, 더 나아가 심각하게 받아들이지 않았지만, 최소한 디오니시오스가 이런 식으로 말했고 생각했다는 것만큼은 부정될 수 없다.

디오니시오스와는 현격하게 다른 관점을 보이면서 그에 동의하지 않는 저자들조차도 이 셋의 분할에 대해서는 이론의 여지가 없는 일치된 의사를 표시한다. 토마스 아퀴나스는 **부정적으로** 부과된 이름으로 논의를 시작한 다음, 분명 디오니시오스의 절차에 반대하여, **절대적이고 긍정적으로** 말해지는 신의 이름의 탁월성을 인정한다. 그런데 긍정은 최종적으로 탁월성을 따르는데, 왜냐하면 신은 이름을 통해 말해지는 완전성의 원인으로, 알려지지 않은 것을 재정립하는 (또는 심화하는) 바로 그만큼, "[…] secundum modum altiorem(더 높은 방식)" 혹은 "[…] secundum eminentiorem modum(더 탁월한 방식)"으로, 의미들을 능가하는 인과성으로 명명될 수 있기 때문이다.[15] 게다가 더 명확한 논점이 니콜라우스 쿠사누스Nicolas de Cues의 최종적인 입장에서 나타난다. 분명, 그는 『박학한 무지』Docta ignorantia에 **부정신학**이라는 제목을 단 마지막 장을 할애함으로써, 이 용어를 명시적으로 도입한 매우 드문 고전적 예시를 제시하고 있다. 그런데 그는 순수하고 단순한 부정이 아닌 무한으로 논의를 매듭짓는다. "부정신학을 따르자면[secundum theologiam negationis] 무한은 우리가 신 안에서 발견하는 모든 것이다." 이 무한은 그 자체로 부정이라는 수단을 통해 긍정

---

14) *Les Noms divins*, II, 4, 641a.

15) Thomas Aquinas, *Summa theologiae, Ia*, q. 13, a. 2c, and 3c.

으로 돌아가는 것이 아니라 신적 진리를 파악할 수 없음의 경험으로 끌고 가거나 우리를 에워싸 버린다. "[…] praecisionem veritatis in tenebris nostrae ignorantiae incomprehensibiliter lucere —— 우리의 무지[부정]의 그림자에서, 빛은 진리를 파악할 수 없는 것으로 가장 정확하게[탁월하게] 정의했다." 이것은 가설적인 부정이 아닌 처음부터 계속해서 의도된 제3의 입장과 관계된다. "또한 이러한 것이 우리가 찾고 있는 박학한 무지다."[16] 이 길은 파악할 수 없는 것 자체에 대한 사유에서 자명해지고(2권), 완전한 교의신학을 열어준다(3권). 부정의 길의 그리스도교적 장소는 다음과 같이 의심의 여지가 없는 것이다. 이 장소는 탁월함, 원인, 그리고 신에 대한 파악할 수 없음이라는 영역을 갖는 부정의 길의 삼중의 성격 안에서 발견된다. 따라서 이 물음은, 특별히 부정의 길의 범위 내에서 이중적인 것이 각 항의 지위를 변형시킨다기보다는, 삼중성의 재정립이라는 방식으로 평가될 것이다. 다시 말해, 소위 부정신학에 관한 해체구성은 이 길의 삼중적 성격의 무지(또는 거절)로부터 어떤 이점을 도출할 수 있는가? 요컨대, 데리다는 어떤 점에서 세 번째 길을 부정하고 부정과 긍정의 경계론적 대립에 집착하고 있는가?

이 물음에 대한 답변은 단순히 세 번째 반대 자체를 다시 읽어냄으로써 간파될 수 있다. 실제로, 이 반대는 적법하지 않은 긍정을 암시적으로 은밀하게 재정립하는 일을 가정하는 궁극적인 고립된 부정

---

16) Nicolas de Cues, *De docta ignorantia I*, chap. XXVI, in *Philosophisch-theologische Schriften*, ed. Leo Gabriel, t. III, Vienna: Herder, 1964, pp. 292~297.

의 혐의를 추궁하는 것으로 그 전체 진상을 나타낸다 ── "부정은 언제나 일종의 역설적 과장을 표상해왔으며", "[…] 부정성을 […] 긍정으로 변이시키고", "[…] 종종 문장, 심판, 결정, **진술**을 […] 다시 불러낸다."[17] 혐의추궁의 해석학L'herméneutique du soupçon은 언제나 임의성의 위험을 안고 있기에 어떤 다른 해석이 더 이상 가능하지 않을 때, 최종 단계에서만 개입해야 한다. 이러한 것이 이제 여기서 곧장 제3의 길의 사례가 되는 것은 아니며, 이를 명확하게 디오니시오스의 의도인 것처럼 주제화하는 것은 어려운 일이다. 처음 두 가지 길의 성패는 원리상 세 번째 길을 통해 극복되는 것으로 나타나기 때문에 긍정의 특징을 부정함으로써 그것을 부정적 계기로 몰아가는 것은 가능하지도 않고 유용하지도 않다. 다시 말해, 디오니시오스(와 이 길을 따르는, 혹은 디오니시오스를 앞서 간 신학자들)는 부정을 과잉규정하거나 위조하기를 요구하지 않는다. 왜냐하면 그는 유일하게 마지막으로 안내해주는, 최종적인, 더 근본적이고, 더 직접적인 길을 열어준다(또는 최소한 열어보자고 주장한다). 더 먼 곳으로 나아가기 전에, 산을 오르기 위한 지침을 이행하는 것은, 다소간 이상하긴 하지만, 적어도 그것이 여기서 판단과 진리에 대한 (사실상 아리스토텔레스적인) 형이상학적 교설이 지닌 이중 항목으로부터 우리 자신을 해방시킬 것을 지시한다는 점에 주목해보자. 제3의 길은 긍정과 부정, 종합과 분리, 요컨대 참과 거짓의 대립을 넘어서 작용한다. 엄밀하게 말해서, 실제로, 정립thèse과 부정이 공통적으로 참을 말해야만 한다면 (그리고 거짓을 물리쳐야 한다면),

---

17) 앞의 각주 10을 보라.

그러한 정립과 부정을 넘어서는 길은 참과 거짓도 넘어서야 한다. 제
3의 길은 형이상학의 전체 논리가 실행되는 진리값들 가운데, 적어도
두 진리값을 위반할 수 있다. 이로부터, 제3의 길이 더 이상 참이나 거
짓을 말하는 것과 관련하는 게 아니라면, 곧 그것이 참과 거짓을 말하
는 문제가 아니라면, 이는 부정을 불합리하게 은폐하거나 그렇게 함으
로써 최소한의 이익을 얻으려는 것이 단연코 아니다. 다만 여기서 우
리는 제3의 길이 주어의 술어를 긍정하는 것을 의미한다는 주장을 더
이상 할 수 없게 된다. 제3의 길은 부정 안에 긍정을 감추고 있는 것이
아니다. 왜냐하면 이 길은 형이상학을 작동시키는 두 가지 진리값으
로서의 이중적인 항목을 극복할 것을 요구하기 때문이다. 더 나아가,
디오니시오스는 명백한 위계를 따라서 긍정과 부정의 관계를 명시적
으로 사유했다. 한편으로 부정은 긍정을 강점해버린다. "부정은 신적
인 것들과 관련하는데, 긍정은 거기에 적합하지 않다."[18] 실제로, 긍정
은 도달할 수 없는 신의 본질에 도달한다는 느낌을 줄 수 있다. 반면에
부정은 절대 그런 것을 요구하지 않을 뿐만 아니라 신적인 것과는 가
장 거리가 먼 규정들을 부인함으로써만 타당한 것으로 남게 된다. 다
른 한편으로, 부정 자체는 그 고유한 기능을, 무엇보다도 최종적인 위
반에서 긍정과 결부되는 부정의 이중성을 제안한다. 왜냐하면 우리
가 이미 살펴본 것처럼, 긍정에 대한 부정의 우월성을 인정하는 계기
에서 ── "여전히 더 철저하게 모든 긍정을 부정해야 한다[κυριώτερον

---

18) *Hiérarchie céleste*, II, 3, 141a. *Les Noms divins*, VII, 3, 872b, 그리고 XIII, 3, 981b를 보고,
   그런 다음 *Théologie mystique*, I, 2, 1000b를 보라.

ἀποφάσκειν]" ── 디오니시오스는 "모든 부정과 긍정을 넘어선[ὑπὲρ πᾶσαν καὶ ἀφαίρεσιν καὶ θέσιν]", 곧 "[…] 결핍 상태를 상당히 넘어서는 [ὑπὲρ τὰς στερήσεις]" 데 있는 것을 언제나 여전히 의도한다.[19]

　　이런 점에서 가장 높이 고양된 이름(과 삼위일체 자체의 가장 직접적인 규정과 관련하는 가장 신학적인 것)은 회상이나 어떤 미련도 남기지 않은 채 그 자격을 박탈당하게 된다. "[…] 하나 또는 하나임도, 신성 또는 선함도, 영esprit도 아니라는 의미에서 우리는 그것을 이해한다. 또는 그것은 아들도 아버지도 아니고, 우리가 알고 있는 것도, 다른 존재자가 아는 것도 아니다."[20] 이러한 부정이 대체로 미묘하게 위장된 긍정을 복원하자고 제안하는 것은 아니다. 실제로 디오니시오스는 명시적으로 다음과 같은 점을 강조하고 있다. "[…] 우리는 [신에게] 잘 적응된 것을 말하지 못하는데" 심지어 "이름들 가운데 가장 존엄한 [τὸ τῶν ὀνομάτων σεπτότατον]" 선에 대해서도 마찬가지다.[21] 이런 점에서 부정이 신학을 하는 데 절대적으로 불충분한 것처럼, 똑같이 긍정도 신학에 대해서는 불충분한 것이다. 정확히 말해서, 신에 대한 어떤 고유한, 혹은 적절한 이름은 전혀 존재하지 않는다. 다수의 이름이 여기서 익명성에 도달한다. "[…] 다수의 이름 아래 다양하게 찬송 받으시는 분[τὸν πολυύμνητον καί πολυώνυμον]을, 성서는 형언할 수 없는 익명적인[ἄρρητον καὶ ἀνώνυμον] 분이라고 전한다."[22] 이는 더 이상 명명

---

19) *Théologie mystique*, I, 2, 1000b.
20) *Ibid.*, V, 1048a.
21) *Les Noms divins*, XIII, 3, 981a.
22) *Les Noms divins*, VII, 1, 865c. 또한 *Les Noms divins*, I, 6, 596a-b 전체를 보라.

을 하거나 명명을 하지 않는 문제가 아니라 **비-지명**dé-nommer의 문제와 관련한다. 이는 다음과 같은 이중적 의미를 가질 수 있다. 즉 비-지명은 명명하기는 (~를 '지명하기' 위해 명명하는 것이긴) 하지만 부정에 가까운 어떤 것으로 명명하는 것, 그리고 결과적으로 그런 식으로 신을 밝히고 전하는 것, 신에 대해 훼방을 놓는 모든 명명으로부터 벗어나는 것을 뜻한다. 비-지명은 이름을 말하는 것(부정적으로 긍정하는 것)과 이름에 대한 말함에서 벗어나는 이중적 기능의 애매성을 담아낸다. 그것은 더 이상 어떤 것에 관해 어떤 것을 말하는 것이 아니라 술어가 갖는 적합성을 부인하고, 이름의 주격으로서의 기능을 피하고, 두 가지 진리값이라는 규칙을 유보하는 말의 형식의 문제와 관련한다. 디오니시오스는 형이상학적 '원인'이 아닌, 모든 것들이 그에게서 나오고 그에게로 돌아가는 일자를 지향할 때 모든 요구들αἰτιατὰ을 요구하는αἰτέω 그런 필요조건으로서의 αἰτία(원인)로 주어진 것으로 말미암아, 모든 명명을 넘어선 일자를 지향하는 언어의 새로운 화용론적 기능을 지적한다. 이 αἰτία는 곧 모든 긍정과 부정을 넘어서는 기능을 갖는다. "만물의 αἴτιον(원인)이라는 것[으로서], 그것 자체는 만물을 초본질적으로suressentiellement 넘어서는 것으로서 만물 가운데 있는 것이 아니다"——"[…] 만물 저편의 모든 사항으로부터 도래하는 파악할 수 없는 αἰτία(원인)."[23] 여기서는 αἰτία가 신의 이름을 명명하거나 부인한다고

---

23) 각각 *Les Noms divins*, I, 5, 593c-d, and IV, 16, 713c. 또한 진리와 서술이라는 두 가치를 넘어서는 원인(αἰτία)에 대한 요약으로는 I, 6, 596b; I, 7, 596c; I, 8, 597c; II, 3, 640b-c; II, 5, 644a; IV, 3, 697a; IV, 7, 704a; IV, 8, 708a; IV, 12, 709b; IV, 16, 713c; V, 1, 816b; V, 2, 816c; V, 4, 817d; XIII, 3, 970c를 보라. 또한 다음 문헌에서 시행한 분석을 보라. Marion, *L'Idole et la*

주장하지 않는다는 점에 유의하는 것이 중요하다. 즉 그것은 모든 서술 기능 내지 지시 기능과 단절하고, 그것이 존재하는 그대로 시작해서 각 피조물이 목표로 하는 것, 즉 무한으로 가는 통로로 표시되는 것으로 국한된다는 것이 중요한 논점이다. "[…] 그분에 대하여 모든 것이 한꺼번에 서술될 수 있는데se prédique [κατηγορεῖται] 동시에 [그분은] 그 누구도 아니다."[24] 그 αἰτία는 절대 신을 명명하지 않으며, 엄밀하게 언어의 화용론적 기능을 전달하기 위해 ―즉, 모든 이름과 모든 이름에 대한 모든 거부를 넘어 도달할 수는 없지만 회피할 수도 없는 대화 상대를 지시하기 위해 ―언어의 엄밀한 서술적 기능을 단념함으로써 신을 비-지명한다. 이 αἰτία와 관련해서, 말은 그것이 부인하는 말 그 이상의 것을 하지 못한다 ―αἰτία는 비-지명하는 자의 방향으로 αἰτία 자체를 이항시킴으로써 작동한다.

더 나아가 여기서 우리는 부사 내지 접미사로서의 –ὑπέρ의 정밀한 범위를 확인할 필요가 있다. 우선, 이 말은 긍정에 대한 재정립을 의심하는 애매한 '없음'이란 말과 거의 같은 것인가? 우리는 다음과 같은 의심을 거둘 수 없다. "접두사 ὑπέρ(초)은 신은 초본질ὑπερούσιος이라고 말하는 긍정적 형태보다 부정적 형태를 갖는다. 이는 신이 일종의 존재자, 심지어는 최고 존재자 내지 근원적 존재자라는 것을 부인하는 것이다."[25] 적어도, 신약성서가 이 접미사 ὑπέρ을 도입할 때, 그

---

*distance*, p. 189(우리는 검토되지 않은 이 개념의 번역이나 해석의 문제로 돌아가지는 않을 것이다).

24) *Les Noms divins*, V, 8, 824b.

25) Kevin Hart, *The Trespass of the Sign: Deconstruction, Theology, and Philosophy*,

것이 부정적으로 이해된다는 데는 거의 의심의 여지가 없다. 이런 점에서, 바울이 "[…] 모든 지식을 능가하는 그리스도의 사랑을 아는 것 [ὑπερβάλλουσαν τῆς γνώσεως]"에 관해 말할 때, 그것은 형식적 부정이라는 위장 아래 사랑charité을 인식하기 시작하는 것의 문제가 아니라 다름 아닌 바로 이것, "[…] 우리 스스로 사랑에 뿌리박고 사랑에 기초하는"(『에베소서』3:18~19) 것의 문제다. 지식과 ἀγάπη(사랑)의 관계는 사랑 안에 지식을 통합하는 관계로 들어가야 한다. 이 ὑπέρ이 디오니시오스의 문헌에 매우 빈번하게 나타나고 거기서 결정적 역할은 한다고 가정해볼 때, 이 말이 여전히 바울이 도입한 사용법과 모순을 일으킨다는 점이 입증될 것이다.[26] 그런데 이것은, 최소한 텍스트의 문자가 정반대의 것을 주장하기 때문에, 그리 분명하지 않다. "[…] 제안된 담론의 목적은 초본질적인 것으로서의 초본질적 본질을 보여주지 않으며 [οὐ τὴν ὑπερούσιον οὐσίαν ἢ ὑπερούσιον ἐκφαίνειν](왜냐하면 그것은 알려지지 않고 전체적으로 말할 수 없으며 [정신과의] 결합을 넘어서 있기 때문이다), 단지 모든 존재자의 방향에서 모든 본질의 원리에서 신격의 본질화 과

Cambridge: Cambridge University Press, 1989, p. 200. 이는 데리다에 반대하는 나의 입장의 확증으로 다음 문헌에서 인용되었음. Coward and Forshay eds., "Introduction: Denegation and Resentment", *Derrida and Negative Theology*, p. 12.

26) 예를 들어, 바울에 대한 다른 반향들 가운데는 다음과 같은 것이 있다. "[…] 모든 로고스를 통해서는 말해질 수 없는, 로고스 저편의[ὑπέρ] 선"(*Les Noms divins*, I, 1, 588b) 내지 "모든 존재자 안에서 발견되는 모든 인식을 통해서는 감춰져 있는 알려지지 않은 것을 찾는 법을 안다는 것은 […]"(*Théologie mystique*, II, 1025b). 또한 다음 문헌을 보라. Maxime, *PG* 91, 664b-c; Meister Eckart, *Sermon 83*, *DW*, t. 3, 1976, p. 442; trad., t. 3, 1979, p. 152. 또한 Walther Völker, *Kontemplation und Ekstase bei pseudo-Dionysius Areopagita*, Wiesbaden: Franz Steiner Verlag, 1958, p. 142, n. 2를 보라.

27) *Les Noms divins*, V, 1, 816b. 또한 (앞의 각주 14에서 인용한) II, 4, 641a를 보라.

정을 찬미하기 위해 존재한다."[27] ὑπὲρ은 본질이나 지식을 재정립하는 것이 아니라 모든 본질에 앞서 일어나고 본질을 가능하게 하는 것을 칭송하면서 그 본질과 지식을 모두 위반한다.

적어도, 해체구성의 반론을 이해하고 이 문제에 명시적으로 응답하는, 신의 이름을 다룬 한 명의 신학자가 있다. 요하네스 스코투스 에리우게나가 바로 그 신학자다. 따라서 우리는 에리우게나를 다소간 길게 인용해볼 수 있겠다. "내가 앞서 열거한 신의 이름들에 불변화사 아니오non를 포함시키지 않았다는 점에 주목할 때, 이는 내가 신학의 부정적 부분으로 앞서 열거한 신의 이름이 강등되는 것을 두려워하기 때문에 그런 것이었다. 그런데 만일 내가 긍정적인 부분을 신의 이름에 덧붙인다면, 나는 이것이 내가 그런 이름을 인식한다는 데 동의하는 것은 아니라는 점을 알고 있다. 왜냐하면, 우리가 [신이] 초본질적이라고 선언할 때, 우리는 그것이 본질의 부정과 다름없다고 이해할 수 있을 뿐이기 때문이다. [신이] 초본질적이라는 것을 선언하는 이라면 누구든지 신이 본질이라는 점을 명시적으로 부인한다. 결과적으로 부정이 단어들 자체로 나타나지 않기는 하지만, 그럼에도 불구하고 문제를 세심하게 고려하는 이들에게는 그 의미가 제대로 사고된 이해를 결여하는 게 아니라는 점이 분명하게 나타난다. 그런 이유로 나는 부정이 없는 것처럼 보이는 앞서 언급한 명칭이 긍정신학보다 부정신학과 더 조화를 이룬다는 것을 인정할 수밖에 없다고 생각한다. […] 다음과 같은 짧막한 예로 결론을 내려보자. [신은] 본질이며, 긍정이다. [신은] 본질이, 부정[abdicatio]이 아니다. [신은] 초-본질[superessentialis]이며, 긍정이면서 동시에 부정이다. 표면상 부정을 결여한 것처럼 보이는 것은 의미상 어마어마한 부정이다. 왜냐하면 **초-본질**[superessentialis]이라는 것을 말하는 이들은 존재하는 것을 말하는 것이 아니라 존재하지 않는 것을 말하기 때문에, 실제로 그것은 본질이 아닌 본질 그 이상을 말하고 있다."[28]

따라서 디오니시오스는 (그에 대한 최고의 해석자들을 따라) 우선 부정 그 자체가 신학을 정의하는 데 충분하다는 것을 부인하고, 다음으로 부정을 단순한 이중 긍정에 대립시키고, 마지막으로 부정이 긍정을 전도시키기를 요구함으로써 긍정을 재정립하는 결론을 내렸다고 보아야 한다. 요컨대, 디오니시오스는 언제나 그가 긍정을 사유하는 것과 정확하게 같은 방식으로 부정을 사유한다 — 이는 두 진리값 중 하나가 서술의 두 형태 가운데 하나를 가질 수 있는 담론, 즉 형이상학의 담론과 같은 것을 총체적으로 위반하는 것에 관한 문제이다. 제3의 길과 관련해서, 이것은 더 이상 어떤 것에 대하여 어떤 것을 말하는 (혹은 부인하는) 문제가 아닌 말하는 자가 접근할 수 없는 지시체를 실제적으로 지시하는 문제다. 곧 이것은 오로지 비-지명의 문제일 뿐이

---

28) Jean Scot Érigène, *De Divisione Naturae*, I, 14, *PL* 122, 426a-d, trad. Francis Bertin, t. 1, Paris: Presses Universitarie de Paris, 1995, p. 97(번역 수정). 그리스어본 459~460열이 가리키는 것처럼, 이것은 분명 디오니시오스적 최상급에 대한 논의이다. 프랑시스 베르탱은 이를 다음과 같이 완벽하게 설명한다. "[…] 접두어 **초**(super) 내지 **훨씬 더**(plus-que)라는 말은 절대로 부정의 핵심에서 긍정을 은밀하게 다시 도입하는 탁월성의 길을 함축하지 않는다. 혹자가 신이 초본질이라고 말할 때, 그 사람은 결코 신이 본질들의 위계의 정점에 놓인 본질이라는 것을 암시하는 것이 아니라, 오히려 신이 본질에 대하여 비어있음을 말한다"(*ibid.*, p. 216). 이번만큼은 하이데거로 돌아가보자. "같은 이유로 예와 아니오의 저편이 부정신학의 사유에서 탄생한다"(Martin Heidegger, "Einleitung in die Phänomenologie der Religion", GA: *II. Abteilung: Vorlesungen*, Band 60 : *Phänomenologie des religiösen Lebens*[semestre d'été 1921], Frankfurt am Main: Vittorio Klostermann, 1995, p. 109).

다. 따라서 우리는 최소한 디오니시오스의 관점에서 반대 3을 무효화할 수 있다.

## 3. 찬양과 기도

논의를 지속하기에 앞서, 지나가는 길에 반대 4 ―즉, 찬양하는 기도ὑμνεῖν는 위장된 술어적 서술이므로 그 자격을 박탈해야 한다. 왜냐하면 찬양하는 기도는, 순수하고 단순한 기도εὐχή가 이름을 지을 필요가 없고 심지어는 이름을 부인할 필요도 없는데 반해, 곧 이름을 부여함으로써, 대상을 ~로서 찬양하는 것에 불과하기 때문이다 ―를 논의해보는 게 가능할 것 같다. 실제로 적어도 두 가지 반대가 이 반대에 대한 대답으로 제시될 수 있다.

우선, 찬양, 즉, 그 대화 상대에게 이름을 귀속시키고, 실제로 그 대화 상대에게 특정한 한 이름을 헌정하는 것은 반드시 그 대화 상대를 자신의 본질과 함께 식별하고, 따라서 대화 상대를 '현전의 형이상학'에 종속시키는 것을 함축한다는 점이 의심의 여지 없이 전제된다. 이제 고유한 이름에 고유한 것은 정확히 이름을 수용하는 자에게는 ―본질을 통해서 그리고 본질로서― 절대 고유한 방식으로 속하지 않는다는 사실이 나타나게 된다. 본질의 이름은 **결코** 고유한 이름이 아니다. 이 규칙은 유한한 인간 수용자(인간, 심지어 동물)의 경우보다 우발적인 사건의éventuel 신의 경우에 훨씬 더 잘 적용될 수 있다. 여기서 이 역설에 담긴 모든 함의를 전개할 수는 없다.[29] 하지만 우리는 그 구성

---

29) 나는 이것을 이미 다음 문헌에서 시행한 바 있다. Marion, *Étant donné*, chap. V, § 28~29,

적 결합을 상기해볼 수 있다. 첫째로, 본질의 이름 —— 이차적 본질, 보편적인 것 —— 은 개별적인 것 자체를 절대 완전하게 나타내지 못한다. 왜냐하면 개별적인 것은 우연적인 것들의 무한정한 지명을 따라 완성되는 것을 제외하면 그 자체로 개별화될 수 없다. 두 번째로, 그것은 정확히 명칭들의 목록, 성, 이름, 장소의 명칭 내지 민족을 나타내는 이름 등과 더불어 도달하고자 하는 우연적인 것들에 의한 지명이다. 이 이름들은 **바로** 그 고유한 이름으로 받아들여진 것을 보충한다 —— 하지만 그것은 어떤 경우에 부적절한 이름의 무한정한 계열을 대체적으로 수렴시키는 요약에 불과하다. 사실 고유한 이름은 항상 다른 이름, 즉 온 가족에 의한 가족의 이름, 즉 공간과 시간에서 그것을 공유하는 모든 사람들만이 아니라 무엇보다도 그것을 유래시킨 성인(또는 이와 유사한 사람)에 의해 이미 사용되어 온 이름prénom, christian name*이다. 따라서 고유한 이름은 특정한 공통의 이름만을 특정 용도로만 사용한다. 세 번째로, 이러한 사용은 하나의 정의로서가 아니라 대상 지시적인 것으로 기능하게 하는, 권리상의 지시체는 아니지만 사실상의 지시체를 통해 공통적인 고유한 이름을 전유해낸다. 고유/공통명名은 나와 함께 있는 타자가 나를 지향하고 나를 지시하기 위해 이름을 사용하는 것, 요컨대 이름을 통해 나를 부른다는 의미를 함축한다. 내가 기재된 이름(이를 통해 나는 나 자신을 부르고 명명하고 확인한다)은 그러한 이름으로 타자들이 나를 부르는(이 부름에 나는 답하고, 나에게 부과되는

---

pp. 400 이하.

* 서양에서 성이 아닌 이름은 성인이나 성서의 인물처럼 이미 여러 사람들이 공유하고 사용한 '주어진' 이름이다. 마리옹은 이름의 공통적 '주어짐'을 강조하고 있다.

이 부름 아래 나는 알려지기도 하고 알려지지 않기도 한다) 이름을 사후적으로 재생산한다. 따라서 —— 수용되거나 주어진 —— 고유한 이름의 경험은 절대로 개별자의 본질을 현전 속에 고정시키는 것으로 종결되는 것이 아니라 개별자가 언제나 원리상 그 본질과 일치하지 않는 표시를 나타내는 것으로 종결되거나 현전이 그 본질을 초과하는 것으로 종결된다. 요컨대, 고유한 이름의 현전은 이름이 더욱 현전하게 되는 그 차원에서 익명적인 것으로 남겨진다. 이런 식으로 찬양이 우발적인 사건의 신에게 이름을 귀속시킨다고 가정하면, 그것은 신을 고유하게 또는 본질적으로, 또는 현전 가운데서 명명하지 않고, 신의 부재, 익명성, 철회를 나타낸다고 결론지어야 한다. 정확하게 말해서 모든 이름은 모든 개별자를 모사하고, 그것은 결코 현시되지 않으면서 표시된다. 이런 점에서, 신비신학에서의 찬양은 유한한 세계의 고유한 이름에서 이미 피할 수 없는 아포리아를 신성한 고유한 신의 이름에 대해 다시 만들어낼 뿐이다.[30]

다음으로, 이 반대는 찬양이 지닌 명명하는 기능 때문에, 명명하는 작용을 가정하지 않는 기도에 적합하지 않다는 전제를 품고 있다. 그런데 순수하고 단순한 기도εὐχή가 고유하지 않은 이름을 부여하는 명명함의 작용 없이 항상 성취될 수 있는가? 의심의 여지 없이 우리는 이름을 부여하지 않고, 동일성을, 심지어는 고유하지 않은 것으로서의 동일성을 확정하지 않으면서 기도할 수 있는 기도는 없다고 보는 이런 관점에 이의를 제기할 수 있을 것이다. 뿐만 아니라 이름을 부여하

---

30) 앞의 5장 4절 210쪽 이하를 보라.

는 것은 기도가 불가능하게 될 수 있는 간구 — 이는 실제로 누군가를 찬양하지 않으면서 찬양하는 것, 누군가에게 묻지 않으면서 묻는 것, 누군가에게 희생을 제공하지 않으면서 희생을 제공하는 것을 의미한 다 — 와는 상관 없는, 그런 기도의 간구와 모순을 일으키지 않는가? 익명적인 기도는 [비]고유한 이름을 통해 고유한 것에 이르기를 요구하는 것 이상을 의미할 수 없다. 이것이 디오니시오스가 항상 어떤 것 으로서의comme[31] 간구에서, 거기서 비롯된 찬양만이 아니라 기도εύχή 역시 성취해낸 이유이다. "실제로 우리 스스로 무엇보다 선함의 원리 로서의 기도를 통해 그것[삼위일체]을 향하여 도약하는 것이 우리에게 적합한 일이다."[32] 이는 엄밀한 비-지명 작업과 관련하는 것이 아니며, 해당 텍스트를 따르자면, 기도는 우리의 언어의 영역으로 내려와 간구하는 것이 아니라 (기도하는 사람은 언어를 초과할 뿐만 아니라 언제나 이미 우리 가운데 발견되는 자이다) 지속적으로 주의를 집중하여 우리를 신을 향해 간구하는 자로 상승하게 하는 것이다. 기도의 접근은 언제나 단적으로 비-지명하기 — 이것은 적절하게 이름을 부여하는 것이 아니라 전적인 부적합성으로 신을 지향하는 것으로 적용된다 — 로 나타난다. 이렇게 기도와 찬양은 αίτία(원인)에 대한 간접적 지향과 매

---

31) *Les Noms divins*, I, 6, 596a-b, 2, 596c; II, 5, 644a; V, 4, 817c; XIII, 3, 980b. "그러므로 신학[성 서]은 통일성이라는 이름으로 말미암아, 만물의 αίτία(원인)으로서, 신정(théarchie)을 찬미한 다."

32) *Ibid.*, III, 1, 680b. 요한 크리소스토무스(Jean Chrysostome)는 독특한 억견(δόξα) 안 에서 기도와 찬양을 혼합시킴으로써 이 주제를 포착한다(Jean Chrysostome, *Sur l'incompréhensibilité de Dieu*, III, 37 이하. *PG* 48, 719 = *SC* 28 *bis*, eds. Jean Daniélou, A.-M. Malingrey and R. Flacelière, coll. 《Sources chrétiennes》, 28 *bis*, Paris: Éditions du Cerf, 1970, pp. 189 이하).

우 동일한 작용에서 성취된다. 그것은 결코 고유하게 명명되지 않고, 다만 언제나 그 지향이 그것에 대한 막연한 예감과 해석을 일으킬 수 있는 항상 ~처럼, 그리고 ~로서와 같은 것을 요구한다. 그리고 ~처럼, ~로서라는 작용은 —— 지향하는 자의 어조intonation로부터 그리고 그 어조를 척도로 삼아 지향된 해석적 이해 —— 하이데거가 ~로서라는 주제 아래 설정해낸 것을 넓은 차원에서 신학으로 선취한 것이다.[33]

이름들의 필연적 비고유성을 따라 작동하는 기도의 비-지명은 더는 놀라운 일이 아니다. 기도는 실제로 더 이상 서술적인 것(이것은 긍정이나 부정을 통해 존재한다)이 아닌, 순수하게 화용론적인 제3의 길의 기능을 확증한다. 기도는 더 이상 이름을 짓거나 어떤 것에 어떤 것을 귀속시키는 문제가 아니라 ~의 방향에서 지향하는, ~과 연관하여, ~을 향해 자신을 관계 맺는, ~것을 고려하는 … —— 요컨대 ~을 **다루는** 문제이다. ~인 것처럼comme, 또한 ~로서en tant que라는 도달할 수 없는 것에 간구함으로써, 기도는 결정적으로 주격적, 술어적 위반을, 그리고 그렇게 해서 언어의 형이상학에 대한 위반을 표명한다. 우리는 여기서 레비나스의 다음과 같은 언급의 확증을 발견한다. "대화의 본질은 기도다."[34] 따라서 우리는 이런 여러 가지 이유로 반대 4를 거부할 수 있다.

---

33) Martin Heidegger, *Sein und Zeit*, Tübingen: Niemeyer, 1953, §32.
34) 레비나스는 말한다. "[…] 명명된 것은 동시에 부름 받는 것이다." "L'ontologie est-elle fondamentale?", *Revue de métaphysique et de morale*, 1951/1. 이 글은 다음 문헌으로 재간행되었다. Lévinas, *Entre Nous: Essais sur le penser-à-l'autre*, Paris: Éditions Grasset et Fasquelle, 1991, p. 20.

## 4. 존재와 다르게

이제 반대 2 —— 만일 신비신학이 존재의 지평 내에 적절하게 기입되는 것이라면, 결과적으로 형이상학이 부과된 존재신론의 형태로 기입된다는 것 —— 에 접근하는 것이 가능해졌다.

여기서 예비적인 언급이 제시된다. 디오니시오스(또는 어떤 다른 이)가 존재로부터 신에 관한 물음을 이해했다고 하더라도, 이 단순한 사실은 그가 존재신론 안에 기입된다는 점을 충분히 정립해주지는 못할 것이다. 실제로 우리가 토마스 아퀴나스라는 특화된 사례에서 보여주려고 한 것처럼, 존재신론이 엄밀한 개념적 엄격성에 이르기를 요구하면서 논쟁의 광장 한복판에 함몰되지 않는다면, 그것은 우선 존재자 개념을 요구하고, 다음으로 신과 피조물에 존재자 개념을 일의적으로 적용하며, 마지막으로 원리 그리고/또는 원인을 따르는 정초에 신과 피조물을 종속시키기를 요구한다. 만일 이 조건이 충족되지 않는다면, 또한 존재자가 유비가 없는 혹은 심지어 **심원하게 알려지지 않는**penitus incognitum 파악할 수 없는 **존재**esse로 머무른다면, 이 경우 존재의 단순한 개입으로는 존재신론이 충분히 정립되지 않는다.[35] 만일 이러한 경고가 토마스 아퀴나스의 철학처럼 추론적이고 형식화된 사유를 형이상학의 존재-신-론적 구성으로 다시 끌어들이는 일에 어마어마한 난점이 있음을 함의한다면(하이데거 자신은 이 문제를 외면했다), 신론 ——

---

35) 나의 다음 연구 논문을 보라. "Saint Thomas d'Aquin et l'onto-théo-logie", *Revue Thomiste*, janvier-mars 1995, pp. 31~66. 안셀무스와 관련해서 동일한 논지가 담긴 연구가 있다(다음 논고를 보라. "L'argument relève-t-il de l'ontologie?", *Questions cartésiennes I*, Paris: Presses Universitaires de France, 1991, chap. VII).

또한 신비신학 ─의 물음을 우리는 얼마나 더 신중하게 드러내야 하겠는가!

하지만 디오니시오스의 경우, 그가 존재를 통해 신에 관한 궁극적 규정을 해석하는 경우에도 그런 필수적 신중함을 기울이지 않는다. 실제로 비-지명이 정확하고 분명하게 ─적어도, 최초의, 원리적이고 보다 더 강력한 것으로서의 비-지명이 ─ 거부되고 있다는 사실이 발견된다. 다시금 이 중대한 사실이 침묵 아래 전달되고 있는 것처럼 보이기에, 우리는 다음과 같은 논지를 반복할 것이다. 디오니시오스에게 존재나 존재자는 신의 고유한, 혹은 신에게 고유하지 않은 이름 자체를 제시해주지 못한다. 다음과 같은 중요한 논지에는 어떤 의심의 소지도 없다. τὸ ὄν(존재)는 언제나 τὸ ἀγαθόν(선)을 따라 전개된다. 왜냐하면 비-존재자 자체는 ἀγαθόν(선)을 욕망할 뿐만 아니라 거기에 참여하기 때문이다. "만일 우리가 이런 식으로 말할 수 있다면, 심지어 비-존재는 모든 존재자 저편에서 발견되는 선을 욕망한다[τἀγαθοῦ τοῦ ὑπὲρ πάντα τὰ ὄντα, καὶ αὐτὸ τὸ μὴ ὄν ἐφίεται]." 더 나아가, "심지어 비-존재자가 아름다운 것과 좋은 것에 참여한다." 더 명시적으로, "요컨대 모든 존재자는 아름다운 것과 좋은 것에서 [유래한다?], 또한 모든 존재자[οὐκ ὄντα]는 본질을 넘어서는[ὑπερουσίως] 방식으로 미와 선에서 [발견된다]."[36] 긍정적으로, 이는 "[…] 선으로부터의 신적 비-지명이 그 총체성 안에서, 만물의 αἰτία(원인)으로부터 도래하는, 비-존재자[τὰ

---

36) *Les Noms divins*, IV, 3, 697a (IV, 18, 713 이하를 보라); IV, 7, 704b; IV, 10, 705d(IV, 19, 716c 를 보라).

οὐx ὄντα]와 마찬가지로 존재자에게로 확장되는, 존재자와 비-존재자를 넘어서는[ὑπέρ] 모든 발출을 현시한다"[37]고 말해져야만 한다. 이러한 넘어섬은 고전 형이상학의 의미에서, 신이 "[…] 어떤 점에서 존재하는 존재자가 아니라 절대적으로 존재한다"는 의미로, 혹은 신이 "존재하는 것이 아니라 신 자체가 존재자에 대한 존재, 곧 시대에 앞서 존재자로부터 유래하는 존재자가 아니라 존재 그 자체[αὐτὸ τὸ εἶναι]"라는 더 근본적인 의미로 단순하게 이해되어서는 안 되며, 그 대신 이 존재자 저편의 선과 αἰτία(원인)으로서의 신이 "모든 존재자가 그를 기반으로 삼으며, 존재하는 것이라면 어떤 것이건 그 모든 존재자를 특징짓는, 존재자의 원리이자 존재 자체[καὶ αὐτὸ τὸ εἶναι], 즉 모든 원리"[38]를 나타낸다는 또 다른 결정적 의미로 이해되어야 한다. 따라서 이 텍스트가 뒷받침하는 논지들은 어떤 애매성도 용납하지 않는다. (i) 존재의 지평은 영역적인 것으로 남아있다. 왜냐하면 그 지평은 정의상 모든 비-존재자를 배제하기 때문이다. (ii) 비-존재자들은 '욕망'의 방식으로, 존재자가 아닌 선을 따르는 것이기 때문에, 선은 비-존재자들을 고찰하는 것을 가능하게 하는 것으로 남겨진다. (iii) 따라서 신에 관한 첫 번째 (혹은 마지막) 비-지명은, 이러한 비-지명 자체가 고유한 것으

---

37) *Les Noms divins*, V, 1, 816b.

38) 각각 *Les Noms divins*, V, 4, 818d; V, 7, 822b. 요한 다마스쿠스(Jean Damascène)의 다음과 같은 언급을 보라. "신이 본질을 따라 존재하는 것이라고 말하는 것은 불가능하다. 모든 억압을 통해 하나의 담화를 구축하는 것이라고 보는 게 더 적절한 말이다. 왜냐하면 신은 결코 존재자들 가운데, 존재자로서가 아니라 모든 존재자 너머의 존재자로, 그리고 존재 자체 너머의[ὑπὲρ αὐτὸ τὸ εἶναι] 존재자 자체로 계신 분이기 때문이다"(Jean Damascène, *De la foi orthodoxe*, I, 1, 4, *PG* 94, 800b).

로서나 특유의 신에게 이르지 못하는 것으로 이해되는 존재자, 곧 존재의 지평에서가 아닌 선의 지평에서 도출되어야만 한다.

남은 일은 이 논지들을 적절하게 도입하는 것이다. 만일 우리가 이 위반을 사유하려고 한다면 존재의 지평이 선이라는 차원을 따라 극복된다고 선언하는 것에 만족해서는 안 된다. 선을 통해 이해되어야만 하는 것은 무엇인가? 최소한 일자로 존재를 포획함으로써 존재를 극복하려고 하고 존재를 복원시키기 위해 일자 저편으로 나아가는 신-플라톤주의자들과는 반대로, 디오니시오스는 역설적으로 신의 이름에 대한 최종적 정립 안에 자리하는 일자를 특권화하지 않을 뿐만 아니라 선에 어떤 본질적 특권을 수여하지도 않는다 ── 그럼에도 불구하고 그는 여전히 "가장 존엄한 이름"[39]이란 제목을 달기를 주저하지 않는다. 선은 원칙적으로 존재를 넘어서지만 선 그 자체는 여전히, 말하자면 파생된 이름과 이름을 부여할 수 없는 것 사이에서, 본질에 이르지 못한 채 부유하고 만다. 존재 **없이**, 오직 존재 없이 신을 사유하는 것만이 존재와 **다르게** 신을 사유하게 해주는 것은 아니다. 어떤 경우에 선은 본질적인 효력이 없는 무규정적인 것으로 남겨진다. 이로부터, 우리는 무의미한 것이 되어버린 존재라는 말의 탈락을 추궁할 수는 없을까? 어떻게 하면 우리는 존재를 고백하거나 시인하지 않으면서 ── 왜냐하면 존재 저편을 사유할 수 없기 때문에 실제로 존재로 돌아가야 하지 않을까 ── 존재를 복원하기 위해 존재를 거부한다는 혐의를 추궁하지 않을 수 있을까? 그러나 이 반대가 스스로에게 불리하게 작용

---

39) *Les Noms divins*, XIII, 2 and 3, 977c-981b.

하는 것이 바로 이 때문이다. 왜냐하면 만일 우리가 ―선(또는 일자) 의 지명 아래 ― 존재 저편을 사유할 수 없다면, 그것이 신비신학의 흐름에 그리고 신비신학의 제3의 길로 부과되어야 하는 것일까? 신비신학은, 말하는 법을 모르는, 곧 존재와 다른 것이 **존재한다**는 것을 우리에게 말해주려고 하지 않거나 그런 말을 알지 못한다고 비난받아야만 하는가 ― 혹은 이 비난은 곧 다소간 불합리한 것은 아닐까? 명명하지 못함, 부인하는 것과 다름없는 재-긍정에 관한 의문이 있다면, 제3의 길이 '존재 없음'에 관해 어떤 것도 말해줄 수 없다는 게 대체 왜 그토록 놀라운 일이 되는가? 만일 그것이 이런 **존재하는** 어떤 것에 대해 서술한다면, 이것이 곧장 모순으로 비난받는 일은 적법한 것인가? 더 나아가, 만약 제3의 길이 '존재와 다르게' **존재하는** 것을 말하는 데로 나아간다면, 우리는 그것의 비일관성을 고발할 수 있는가? 반대로 우리는 존재의 위반과 그 위반이 승인하고 그 위반으로 특징지어지는 서술의 지양이 '존재 없는sans être' 선이 무엇으로 **있는지** 또는 무엇일 수 있는지에 대한 (긍정이나 부정으로) 더 이상의 **말함의** 불가능성을 따라 표출된다는 점을 완벽하게 일관성 있는 입장으로 받아들이지 말아야 하는가? 이것은 '존재와 다르게autrement qu'être'라는 쟁점과 관련하는 한, 실제로 더 이상 어떤 것에 대해 어떤 것을 말하는 문제가 아니라 더 미묘하고, 위험하며 복잡한 말의 화용론에 관한 문제이다. 이 문제는 어떤 규정이 나를 가르치고 나에게 어떤 것을 알려주는 것 그 이상으로 무한하게 나를 형성하고 나에게 말을 건네는 너무나도 근본적이고 새로운 규정들을 비-대상으로부터 받아들이는 바로 그 지점에서, 비-대상의 지향 가운데 노출되는 일에 관한 문제이다. 따라서 그 말은 나의 시선을 향해 그리고 나의 시선을 통해 보존된 어떤 마주함vis-à-vis을 넘어서는 어떤 것을 나에게 말하거나 설명해주지 않는다. 말은 더 이상 나에게 말하기를 허락하지 않으며, 선, 곧 사랑하는 것을 인식하도록 그저 스스로 말하게 하는 것에게로 나를 노출시킨다. 말의 무게와 방향설정에서 일어나는 이러한 역전 ── 디오니시오스가 ὑμνεῖν(찬양)과 εὐχή(기도)라는 주제 아래 확정했던 것으로, 우리가 앞서 지명으로 주제화한 것 ──과 관련해서, 곧 말은 원리상 더 이상 말해질 수 없음으로써, 그 어떤 것도 아닌 것에 부합한다. 모든 서술의 유보가 '존재와 다르게'를 향한 위반이라는 실패를 드러내는 것은 아니다. 그것은 위반을 입증한다.

데리다가 제기한 비판의 역설적 함의가 이제 자명하게 나타난다. 신비신학이 부정으로의 길로 넘어간 후 더 이상 어떤 것도 말하지 않는다는 것을, 그리하여 이 부정이 긍정으로 되돌아갈 위험을 무릅쓰고 있다는 것을 각인시키면서, 데리다는, 사실상, 그리고 또한 권리상, 세 번째 길이 어떤 (새로운) 서술된 말, 즉 말해지지 않았거나 미리 말해진 것을 열어낼 수 없다는 점을 확인해주었다. 신비신학은 실제로 더 이상 찬양, 말하는 것과 관련하는 일이 아니라 듣는 일과 관련한다. 왜냐하면 디오니시오스는 플라톤에게서 찾아낸 어원적 관습을 따라서, 아름다운 좋음 ──καλλὸς καλεῖ── 을 불러내기 때문이다.[40] 우리는 반대 2에 저항할 수 있다.

---

40) *Les Noms divins*, IV, 7, 701c–d. Platon, *Cratyle*, 416c–d를 보라.

## 5. 무지의 특권

두말할 필요 없이, 이 문제는, 통상 그렇듯이 그저 데리다가 제기한 반대 요지들을 논박하거나 이의를 제기하는 것과는 무관하다. 오히려 데리다가 제기한 비판은, 이 비판으로부터 물음의 차원을 구성하고, 최소한 그 물음의 차원을 검토하기 위한 토대를 우리에게 제공한다. 따라서 우리는 데리다가 암시적으로 마련해준 토대의 논지들을 간파하는 데서부터 논의를 시작할 수 있다. 그 논지는 다음과 같이 요약된다. (i) 신학은 추론되지 않은 가설을 통해서, 형이상학적 서술의 두 형태(긍정, 부정)만을 인식할 뿐, 어떤 제3의 길을 열지 못한다. (ii) 불가피하게, 부정의 길은 무신론으로 변질되지 않기 위해서, 대체로 부끄러운 듯이honteusement 혹은 정직하게honnêtement 긍정성으로 방향을 바꾸도록 신학자들을 강제한다. (iii) '초본질적' 탁월함이라는 수사학적 준거는 단지 본질, 즉 존재의 지평 속으로 신에 관한 물음을 기입하는 일을 — 약화시키기보다는 — 강화시킬 뿐이다. (iv) 따라서 소위 '부정신학'은 명백한 형이상학적 담론과 마찬가지로 해체구성의 칼날 아래에 놓여있다. 어쩌면 더욱 그 칼날 아래 있을 것이다. 왜냐하면 부정신학이 형이상학적 담론을 벗어나야 한다는 그 주장이 담고 있는 정체가 폭로되어야 하기 때문이다. 그런데 이 논증은 다음과 같은 한 가지 가정을 전제한다. 거-부dé-négation에 대한 주장 전체는, 신학, 무엇보다 유대교와 그리스도교 신학을 가로지르는데,[41] 이것은 결국 현전의 긍정성만을 지향하며, 더 고도의 것도 아니고 더 적합하지도 않은, 그저

---

41) 우리는 절대 분리하지 않을 것이다.

가장 강렬한 가능한 현전에 불과한, 요컨대 현전의 강박에 남김없이 굴종하는 신성만을 고안해낼 뿐이다. 그런데, 신학이 이런 현전의 매혹에 빠지게 된다는 것은 자명한 사실인가? 신학은 언제나 형이상학적 현전의 채찍에 맞아 휘청거린 채로 명백하게 '신이라는 원리'를 변호하는 것으로 사유되고 마는가? 마지막으로, 신비신학자들은, 자기들이 처음에 말한 것 ― 제3의 길 ― 을 마지막 순간에 이르러 언제나 신에 대한 긍정적 지명에 집착함으로써만 성취해낸다는 평가는 자명한 것인가? 요컨대, 계시의 관점에서 볼 때, 신에 관한 물음과 관련하는 것이 가장 분명한 형이상학적 의미에 입각해 있는 현전에 통합됨으로 말미암아 어떤 의미를 획득해야 한다는 입장은 자명한 주장으로 받아들여져야 하는가? 이를 또 다른 방식으로 문제화해보자. 신학은 그 수단, 의도, 그리고 모든 근거를 '현전의 형이상학'에 평범하게 양도해버리는 것이지 않은가? 이러한 전술로부터 도출해낼 수 있는 장점은 두말할 나위 없이, 명확하다기보다 위험하다.

디오니시오스에게서 ―그는 현전 속으로 침식되지 않는 지명을 통해 모든 고유명과 무관하게 신을 보존하기를 주장하는 신학자다― 이 물음에 대한 답은 어떤 의심의 여지도 남기지 않는다. "신은 만물을 통해 알려지면서도 만물로부터 떨어져 계신다. 지식을 통해 알려지고 무지를 통해서도 알려진다. […] 또한 우리가 무지를 통해 아는 것[ἡ δι ἀγνωσίας γινωσκομένη]이 신에 대한 가장 신적인 지식이다."[42] 이 절대적 원리를 정립하기 위해서는 특별히 신플라톤주의나 소위 '부정

---

42) *Les Noms divins*, VII, 3, 872a.

신학'의 요구의 과장법적 초과에 속하지 않는 것이 주장되어야만 한다. 무엇보다도 이는, "아무도 신을 보지 못했다"(『요한복음』 1:18), 그리고 "[…] 얼굴은 보지 못하리라"(『출애굽기』 33:23)는 성서적 논지에 대한 직접적이면서도 회피할 수 없는 결론과 관련한다. 신은 보여질 수 없다. 왜냐하면 어떤 유한한 것도 소멸하지 않고서는 영광을 견뎌낼 수 없을 뿐만 아니라 무엇보다 개념적으로 파악될 수 있는 신이 더 이상 '신'이라는 칭호를 감당할 수 없기 때문에 그렇다. 신은 감당될 수 있는 것이 아니기에 우리가 파악할 수 없다는 점에서 보여질 수도 없다. 사람들이 신의 본질, 개념, 그리고 현전에 무지하다고 해도 신은 신으로 남는다고 말해질 수 있다 — 다만 이 무지가 분명하게 정립되고 받아들여질 **조건** 위에 신이 신으로 남게 될 뿐이다. 세상의 모든 것은 알려진 것으로 다가오지만 세상에 속하지 않는 신은 개념을 통해서는 알려지지 않는 것으로 다가온다. 개념의 우상숭배는 관점의 우상숭배와 같은 것이다 — 그것은 스스로 상상함으로써 신에 이르고 신을 우리의 시선 아래 세상에 속한 것으로 보존할 수 있다. 또한 신의 계시는 무엇보다도 이러한 환영과 그 신성모독이라는 점판을 지워내는 것으로 나타난다.

이런 점에서 현전을 따라 신을 명명하거나 인식하지 못한다는 주장이 그리스도교 신학 전반을 가로지른다. *a)* 이 주장은 2세기 호교론자에게서 나타난다. 우선 유스티누스Justin Martyr는 다음과 같이 말한다. "그 누구도 표현할 수 없는 신의 이름을 말할 수 없다[ὄνομα τῷ

---

43) *Apologie I*, 61, *PG* 6, 421b; *Apologie II*, 10, 416b; *Dialogue avec Tryphon*, 127, 2, 4.

ἀρρήτῳ θεῷ].”[43] 아테나고라스Athénagore는 다음과 같이 말한다. "오, 인간이여 들어라. 신의 형상은 말해질 수 없고[τὸ εἶδος τοῦ θεοῦ ἄρρητον] 표현될 수도 없으며, 살의 눈은 신을 보기 위한 능력을 가지지 못한다."[44] b) 마찬가지로 초기 알렉산드리아 그리스도인들, 맨 먼저 클레멘트Clément에게서도 다음과 같은 말이 나온다. "제일원인은 공간 안에 존재하는 것이 아니라 공간과 시간과 이름과 개념 너머에 존재한다. […] 왜냐하면 이 탐구는 형상이 없고 보이지 않는[ἀόρατος] 것이기 때문이다", [또한 이 탐구는] "[…] 보이지 않고 경계가 설정될 수 없는[ἀόρατος καὶ ἀπερίγραφος]", "[…] 보이지 않고 말해질 수 없는[ἀόρατος καὶ ἄρρητος] 신에 대한" [것이기 때문이다].[45] 다음으로, 오리게네스Origène는 이렇게 말한다. "[…] 신은 파악할 수 없으며 추측될 수 없는 분이다…"[46] 유대인 필론Philon도 다음과 같이 생각한다. "신은 존재를 따라서는 파악할 수 없는[ἀκατάληπτος] 분이라는 것과 보이지 않

---

44) À Autolycos, I, 3, PG 6, 1028c.

45) 각각 Stromates, V, 11, 71, 5, 그다음 V, 11, 74, 4, 그리고 V, 12, 78, 3 = 《Sources chrétiennes》, n. 275, ed. A. Le Boulluec, Paris: Éditions du Cerf, 1981, pp. 144 이하, 148, 152[여기서 대괄호의 우리말은 옮긴이의 삽입구이다—옮긴이].

46) Des principes, I, 1, 5: "[…] 우리는 신이 파악될 수 없고 너무나 크다는 것을 존재의 진리를 따라 말해보고자 한다. 사실 […] 모든 지성적 존재, 곧 비육체적 존재 가운데 신만큼 이루 말할 수 없고 가늠할 수 없을 정도로 뛰어난 존재가 무엇이 있겠는가? 인간 정신이 아무리 순수하고 밝다고 해도 인간 정신의 힘으로는 신의 본성을 파악할 수 없다. […] dicimus secundum veritatem quidem Deum incomprehensibilem esse atque inestimabilem […]. Quid autem in omnibus intellectualibus, id est incorporeis, tam praesens omnibus, tam ineffabiliter atque inaestimabiliter praecellens quam Deus? cujus utique natura acie humanae mentis intuendi atque intueri, quamvis ea sit purissima ac limpidissima, non potest" (PG 11, 124 a/b-c, ed. H. Görgemanns/H. Karp, Darmstadt, 1976, pp. 106~108).

는[ἀόρατος] 것을 보신다는 것을 이해하는 것은 매우 좋은 일이다."[47] *c)* 아타나시우스Athanase도 이렇게 말한다. "[…] 선하시고 인간의 친구이신 신은 […] 본성상 모든 산출된 본질을 넘어서 거하시는, 보이지 않고 파악할 수 없는[ἀόρατος καὶ ἀκατάληπτος] 분이시다."[48] *d)* 바실리우스Basile는 여기서 다음과 같은 역설을 명료하게 나타내고 있다. "신의 본질에 대한 인식은 본질의 파악할 수 없음에 대한 감각에 다름 아니다[αἴσθησις αὐτοῦ τῆς ἀκαταλήψίας]."[49] *e)* 닛사의 그레고리우스Grégoire de Nysse가 거의 문자 그대로 반복한 다음 발언도 그리 놀라운 것이 아니다. "왜냐하면 우리가 추구한 것에 대한 참된 인식을 발견한 것(즉, 보이지 않고 파악할 수 없는 ―ἀκατάληπτὸν ― 신을 보는 것), 보지 못함에서 발견되는 봄[τὸ ἰδεῖν ἐν τῷ μὴ ἰδεῖν]이 바로 그것이기 때문이다. 이는 보지 않음에서 나타나는 봄이다. 그분은 일종의 어둠으로 말미암는 것으로서의 파악할 수 없음을 통해 모든 면에서 분리되는, 모든 인식을 넘어서는 분이기 때문이다."[50] *f)* 요한 크리소스토무스Jean Chrysostome는 이를 다음과 같이 좀 다른 가벼운 형식으로 특징짓는다. "모든 사람이 신이 존재한다는 것을 안다고 하는데, 그[성 바울]는 신의 본질이 무엇인지 모른다고 했다." 왜냐하면 "[…] 신의 본질은 파악할 수 없

---

47) *La Postérité de Caïn*, 15, ed. G. Arnaldez, Paris: Éditions du Cerf, 1972, p. 54.
48) *Contre les païens*, 36, *PG* 25, 69. 마찬가지로 Irénée, *Contre les hérésies*, IV, 20, 5: "[…] incapabilis et incomprehensibilis et invisibilis…," 《Sources chrétiennes》, n. 100, ed. A. Rousseau, Paris: Éditions du Cerf, 1965, pp. 638~642.
49) *Lettre* 234, 1, *PG* 32, 869.
50) *Vie de Moïse*, II, 163, *PG* 44, 377, ed. H. Musurillo, G.-N. Opera, Leyde, 1964, p. 87 (《Sources chrétiennes》, n. 1 *bis*, ed. J. Daniélou, Paris: Éditions du Cerf, 1968³, pp. 210 이하).

음[ἀκατάληπτος]"이기 때문이다.[51] g) 분명, 다마스쿠스의 요한도 다음
과 같이 말한다. "인간은 절대 신을 보지 못한다. 성부에 의해 존재하
는 단일한 성자만이 그 스스로 이를 가르친다. 신적인 것은 말로 표현
할 수 없고 파악할 수 없다[ἄρρήτον καί ἀκατάληπτον]."[52] h) 이 점에서,
아우구스티누스도 크게 다르지 않다. "[…] 그분에 관해서 알지 못함
으로써 더 잘 알려지는 가장 높으신 신 ─ de summo isto Deo, qui
scitur melius nesciendo."[53] i) 베르나르Bernard도 다르지 않다. "이것
은 논쟁점이 아니라 이 사태를 이해하는 성스러움에 대한 것이다. 적
어도 파악될 수 없는 분이 어떤 식으로 이해될 수 있다면 말이다 ─ si
quo modo tamen comprehendi potest quod incomprehensibile
est."[54] j) 토마스 아퀴나스 역시 다르지 않다. 왜냐하면, "[…] 신은
그 자체로 숨어 계시고 알려지지 않은 분으로 계시기 ─ remanet
occultum et ignotum" 때문에, 인간은 알려지지 않는 분을 알아야만
한다. 따라서 토마스 아퀴나스는 완벽할 정도로 적합한 방식으로 디오
니시오스가 언술한 원리에 대해 평한다. "[…] 신의 실체가 있다는 것
은 바로 우리의 지성 너머에 신이 있다는 것이고 그 점에서 신은 우리
에게 알려지지 않는다는 것을 뜻한다. 따라서 그분이 누구인지 모름
을 아는 것이 신에 관한 인간의 인식의 정점이다 ─ […] et propter

---

51) 각각 *De l'incompréhensibilité de Dieu*, I, lg. 293, and IV, lg. 733, *op. cit.*, pp. 126, 253 =
   *PG* 48, 706, 733 (V, lg. 385, p. 304 = *PG* 743을 보라).
52) *De la foi orthodoxe*, I, 4, *PG* 94, 789b (1, 4, 800b를 보라).
53) *De ordine*, II, 16, 44, *PL* 32, 1015 = *BA*, t. 4, ed. J. Jolivet, Paris: Desclee de Brower, 1948, p.
   438.
54) *De consideratione*, V, 14, 30, *PL* 182, 805d.

hoc illud est ultimum cognitionis humanae de Deo quod sciat se Deum nescire."[55] 이렇게 선별된 인용들을 끝없이 나열하지 않더라도, 최소한 교부들에게는 신을 고유한 방식으로 명명하는 것이 신학이 아니고, 우리가 적절하게 인식하지 못한다는 것, 곧 신을 정확하게 참으로 잘 인식하지 못한다는 것이 여전히 사실의 문제로 해명되고 있다고 보는 게 적법한 것 같다. 곧 만일 우리가 신 자체를 알기를 원한다면 우리는 신을 알지 못해야만 한다. 따라서 인식할 수 없음을 인식하는 것이 신에 대한 현전의 우위성이라는 현전의 지위를 완전히 박탈시켜 버리게 된다.

또한, 정반대로 현전으로 모든 것을 포섭해버리는 데서 신을 해방시키는 일에 가장 극단적인 사변적 관심을 가진 신학자들이 실제로 존재했었다는 것을 확증하기 위한 강력한 논증이 있다. 사실, 신에게 하나의 고유명과 본질의 정의를 부과함으로써 신을 현전 속에 포섭하기를 주장한 이단들이 존재했다. 즉, 4세기의 사변신학의 강력한 발전과 무엇보다도 카파도키아 교부들의 강력한 발전은 니케아공의회(기원후 325년)의 결론을 반박하고자 했던 아리우스파의 그리 인상적이지 못한 공격에 대한 응답으로 일어난다. 그리스도에 대해서만이 아니라 성부와 성자의 비등가성을 증명하기 위해서, 곧 그리스도의 비-신성을 입증하기 위해서 아리우스파는 신적 본질을 엄밀하게 산출되지 않음(non-génération, ἀγεννησία) ── 신의 존재는 산출되지 않은 존

---

55) 각각 *Prologue* au *Commentaire les Noms divins*(in *Opuscula omnia*, ed. P. Mandonnet, Paris: Lethielleux, 1927, t. 2, p. 221) and *De potentia*, q. 7, a. 5, ad 14.

재ἀγέννητος를 필요로 한다는 것 —— 으로 정의하기 위한 논증을 펼쳤다.
이러한 등가성으로부터, 그 정의상 산출된 성자는 성부와 같은 본질을
지닌 신이 될 수 없다는 결론이 도출된다. 따라서 아리우스주의 2세대
의 첫 번째 인물군에 속하는 아카시우스Aèce는, 이렇게 말할 수 있다
면, '현전의 형이상학'의 어휘군에 속하는 말을 스스럼없이 사용한다.
"우리는 만물의 신의 본질이 비-산출이라는 것[ἀγεννησίαν εἶναι οὐσίαν]
을 믿는다."[56] 마찬가지로, 오랫동안 승리를 거듭한, 아리우스의 제자
이자 가장 유명한 아리우스 이론가, 에우노미우스Eunome는 형이상학
의 개념성에 신의 사태를 무비판적으로 종속시켜버린다. "'산출되지
않음[ἀγέννητος]'을 말할 때, 우리는 그것이 인간의 개념성[ἐπίνοια]을 따
라 신을 영예롭게 하는 유일한 명칭이 되어야 한다고 생각해선 안 된
다. 다만 우리는 그분이 그분으로 존재한다[τοῦ εἶναι ὃ ἐστιν]고 고백함
으로써 모든 것의 가장 필요 불가결한 부채를 갚아야 한다고 생각한
다. […] 그런데 신은 […] 존재했으며 산출되지 않았다[ἀγέννητος]." 또
는 "[…] 신은 오히려 산출되지 않은 본질[οὐσία ἀγέννητος]이다." 그리
고 "[…] 신은 결핍을 따라 존재하지 않는다[οὐδὲ κατὰ στέρησιν]." 이러
한 확언들이 모든 형이상학적 폭력과 더불어 현전의 벽에 신을 못 박
아버린다. "[…] 왜냐하면 그 실체가 그 이름이 의미하는 바와 같기 때

---

56) 다음 문헌에서 보고된 형식화. Épiphane de Salamine, *Panarion*, III, t. 1, 76 (*PG* 42, 536 =
GSC 37, 3, pp. 352 이하. 다음 문헌에서 인용. Basile de Césarée, *Contre Eunome*, I, 4, *PG* 29,
512b = 《Sources chrétiennes》, n. 299, ed. Bernard Sesboüé, t. 1, Paris: Éditions du Cerf, 1982,
p. 164).

문이다[ὑπόστασιν σημαίνει τοὔνομα].”[57] 사실상 에우노미우스는 모든 아리우스파 사람들과 마찬가지로 말 그리고/또는et/ou 이름 사이의 동등성 및 본질 개념에 대한 (형이상학적) 이념이 신의 경우에서도 (또한 역설적으로 우선적으로) 성취된다고 주장한다. 이와 반대로 유사-해체론자로서의 바실리우스Basile는 이러한 폭력에 반대한다. “그는, 궤변론자들과 더불어, 한 본질적 구별이 명사적인 것으로부터 나온다는 것을 긍정하는 거짓말쟁이다. 왜냐하면 이름을 쫓아가는 것은 사태의 본질이 아니며 이름은 사태 이후에 발견되는 것이다.”[58] 결과적으로, 만일 여기서 이들 가운데 한 명이 현전의 형이상학자의 역할을 맡고 있다면, 아리우스주의자들, 곧 아카시우스나 에우노미우스가 이에 해당하는 이일 것이다. 비-지명을 실천하고 신에게 현전을 가정해버린 입장에 반대한 그리스도교 신학자는 이런 인물들과 대면하여 다음과 같은 점을 지적했다. “[…] 이런 인간은 신이 스스로를 아는 것처럼 그렇게 자기가 신을 안다고 감히 말하고 있다.”[59] 왜냐하면 우리는 불가능할 뿐만 아니라 부당하기까지 한, 신을 본질로 인식하려는 요구(더 나아가서는 주장)를 규탄해야 하기 때문이다 ── 이러한 요구는 단적으로 문제가 되는 쟁점과 관련해서 적합하지도 않다. 왜냐하면 그것은 단순한

---

57) 각각 Eunome, *Apologie*, §§ 7, 8 and 12, *PG* 30, 841c, 841d-844a, and 848b = 《Sources chrétiennes》, n. 305, ed. Bernard Sesboüé, t. 2, Paris: Éditions du Cerf, 1983, pp. 246, 247~248 and 258.

58) Basile, *Contre Eunome*, II, 4, *PG* 29, 580b = *SC ibid.*, p. 22. 다음 문헌 편집자 서문에서 베르나르 세스부(Bernard Sesbüé)의 적절한 지적은 에우노미우스가 그리스 형이상학의 핵심에 기입되어 있음을 나타낸다("La part des influences philosophiques chez Eunome", *Apologie*, *SC* n. 305, pp. 189~197).

59) *De l'incompréhensibilité de Dieu*, II, lg. 158-159, *PG* 48, 712 = *SC* n° 28 *bis*, p. 154.

호기심과 관련하는 것이기 때문이다. 여기서 해체구성과 신학은 동일한 적수를 거부함에 있어 일치에 이를 수 있다 ──정통orthodoxe 신학자는 아니지만 아리우스파는, 만일 그런 것이 존재한다면, 진정한 의미에서의 유일한 현전의 형이상학자다.

따라서 신은 인식되지 않는 자로 인식될 수 있다. 반대로, 인식되는 자로서의 신을 인식하기를 주장하는 것은 아리우스주의만이 아니라 신에 관한 물음의 개념적 소유 ──곧, 형이상학적으로 탁월한 것 ──라는 파악에 의존한다는 전제를 나타낸다. 여기서 스피노자의 과장 어린 주장을 단적으로 떠올려보자. "인간 정신은 신의 영원하고 무한한 본질에 적합한 인식을 갖는다 ──Mens humana adaequatam habet cognitionem aeternae et infinitae essentiae Dei."[60] 인식되지 않는 자로서의 신을 인식한다는 것은 분명 알려지지 않는 것과 같은 것을 뜻하지도, 혹은 인식보다 더 많은 지향 안에서 인식하는 것과 같은 것을 뜻하지도 않는다(마찬가지로 고백하는 것도 아니다). 그것은 부정으로 위장된 긍정이 아니라 또 다른 형태의 인식을 ──고려되어야 할 역설을 따라 ──열어주는, 바로 근본적인radicale 것으로서의 근본적 부정이다. 무지 자체를 통해서 인식하는 것, 우리가 인식하지 못하는 것을 인식하는 것은 파악할 수 없음 자체를 인식하는 것이다 ──따라서 제3의 길은, 적어도 일견, 아무것도 아닌 것으로 나타난다. 그런데 이것이 어떻게 이해될 수 있는가? 이해의 단념은 어떤 조건에서 인식의 실패가 아닌 인식의 본래적 형태로 남을 수 있는가? 이에 아마

---

60) Baruch Spinoza, *Ethica II*, §47.

도 다음과 같은 근거가 제시될 수 있다. 우리가 (본질을 통해 신을 명명함으로써) 신 자체를 이해하지 못했다고 해도, 우리가 파악하는 것보다 더 큰 타자를 여전히 쉽게 떠올릴 수 있으므로, 우리는 신 자체가 아닌, 신에 미치지 못함이라는 것을 직접적으로 인식할 수 있다. 왜냐하면 우리가 파악하는 것은 언제나 우리가 파악하지 못하는 것에 미치지 못하고 그 이하의 것으로 남아있을 수 있기 때문이다. 따라서 신에 대한 파악이 신을—우리의—유한한 정신의 차원으로 집어넣는 한, 곧 유한한 하나의 개념에 종속시킴과 동시에 파악 가능한 것을 넘어선 무한한 개념의 더 높은 가능성을 제거해버리는 이상, 파악할 수 없음이 신의 형식적 근거에 속하게 된다.[61] 파악한다는 것은 우리가 세계의 사태들을 다루는 한에서 적합한 인식의 정당성을 부여한다. 하지만 우리가 신을 바라보려고 시도하는 한—인식은 파악을 중단하는 것으로 고정된다—그 관계는 역전되어야만 하며, 우리가 '신'이라고 말할 때, 이는 더 이상 우리가 지향하는 것과 관련하는 문제가 아니다. "신에 관해서, 우리는 말한다. 우리가 그분을 파악하지 못한다면 그분은 대체 무엇인지 이상하지 않은가? 만일 당신이 그분을 파악한다면, 그분은 신이 아니다. […] 정신을 통해 신의 어떤 부분에 이른다는 것은 지복이다. 하지만 파악한다는 것은 전적으로 불가능하다."[62] 따라

---

61) René Descartes, *Réponses aux Ves objections*, AT VII, 368, 1~3.

62) Augustin, *Sermo 117*, 3, 5, *PL* 38, 663. 또한 다음을 보라. "Si enim quod vis dicere, capisti, non est Deus; si comprehendere potuisti, cogitatione tua decepisti. Hoc ergo non est si comprehendisti: si autem hoc est, non comprehendisti(만일 당신이 파악했다고 말하려고 하는 것이 있다면, 그것이 신은 아니다. 당신의 사유가 당신을 기만한다. 만약 당신이 그것을 이해했다면, 만약 그런 것이 있다면, 이는 당신은 그것을 이해하지 못했다는 것이다)"

서 신의 경우에, 인식은, **그것보다 더 큰[더 나은] 것이 생각될 수 없는 것** id quo majus [sive melius] cogitari nequit[63]으로서의 신에 대한 끝없는 작위적, 실천적, 반복적 호명을 존중하기 위해서, 파악할 수 없음을 인정하는 인식에 이르거나 아니면 무지에 이르는, 인식 자체에 대한 위반을 일으키지 않고서는 신 자체에게로 올라갈 수 없다.

따라서 비-지명은 그 이름을 말하지 못하는 '현전의 형이상학'이 아닌 ──그 이름 자체가 이름 없는 것으로 주어지게 되는, 본질을 통해서는 주어지지 않는 것으로, 이러한 부재가 아니고서는 현시가 가능하지 않은 ──**화용론적 부재의 신학**pragmatique théologique de l'absence에 이르게 된다. 바울이 언급한 대로, "[…] 나의 현전에서만이 아니라 나의 부재 상태에서도[μὴ ἐν τῇ παρουσίᾳ μοῦ μόνον, ἀλλὰ πολλῷ μᾶλλον ἐν τῇ ἀπουσίᾳ μοῦ]"(『빌립보서』 2:12) 들음이 성취되는 신학이 나타난다. 그런데 만일 본질과 현전, 더군다나 존재의 토대와 개념이 이 이름에 결여되어 있다면, 우리는 여기서 더 이상 존재신론이나 형이상학이나 '그리스' 지평 자체를 말할 수 없다. 더 나아가 그리스 교부들의 작업들이 그리스도교 신학의 개념들이 시원적으로 일어난 그리스의 지평으로부터 그 개념들을 해방시켜준다는 점을 무시할 수 있겠는가?[64] 토대 없이,

---

(Augustin, *Sermo 52*, 6, 16, *PL* 38, 663). 이와 반대로 Thomas Hobbes, *De Corpore*, IV, 26, 1(*Opera Latina Omnia*, ed. Molesworth, t. 1, 1839, p. 335).

63) *Proslogion*, XIV, ed. F.-S. Schmitt, t. 1, Édimbourg, 1938, p. 111, 이 형식화는 아우구스티누스에게서(Augustin, *De Trinitate*, V, 2, 3, etc.), 그리고 보에티우스(Boèce)에게서 온 것이며(*De Trinitate*, IV), 클레르보의 베르나르(Bernard)에게서도 포착될 것이다. "Quid est Deus? Quo nihil melius cogitari potest(신은 누구인가? 그것보다 큰 것이 생각될 수 없는 것)"(Bernard, *De Consideratione*, V, 7, 15, *PL* 182, 797a).

64) 다른 여러 작품들 가운데서도 다음 작품을 보라. Endre von Ivánka, *Plato christianus*,

본질 없이, 현전 없이 말이다. 이런 점에서 나는 반대 1을 거부한다.

그러므로 '화용론적 부재의 신학'을 통해서, 우리는 신의 비-현전이 아니라 신에게 주어지고, 신을 주며, 자신을 신으로 내어주는 이름이 (이 모든 것들이 혼동 없이 병행하며) 정확히 신을 예외로 삼음으로써 **현전으로부터** —적어도 강함만큼이나 약함을 신에게 할당하며— 신을 **보호**하고 신을 주는 기능을 한다는 사실을 이해한다. 닛사의 그레고리우스는 이 점을 완벽하게 이해하고 진술했다. "'내 이름으로 세례를 주라'고 하실 때, 이 이름을 따라 말해지는 의미를 첨가하지 않는, 주님께서 말씀하시는 [주님이 말씀하실 때] 그 지명할 수 없는 이름[ἀκατονόμαστον ὄνομα]은 무엇을 뜻하는 것일까? 이 점에 관한 우리의 견해는 다음과 같다. 우리는 피조물의 이름의 의미를 통해서 모든 피조물을 파악한다. 따라서 '하늘'이라고 말하는 이는 이 이름을 통해서 현시된 피조물을 받아들이는 정신에 그것을 전달하고, 만일 우리가 '인간' 또는 인간의 이름을 통해서 살아있는 것들 중 하나를 언급하면, 그 형상[εἶδος]이 곧 그 이름을 듣는 자에게 부과된다. 이처럼 다른 모든 것들도 들음을 통해서 그것들을 받아들인 이들의 마음에 주어진 이름을 따라 기입되고, 쟁점이 되는 것들에게 명칭이 부과된다 [τὴν προσηγορίαν τὴν ἐπι —κειμένην τῷ πράγματι]. 이와 반대로, 우리가 믿는 [구성되는] 창조되지 않은 본성만은, 곧 성부, 성자, 그리고 성령은 한 이름이 표현할 수 있는 모든 의미를 능가한다 [κρείττων πάσης ἐστὶν

---

Einsiedeln: Johannes Verlag, 1964(*Plato christianus: La réception critique du platonisme chez les Pères de l'Église*, trad. Elisabeth Kessler, rev. Rémi Brague and Jean-Yves Lacoste, Paris: Presses Universitaires de France, 1990).

ὀνομαστικῆς σημασίας]. 따라서 우리는, 우리가 말하는 것으로서의 그 이름은 그 이름을 말함에 있어 존재하는 것[τὸ τί]을 신앙의 전통에 더하지 못한다(어떻게 모든 이름 위에 있는 것에 대한 이름을 발견할 수 있을까?). 그런데 그분은 그 능력을 따라서 월등한 본성을 지시하는 이름 [ὄνομα ἐνδεικτικόν]을 찾기 위해 경건하게 작동하는 힘을 우리의 지성에 부여하셨다. […] 또한 내가 보기에는 말씀이 이 규정[다시 말해, 어떤 것을 말하지 않고는 '이름'을 말하는 것]을 통해 ─신적 본질의 이름이 말해질 수 없고 파악될 수 없다[ἄρρητον καὶ ἀκατάληπτον]는 점을 우리에게 납득시키려고 ─ 제정된 것 같다."[65] 그 이름은 신을 본질로 명명하지 않으며, 모든 이름을 능가하는 것을 지시한다. 그 이름은 우리가 명명하지 못하는 것을 지시하고 명명하지 못하는 것을 말해준다. 따라서 유대교에서 '이름'이란 용어가 하나의 고유명으로 표명되지 않고, 절대 표명될 수 없는 신성한 네 문자Tétragramme를 대체하고, 또한 그리스도교에서, 복되고도 필연적인 '신의 이름의 부재'(횔덜린)를 명명한 것은 결코 놀라운 일이 아니다. 왜냐하면 그 이름은 더 이상 신을 우리의 서술의 이론적 지평 내에 기입하는 것이 아닌, 철저하게 새로운 화용론을 따라 신의 지평 자체 안에 우리를 기입하는 것으로 기능하기 때문이다. 이것은 정확하게, 우리에게 인식 가능한 하나의 이름을 신

---

65) *Contre Eunome*, II, §§ 14~15, ed. Werner Jaeger, t. 2, pp. 301~302 = *PG* 45, 471d-3c. 라울 모틀리(Raoul Mortley)는 다음과 같은 점을 인식하고 있다. "[…] '이름'이라는 균일한 용어의 사용은 의도적이다"(R. Mortley, *From Word to Silence*, p. 181). 우리는 이를 신에 관한 서술에서 ἐστί(있음)의 파악불가능성에 대한 논증과 비교할 수 있다. *Contre Eunome*, III, 5, n. 60, t. 2, p. 172 = *PG* 45, 764.

에게 귀속시키는 것과는 별개로, 세례가 성취하는 일이다. 우리는, 더 군다나 우리가 고유한 것을 수용하는 방식으로, 신의 표명될 수 없는 이름 속으로 들어간다.[66] 이러한 신학적 화용론은 실제로 전례liturgie의 형태 아래 전개된다. 여기서 전례는 절대로 신에 관해 말하는 것이 아 니라 언제나 말씀에서 비롯하는 말로 신에게 말하는 것과 관련한다. 따 라서 모든 이름들 위의 이름은, 신을 서술로부터 제외시킴으로써, 우 리를 이름 안에 포섭시키고 그 본질적 익명성으로부터 신을 명명하는 것이 가능하도록 신을 완벽하게 비-지명한다. 이름은 명명함으로써 인식하는 일을 뒷받침하는 것이 아니라 비-지명이 정리해놓은 장소로 우리를 포섭하는 일을 뒷받침한다. 바구니는 우선 비어있어야 빵을 넘 치도록 채우게 된다. 이런 점에서, 신비신학은 더 이상 그 목적을 신의 이름을 발견하는 데 두지 않고, 말로 표현할 수 없는 이름으로부터 우 리에게 고유한 것을 받아들이게 하는 데 있다. 신에 관한 이론적인 언 어 사용에서 실천적인 언어 사용으로의 이러한 이행은 모든 신-학적 *théo*-logique 담론의 전례의 기능 안에서 마침내 성취된다.

화용론적 부재의 신학의 절대적 규칙에서, 적어도 해체구성과의 대립만큼 '현전의 형이상학'과의 대립도 나타난다. "우리의 최고의 신 학자는 전체를 발견한 자가 아니다. 왜냐하면 우리의 현재 속박상태 는 전체를 보는 일을 허락하지 않기 때문이다. 최고의 신학자는 진리 의 이미지, 또는 그 그림자나 우리가 그렇게 부를 수 있는 어떤 것을 그

---

66) Jean Bernardi, "La vérité sur les plongeurs", *Revue Catholique Internationale Communio*, XXVIII, 3, 2003.

자신 안에서 더 잘 상상하거나 표상하는 자이다."[67] 혹은 이런 말도 있다. "[…] 신 자체는 말해질 수 없다. 신은 그 자체로 존재하고, 광대하신 분이시며, 우리는 그에 대해 아무것도 말하지 못한다. 완전한 학문은 우리가 그분에 대해 무지해야만 하고 그분을 기술할 수 없다는 것을 확신하는 방식으로 그렇게 신을 아는 것이다――Deum ut est, quantusque est, non eloquetur. Perfecta scientia est, sic Deum scire, ut, licet non ignorabilem, tamen inerrabilem scias."[68] 신학자는 이름에 침묵하는 기능을 가지며 이런 점에서 이름이 우리에게 주어지도록 내버려둔다――반면에 형이상학자는 그 이름을 손상시키는 바로 그만큼 이름을 현전으로 환원시켜야 한다는 강박에 사로잡힌 자이다. 그 경계는 다음과 같은 회피할 수 없는 규정을 통해 정립된다. "[…] 만일 창조주와 피조물 사이에 있는 유사성이 무엇이건 간에 둘 사이에는 더 큰 비유사성이 드러나야 할 것이다――inter creatorem et creaturam non potest tanta similitudo notari, quin inter eos major sit dissimilitudo notanda."[69]

---

67) Grégoire de Nazianze, *Discours théologiques*, 30, 17, 《Sources chrétiennes》, n. 250, p. 262 = *PG* 36, 125c.

68) Hilaire de Poitiers, *De Trinitate*, II, 7, *PL* 10, 36.

69) Heinrich Denzinger, "IVᵉ Concile du Latran(1215)", *Enchiridion Symbolorum*, § 432. 다음 문헌에서는 그 제목에도 불구하고 이를 예외적인 방식으로 나타낸다. Erich Przywara, *Analogia entis*, Einsiedeln: Johannes Verlag, 1962(trad. Philibert Secretan, Paris: Presses Universitaires de France, 1990).

## 6. 탁월한 포화된 현상

따라서 우리는 초기 문제제기에 대한 완전한 반전에 이르게 되었다. 신비신학의 신학적 전통을 검토하고 그 논리를 재정립함으로써 이것을 탐구하는 것이 한 가지 과제이다. 다만 여기서 자신의 권리를 행사하려고 하는 현상을 기술하는 것은 상당히 다른 문제이다. 이제 사실상 이름 안으로 진입하는 '신적 이름의 결여'를 요구하는 현상의 형식적 가능성을 파악하는 일이 남아있다. 현상학은 물음의 한계를 전적으로 넘어서는 물음, 정확하게 말해서, 이러한 현상의 현실성을 규정하는 모험을 할 수 없고 그런 모험을 시도하지 않아야 하므로, 남겨진 것은 현상의 형식적 가능성을 파악하는 문제이다. 현상학은 단지 현상을 사유하는 것을 가능하게 하는 현상성의 유형만을 규정하는 학문이다.[70] 이런 점에서 물음은 다음과 같이 규정된다. 만일 신비신학이 제3의 길로 다루는 것이 실제로 드러나게 된다면, 그 가능성에 권리를 부여하는 일과 관련해서, 우리는 그 현상을 어떤 식으로 기술해야 하는가?

우리는 한 가지 가설을 제안할 것이다. 만일 우리가 후설과 더불어, 현상이 나타남과 나타나는 것의 불가분의 이중성을 통해 정의되고, 이 이중성이 의미작용/충족, 지향/직관, 혹은 노에시스/노에마라는 개념쌍을 따라 전개된다는 점을 인정한다면, 우리는 쟁점이 되는

---

70) 이 구별에 대해서는 나의 다음 문헌을 보라. Jean-Luc Marion, "Métaphysique et phénoménologie: Une relève pour la théologie", *Bulletin de litérature ecclésiastique*, XCIV/3, Toulouse, 1993; Marion, *Étant donné*, § 24, 여기서는 오직 "[…] 현상학 자체에서 가능한 형태"(p. 326)로서의 계시에 대해서만 말했다.

이 세 항들 사이의 관계를 다음과 같이 구상해볼 수 있다. (i) 지향은 적어도 부분적으로, 직관을 통해서 확증되는 것으로 발견되고 이 접선의 동등성이 충전, 곧 진리의 명증성을 정의한다. (ii) 반대로 지향은 모든 직관적 충족을 넘어설 수 있고 이 경우 현상은 결여로 인해 객관적 인식을 전달하지 못한다. 첫 번째 관계는 직관을 정당화하는 개념의 긍정을 통해 전개되는 긍정, 곧 첫 번째 길에 상응한다. 두 번째 관계는 충족하는 직관의 결여, 개념의 부정을 통해서 전개되는 부정, 곧 두 번째 길에 상응한다. 후설은 (칸트를 따라서) 이 두 가설만을 인정하고 이런 점에서 우발적인 '현전의 형이상학'의 서술의 지평에 사로잡혀 있다. 하지만 그럼에도 다음과 같은 가능한 제3의 관계가 남아있다. (iii) 지향(개념이나 의미)은 직관(충족)과 결코 일치할 수 없다. 직관이 부족하기 때문이 아니라 개념이 받아낼 수 있고, 보여줄 수 있고, 이해할 수 있는 것을 능가해버리기 때문에 그렇다. 이는 더 나아가 우리가 포화된 현상이라고 명명한 것과 관련한다.[71] 이 가설에서, 대상 인식, 엄밀한 의미에서 파악에 이르는 일의 불가능성은 부여하는 직관의 결여가 아니라 어떤 개념이나 의미작용 내지 지향이 선취할 수 없고, 조직하거나 담아낼 수 없는 직관의 과잉에서 비롯한다. 현상이 지닌 파기될 수 없는 두 양상 사이에 있는 이 세 번째 관계는 ── 포화된 현상의 발생 안에서 ── 서술과 무관한 신비신학을 성취하는 제3의 길을 정확하게 규정할 수 있게 해준다. 여기서 어떤 서술이나 지명은 두 번째 길에서는 더 이상 가능한 것으로 나타나지 않고 다음과 같이 역전된 동

---

71) Marion, *Étant donné*, §§ 24~25.

기와 관련해서 나타난다. 즉, 부여하는 직관이 결여일 수 있기 때문이 아니라(이 경우에 우리는 '부정신학'과 무신론 사이의 친밀한 관계를 분명하게 형성하거나 해체구성과 부정신학의 경쟁 관계를 설정할 수도 있다), 그것이 모든 개념을 넘어서고, 덮어버리며, 범람하는, 요컨대 모든 개념의 범위를 포화하는 것이기 때문에 제3의 길이 가능해진다. 주어지는 것은 모든 개념의 권위를 실추시킨다. 디오니시오스는 이를 문자 그대로 다음과 같이 진술한다. "그것은 모든 담론과 지식보다 더 강하며 —κρείττων ἐστὶ παντὸς λόγου καὶ πάσης γνώσεως —곧 이해 일반과 본질을[로부터도 예외적인 것이다] 능가한다[ὑπὲρ οὐσιὰν]."[72] 또한 이는 정확하게 신학자들이 이러한 개념과 지향성의 철회를 통해서 비-지명에 도달함을 뜻한다. 한 예로, 아테나고라스는 다음과 같이 말한다. "그 영광으로 인해, 우리가 그분을 수용할 수 없고[ἀχώρητος], 그 광대함으로 인해, 우리는 그분을 파악할 수가 없으며[ἀκάταληπτος], 그 숭고함으로 인해, 우리는 그분을 구상할 수 없고[ἀπερινόητος], 그 힘으로 인해, 우리는 그분을 비견해낼 수 없으며, 그 지혜로 인해, 우리는 그분을 절대 지시할 수 없고, 그 선함으로 인해, 우리는 그분을 모방할 수 없고, 그 자애로우심으로 인해, 우리는 그분을 기술할 수 없다."[73] 지식의 철회는 여기서 정확히 결여가 아닌 과잉에서 유래한다. 마찬가지로, 요한 크리소스토무스도 다음과 같이 말한다. "따라서 우리는 그분을 […] 표현할 수 없는 분, 구상할 수 없는 분, 보이지 않는 분, 그리

---

72) *Les Noms divins*, I, 5, 593a.
73) *À Autolycos*, I, 3, PG 6, 1028c.

고 파악할 수 없는 분, 인간 언어의 능력을 정복해버린 분[τὸν νικῶντα γλώττης δύναμιν ἀνθρωπίνης], 그리고 인간 사유의 파악을 넘어선 분이라고 부른다[ὑπερβαίνοντα διανοίας κατάληψιν].[74] 또한 이미 우리는 닛사의 그레고리우스로부터 이런 말을 보았다. "[…] 창조되지 않은 본성만은 […] 한 이름이 표현할 수 있는 모든 의미를 능가한다[κρείττων πάσης ἐστιν ὀνοματικῆς σημασίας]."[75] 이것은 직관의 결여가 아닌 말로 표현할 수 있는 의미의 결여로 인한 무력함을 설명해주고 있다. 요컨대 신은 파악할 수 없고, 지각 불가능한 자로 남겨진다. 부여하는 직관이 없는 것은 아니지만, 신을 파악할 충전적 개념은 없다. 이름들의 무한한 확장은 실제로 이름들이 여전히 거기 남아있으며, 개념들이 이름들을 조작하기에는 충분한 것이 못 된다는 점을 가리킨다. 그러한 이름들의 무한한 확대를 통해 개념들의 끊임없는 와해가 정당화된다. 결과적으로 제3의 길은 첫 번째 길에서의 개념의 충분성이나 두 번째 길에서의 직관의 불충분성과 절대 혼동되지 말아야 한다. 제3의 길은 개념 일반의 불가피한 불충분성을 입증한다. 우리가 이름 **안으로** 진입하게 되는 비-지명은 서술과 지명을 통해 열어 밝혀진 이러저러한 가능성과 절대 일치하지 않는다.

이제 다음과 같은 마지막 반대점이 분명하게 나타날 것이다. 곧 탁

---

74) *De l'incompréhensibilité de Dieu*, III, ed. Jean Daniélou, *op. cit.*, p. 190 = *PG* 48, 720(다른 부분들 가운데서도 III, p. 160과 252 = 713과 723을 보라). 마찬가지로 다음을 보라. "보이지 않는, 파악할 수 없는 분 […] 그분은 모든 지성을 능가하고 모든 개념을 정복하신다 [νικῶν πάντα λογισμὸν]"(*Sermon* "가능하다면, 성부는…", 3, *PG* 51, 37).

75) *Contre Eunome*, II, § 15, ed. Werner Jaeger, t. 2, p. 302 = *PG* 45, 473b.

월한 신이 절대 직관적으로 주어지지 않는다는 것이 자명하게 입증될 때, 우리는 어떤 식으로 신의 사태에 부여하는 직관의 과잉을 실제 가능한 것으로 간주할 수 있을까? 엄밀하게 고려했을 때, 이 반대는 우리가 답할만한 가치가 없는 것이다. 왜냐하면 그것은 더 이상 제3의 길에 상응하는 한 현상의 형식적 가능성과 관련하는 것이 아니라, 이미 그 현실성과 관련하고 있기 때문이다. 우리는 매우 공통적인 억측을 반성하고 있기에, 그 문제를 고찰해볼 것이다. 우선 역설에 호소하는 것이 바로 이 사례에서 절대 과도한 것이 아니라는 점을 언급할 것이다. 왜냐하면 여기서 문제는 정확히 역설이라는 특수한 현상성에 부합하는 하나의 현상과 관련하는 것이기 때문이다. 왜냐하면 어떤 현상이라도 반드시 그 대상의 경험의 가능성의 조건들에 따라야 하며, 반대로 때로는 조건들에 반박할 수 없다는 것은 결코 자명한 일이 아니기 때문이다. 이것은 [역설의 — 옮긴이] 형식적 가능성을 받아들인다고 가정할 때, 신의 현상성의 고유한 요구가 될 수 있다 — 그렇다면 우리가 어떤 권리로 그 요구를 배제할 수 있겠는가? 다음으로, 일견 혹은 사실상 긍정성으로 부여되는 직관이 여기서 결여될 수 있는 경우에도, 직관은 그 부정할 수 없는 두 가지 형태 아래 우리를 사로잡는다는 점이 참작되어야 한다. 비록 우리가 그 형태들을 부정적으로만 기술할 수 있을 뿐이라고 해도 말이다. 우선, 직관의 과잉은 초과에서 비롯된 파악할 수 없음이 우리에게 부과하는 경악스러움 내지 공포의 형태 아래 성취된다. "신은 지품천사와 치품천사에게서만이 아니라 권품천사, 능품천사, 그리고 다른 모든 피조된 힘으로도 파악될 수 없는 분으로 계시며, 이것이 바로 여기서 내가 보여주려고 하는 것이다. 이것은 수

많은 논쟁을 불러와 나를 지치게 만드는 그런 것이 아니라 우리가 말을 하게끔 영감을 불어넣은 공포이다[τῇ φρίκῃ τῶν εἰρημένων]. 왜냐하면 영혼은 종종 위에 있는 것을 관조하는 데 자신을 집중시킬 때 두려워하고 떨기[τρέμει γὰρ καὶ ἐκπέπληκται] 때문이다."[76] 신적 현상성으로의 접근이 인간에게 금지된 것은 아니다. 반대로, 그것은 인간이 인간 스스로 금지된 채로 있음 ── 굳어버린 채로, 휩쓸린 채로, 인간은 그 스스로 앞으로 나아가지도 그대로 머물러있지도 못하게 된 것 ── 을 발견한 데서, 신적 현상성에 완연하게 개방되는 경우에 나타난다. 공포는, 금지의 방식으로, 신에 대한 직관의 완고하면서도 견딜 수 없는 과잉을 입증한다. 다음으로, 직관의 과잉은 우리 모두 개념을 가지지 못함을 인정하기를 환기시키고 논의하고, 심지어는 부정하는 일과 더불어 ── 이상하게도 ── 강박적으로 각인되는 것일 수 있다. 만일 신에 접근하기 위해서 어떤 개념을 사용하지 못한다면, 직관이 우리를 매료시키지 않는다면 ── 우리가 감히 열어보려고 하는 것만큼이나 그 물음을 닫으려는 노력에 있어 ── 신에 관한 물음이 어떻게 우리 안에 깊숙이 자리할 수 있을까?

신의 이름들에 관한 물음과 관련해서, 그것은 결코 신에게 하나의 이름을 고정시키거나 신에게 '아니오'를 대립시키는 일과 연관되는 것이 아니다. '이름Nom'과 '아니오non'는, 그것이 들려지는 경우, 같은 소리를 내는데, 후자만이 아니라 전자 역시 어떤 답도 주지 못한다. '부정

---

76) *De l'incompréhensibilité de Dieu*, III, *loc. cit.*, p. 214 = *PG* 48, 725. 우리는 '성스러운 공포'라는 주제를 우리의 모든 기대와 능력을 뒤집는 신적 직관의 초과를 입증하는 것으로 해석한 장 다니엘루의 매우 정당하면서도 잘 논증된 제안에 준거한다(*Introduction*, III, pp. 30~39).

신학'에서 주장하는 '아니오'는 긍정의 길에서 비롯된 '이름들' 그 이상의 것을 말하지 못한다. 만일 아무도 그 이름을 말하지 못한다면, 이는 그것이 단적으로 모든 이름을 능가하고, 모든 본질과 현전을 넘어서기 때문이 아니다. 실제로, 그 이름을 말하지 않는 경우도 이름을 영예롭게 하기에는 충분하지 못할 것이다. 왜냐하면 단순한 거부도 여전히 서술에 적합한 것일 수 있으며, 그 이름을 여전히 현전의 지평 내에 기입하기 때문이다 ── 이는 이름을 결핍에 관계시키기 때문에 마찬가지로 신성모독의 방식에 해당한다. 그 이름은 말해지지 말아야 한다. 이는 그 이름이 우리의 말함을 위해 주어지지 않았기 때문이 아니라 그 이름에 대한 모든 이름들을 비-지명하고 우리가 그 이름 안에 거주할 수 있도록 하기 위함이다.

그 이름 ── 우리는 그것을 말하지 않으면서, 그 이름을 말하고, 그것이 그 이름을 말하게 하고, 그것이 우리를 부름으로써, 그 안에 거해야 한다. 그 이름이 우리로 말미암아 말해지는 것이 아니며, 우리를 부르는 것이 바로 그 이름이다. 이 부름만큼 우리를 두렵게 만드는 것은 없다. "왜냐하면 […] 우리는 우리의 고유한 이름을 통해 그분을 지명하는 일을 무서운 일로 여기기 때문이다. 곧, '[…] 신께서는 모든 이름들 위의 이름이라는 선물을 주셨다' ──ὅτι φοβέρον ἡμιν ἡμετέροις αὐτόν ὀνόμασι προσφωνεῖν, ᾧ ἐχαρίσατο ὁ θὲος τὸ ὄνομα τό ὑπὲρ πᾶν ὄνομα."[77]

---

77) *Philippiens*, 2:9, dans Basile de Césarée, *Contre Eunome*, II, 8, *PG* 29, 585 b = ed. Bernard Sesboüé, *op. cit.*, p. 30.

# 출처

한 장을 제외하면, 이 책을 이루는 각 장들 ── 대체로 심도 있는 개정 작업을 거쳤다 ── 이 처음 간행되었던 텍스트의 출처는 다음과 같다.

1장: "L'autre philosophie première et la question de la donation", *Philosophie*, n° 49, mars 1996. 이후 다음 책에 완성된 원고가 실렸다. *Le Statut contemporain de la philosophie première*, ed. P. Capelle, Centenaire de la faculté de philosophie de l'Institut catholique (9 octobre 1995), Paris: Beauchesne, 1996.

2장: 이 글은 1999년 1월 29일 파리가톨릭대학교 철학과에서 조직한 학술회의에서 「사건, 현상과 계시된 것」(L'événement, le phénomène et le révélé)이라는 제목 아래 발표된 것이다. 이 글은 이후 다음 문헌에 수록되어 처음으로 출간되었다. *Transversalités*, Revue de l'Institut catholique de Paris, n° 70, Paris, avril-juin 1999.

3장은 이전에 간행된 적이 없다.

4장: 이탈리아 〈카스텔리 학회〉(1997년 1월 4~7일)에서 발표된 것으로 다음 문헌에 수록되었다. "La prise de chair comme donation du soi", ed. Marco M. Olivetti, *Incarnation, Archivio di Filosofia*, Rome, 1999.

5장: 1998년 9월 26일 독일 철학연구회에서 '보이지 않는 것의 가시성'(Die Sichbarkeit des Unsichtbaren)이라는 주제로 열린 학회(좌장: 루돌프 베르넷Rudolf Bernet, 루뱅 Leuven)에서 「얼굴, 끝없는 해석학」(Le visage, une herméneutique sans fin)이라는 제목으로 발표되었다. 이후 1999년 1월 3일 하버드대학교 잉거솔 강연에서 「The Face of the Other. An Endless Hermeneutics」라는 제목으로 발표되었다(*Havard Divinity Bulletin*, 28/3, Havard, 1999를 보라). 프랑스어 텍스트로 첫 번째로 선보인 것은 다음 문헌에서이다. *Conférence*, eds. Ch., C. Carraud, P. Blanc and F. Bouchet, n° 9, Meaux, Automme 1999.

6장: 1997년 9월 25일 빌라노바대학교에서 열린 학술대회에서 발표된 최초 원고는 다음과 같은 제목으로 처음 간행되었다. "In the Name: How to avoid speaking of 'Negative Theology'"("Response by J. Derrida" and "On the Gift: A discussion between Jacques Derrida and Jean-Luc Marion, moderated by Richard Kearney" 다음에 나옴), eds. John D. Caputo and Michaël J. Scanlon, *God, the Gift and Postmodernism*, Bloomington and Indianapolis: Indiana University Press, 1999. 프랑스어로는 처음에 다음과 같이 출간되었다. "Au Nom. Comment ne pas parler de 'théologie négative'", *Laval théologique et philosophique*, 55/3, Québec, 1999.

이 연구들을 다시 작업하고 재간행하도록 허락해준 해당 출판부 책임자들에게 다시 한 번 감사의 뜻을 전한다.

# 마리옹의 현상학적 모험
— 주어짐의 현상학과 포화된 현상의 발견

본서는 장-뤽 마리옹의 『과잉에 관하여: 포화된 현상에 관한 연구』*De surcroît: Études sur les phénomènes saturés*를 번역한 것이다. 2001년에 프랑스대학출판부Presses Universitaires de France에서 출간한 초판을 저본으로 삼아 번역했으며, 번역 작업 도중 2010년에 같은 출판사에서 카드리주Quadrige판이 출간되어 새롭게 추가된 '머리말'을 포함해 미세하게 교정된 부분을 발견해서 번역 작업에 모두 반영하였다. 마리옹에 관해서는 국내에서도 2000년대 초반부터 신학계와 철학계를 통해 미약하게나마 연구가 진행되었다. 하지만 마리옹에 관한 단행본으로는 필자가 쓴 『선물과 신비: 장-뤽 마리옹의 신-담론』(서울: 서강대학교출판부, 2015)이 유일하고, 몇몇 철학자와 신학자들이 그의 데카르트 연구나 현상학 연구, 그리고 신학적 작업을 파헤친 논문을 출간한 것이 국내 연구의 전부이다. 그 양이 많지는 않지만 이러한 결실들은 분명 소중한 것으로, 국내 프랑스 현상학과 마리옹의 논의를 도입하는 데 일정한 기여를 해왔다. 그럼에도 불구하고 마리옹의 작품이 아직까지 우리말로 단 한 권도 나오지 않은 탓에 그의 신선하고 탁월한 여러 주장들이 국내에서 더 포괄적으로 논의되고 있지 못한 것도 사실이다. 하지만 그의 현상학의 핵심을 보여주는 3부작 가운데 마지막 권인 본서가 출간됨으로 말미암아 마리옹의 철학에 접근할 수 있는 작은 길이 비로소 열리게 되었다.

본서에는 그의 현상학에서 가장 핵심적인 개념인 포화된 현상(사건, 우상, 살, 아이콘, 그리고 계시)에 대한 논의가 그의 철학에 대한 반론에 응답하는 형식을 취하면서 상세하게 나타나 있기 때문에, 마리옹의 현상학의 진수를 맛보고자 하는 이들의 갈증을 상당 부분 해소시켜줄 것이다. 특별히 이 책에는 앞서 언급한 포화된 현상들에 대한 과감한 현상학적 기술이 시도되고 있기 때문에, 마리옹의 철학 자체만이 아니라 현상학적으로 사유한다는 것이 무엇인지 감을 잡고자 하는 이들에게 중요한 통찰을 제시해줄 것으로 확신한다.

## 마리옹, 그는 누구인가?

세계적인 철학자로 명성이 자자하지만, 우리에게 마리옹이라는 이름은 인문학에 관심이 있는 이들에게조차도 여전히 생소한 상태로 남아있다. 이에 독자들의 이해를 돕기 위해 마리옹이 어떤 학자인지를 그의 학문적 이력을 중심으로 간략하게 소개해보고자 한다. 나는 이미 그의 생애와 이력을 『선물과 신비』 1장에서 상세하게 나타낸 바 있기에 여기서는 최소한의 정보만 전달하는 형식을 취할 것이다. 마리옹이라는 인물에 대해 더 깊이 이해하고자 하는 분들은 언급된 나의 책을 참조하면 좋겠다.

1946년 7월 3일 프랑스 파리 중심부에서 베르사유로 향하는 길목에 위치한 뫼동Meudon이라는 작은 마을에서 태어난 마리옹은 파리에서 가장 오래된 고등학교 중 하나인 리세 콩도르세Lycée Condorcet 시절부터 본격적으로 철학에 심취하기 시작하여, 당시 이 학교 철학 교사였던 장 보프레로부터 서양 형이상학을 하이데거의 시선으로 볼 수 있는 관점을 얻게 된다. 이후 낭테르대학교Université Paris Ouest Nanterre La Défense, 소르본대학교Sorbonne Université, 고등사범학교École Normale Supérieure에서 철학을 공부한다. 특별히 고등사범학교에서는 그 당시 학생들의 교수자격시험 준비를 도와주던 조교caïman 루이 알튀세르, 그리고 특별히 자크 데리다 등에게서 많은 것을 배웠고, 최종적으로 소르본대학교에서 데카르트 연구의 대가인 페르디낭 알키에Ferdinand Alquié의 지도 아래 1980년 박사학위를 취득한다. 이후 푸아티에대학교Université de Poitiers, 낭테르대학교 등에서 가르치다가 1996년에 소르본대학교에 철학 교수로 부임하면서 확고한 학계의 거장으로 자리 잡기 시작한다. 특별히 2004년부터 2010년까지는 폴 리쾨르의 후임으로 시카고대학교University of Chicago 존 누빈 석좌교수John Nuveen Professor로 재직하면서, 마리옹은 비단 프랑스어권만이 아니라 영어권에 이르기까지 폭넓은 명성을 얻기에 이른다.

특별히 2000년대 이후 그의 학문적 업적은 국제적으로 권위 있는 여러 기관을 통해 일종의 공식적 인증을 받기에 이르는데, 2008년 프랑스 학술원l'Académie française의 종신회원으로 선출된 것이 그 대표적인 예이고, 같은 해 하이델베르크 시와 하이델베르크대학교Ruprecht-

Karls-Universität Heidelberg에서 당대의 최고 사상가들에게 수여하는 카를 야스퍼스 상Karl-Jaspers-Preis을 받은 것 역시 중요한 업적으로 평가될 수 있다(이 상의 역대 수상자로는 에마뉘엘 레비나스, 한스-게오르그 가다머, 폴 리쾨르 등이 있다). 그리고 2014년에는 종교 관련 분야에서 큰 기여를 한 학자들을 선별해서 초청하는 기퍼드 강좌Gifford Lecture의 연사로 선정되어 영국 글라스고대학교에서 '주어짐과 계시'Givenness and Revelation(이 강연은 2016년 옥스퍼드대학교출판부에서 같은 제목의 책으로 간행되었다)라는 주제의 강연을 하기도 했다. 소르본대학교에서 은퇴한 다음에도 2011년부터 2016년까지 세계적으로 저명한 가톨릭 교육 및 연구기관인 파리가톨릭대학교Institut Catholique de Paris에서 도미니크 뒤바르Dominique Dubarle 석좌교수직에 올라 학생들을 가르쳤으며, 현재는 20세기 현대 신학의 한 페이지를 장식한 인물인 데이비드 트레이시David Tracy의 후임으로, 시카고대학교 신학대학원University of Chicago Divinity School의 앤드루 토머스 그릴리 & 그레이스 맥니컬스 그릴리Andrew Thomas Greeley and Grace McNichols Greeley 석좌교수로 여전히 왕성한 활동을 이어가고 있다.

## 마리옹의 세 가지 철학적 야심:
## 데카르트 철학의 재해석, 주어짐의 현상학, 그리고 신학의 갱신

그럼 이제부터 마리옹이 도대체 어떤 작업을 했기에 당대의 가장 주요한 철학자 중 한 사람으로 인정받게 되었는지 알아보자. 그의 연구 방향은 크게 세 가지로 분류될 수 있을 것이다. 하나는 프랑스 고유의 데카르트 해석 전통과 하이데거, 그리고 현상학의 영향 아래 데카르트와 근대철학의 역사를 새롭게 해석하는 작업이 있다. 특별히 데카르트를 위시한 서양 근대 형이상학의 존재-신론적 성격을 밝혀내고, 아리스토텔레스의 형이상학 및 중세 형이상학과 차별화되는 데카르트의 기획의 독특성을 드러낸 것이 이 작업의 근간을 이룬다. 더 최근에는 데카르트에게 수동적 정념과 신체성의 의미를 부각시켜 데카르트에 대한 오래된 심신 이원론적 해석을 탈피하려는 새로운 시도를 감행하기도 했다. 그다음으로 마리옹의 독창성을 잘 보여주는 주어짐의 현상학이 있다. 이는 그동안의 현상학이 주어짐을 순수하게 환원하기보다 대상성(후설)이나 존재사건(하이데거)과 같은 매개로 환원시켰다는 문제의식 아래 오직 순수한 주어짐으로 환원된 현상의 현상성이 어떻게 작용되는지를 논증하고 기술하는 일련의 현상학적 시도를 의미한다. 마지막으로, 신에 대한 새로운 이해를 시도하는 작업이 있다. 이것은 하이데거의 존재신론 비판과 더불어 전통 신비신학 및 1960년대 전후 앙리 드 뤼박Henri de Lubac과 이브 콩가르Yves Congar 같은 뛰어난 가톨릭 신학자들이 주도한 '새로운 신학'nouvelle thologie 운동의 영향을 받아 서구 신-담론의 존재신론적 담론을 해체하여, 탈-형이상학적인 신-담론이 어떻게 가능한지를 보여주는 작업이다. 이 주제에 대한 그의 주저인 『존재 없는 신』*Dieu sans l'être*의 제목이 잘 보여주듯이, 그는 전통 형이상학의 존재 규정이나 개념화 작업을 신을 그 자체로 나타내는 것이 아닌 우상숭배로 간주하며, 그러한 규정성 너머에 있는 존재와 다른 신의 자리를 확보하는 데 전념한다. 나는 2017년 8월 말에 벨기에 루뱅대학교KU Leuven에서 열린 '아카데미에서의 신앙'Faith in the Academy 콘퍼런스에서 주강사로 초청된 마리옹의 특강을 이틀간 들을 기회를 가졌었는데, 그 당시 그의 발표주제는 「내가 말할 수 있는 한 에서: 학문적 중립성의 한계 안에서의 신앙과 신학」As Far as I Can Say - Faith and Theology Within the Limits of Academic Neutrality이었다. 제목에서 보이는 것처럼, 이 자리에서 그는 학문적 중립성이 요구되는 학계에서 어떻게 중립적이지 않은 신앙과 신학을 논의할 수 있는지에 대한 논의를 전개했다. 그는 신학 역시 학문의 장에서 논의되기 위해서는, 그것이 아무리 특수한 학문이라 하더라도 논증을 통해 보편성을 추구해야 하지만, 또한 신학은 불가능한 것을 다루는 학문이기에 이성이나 체계의 가능한 한계에 갇힐 수 없음을 잊지 말아야 함을 강조했다. 이처럼 그의 최근 관심은 그가 평생 욕망한 신앙과 신학에 초점이 맞춰지고 있는 것 같다. 하지만 이러한 그의 신학의 밑바탕에는 역시나 그의 철학에서의 가장 큰 기여인 주어짐의 현상학이 자리하고 있음에 주목해야 한다.

## 주어짐의 현상학과 『과잉에 관하여』

『환원과 주어짐: 후설, 하이데거, 그리고 현상학에 관한 연구』Réduction et donation: Recherches sur Husserl, Heidegger et la phénoménologie, 『주어진 것: 주어짐의 현상학에 관한 논고들』Étant donné: Essai d'une phénoménologie de la donation과 더불어 현상학 3부작의 마지막 권에 해당하는 본서『과잉에 관하여』는 바로 그러한 주어짐의 현상학의 요체를 상당 부분 드러낸다. 본서의 내용을 간략하게 소개하기 전에 다른 두 권보다 이 책을 먼저 번역한 것에 대한 변명을 해야겠다. 여기에는 몇 가지 이유가 있다. 하나는 분량이 셋 가운데 가장 적고 마리옹 특유의 엄청난 각주를 동반한 난해한 서술이 다른 두 권에 비해 조금이나마 덜하다는 것이 그 이유이다. 바로 이런 특색 때문에 마리옹을 공부해보고자 하는 대부분의 독자들에게는 본서가 그나마 가장 쉬운 시작점이 될 수 있다. 다음으로, 더 중요한 이유는 본서가 마리옹의 현상학에서 가장 중요한 개념적 발견으로 간주될 수 있는 '포화된 현상'에 대한 논의를 담고 있다는 점이다. 물론 이 개념은 『주어진 것』에서도 다루어지고 있지만, 거기서의 논의는 여전히 해석학적이고 개념 분석적인 색채가 강하게 스며들어 있다. 이에 비해 『과잉에 관하여』는 해당 개념에 대한 더 상세한 현상학적인 기술을 시도한다는 점에서 독특한 위치를 점한다. 이런 점에서 독자들은 본서를 통해서 마리옹이 자신의 주어짐의 현상학의 핵심으로 제시하는 해당 개념에 대한 풍부한 이해를 얻을 수 있을 것이다. 세 번째로, 본서는 그의 현상학 3부작의 마지막 작품이라는 특성 탓에 앞선 두 권의 내용이 요약적 형태로 잘 반영되어 있다. 이런 점에서 3부작의 마지막에 놓인 이 책이 역설적으로 그의 현상학으로 진입하기 위한 첫 관문으로 적절한 측면을 갖고 있다. 이상이 3부작을 비롯한 그의 현상학적 저술 가운데 본서를 가장 먼저 번역하기로 결정한 동기가 되었다. 다만 그의 현상학에 담긴 세밀한 논증들을 모두 이해하려면 앞선 두 권을 반드시 독파해야 한다. 그중에서도 『주어진 것』은 현상학적 운동의 역사 속에 길이 남을 역작인데, 언젠가 그 책을 우리말로 선보일 수 있기를 고대한다.

일단 『과잉에 관하여』를 다루기 전에 이 책의 주제적 배경이 되는 주어짐의 현상학을 간략하게 살펴보자. 이미 언급한 대로, 마리옹의 현상학 3부작의 다른 두 작품은 『환원과 주어짐』, 『주어진 것』이다. 첫 번째 책에서 마리옹은 후설과 하이데거가 어떻게 현상으로서의 주어짐 자체를 자신들의 철학에서 은폐시켰는지를 밝힌다. 그에 의하면, 후설의 경우, 현상의 주어짐이 현상의 본질적 의미로서의 대상성에 대한 파악의 차원으로 후퇴하고, 하이데거에게서 주어짐은 궁극적으로 현상 그 자체의 도래가 아닌 현존재의 실존론적 이해의 장이나 존재사건Ereignis의 장 안에서만 그 의미가 온전히 드러날 수 있는 존재사건에 종속된 계기로 전락한다. 그렇기 때문에 마리옹은 현상 자체의 권위를 온전히 인정하기 위해서 대상성이나 현존재의 이해 지평 내지 존재사건으로의 환원이 아닌 순수한 주어짐 그 자체로 돌아가는 작업이 필요하다고 주장한다. 그리고 이 작업을 위해 그는 일단 '환원만큼, 바로 그만큼의 주어짐'이라는 현상학적 원리에 대한 규정을 제시하며 해당 논의를 마무리한다. 마리옹의 이러한 해석이 후설과 하이데거의 철학을 일면 단순화한 것일 수도 있지만(그럼에도 후설과 하이데거의 텍스트에 대한 그의 분석은 놀라울 정도로 치밀하다), 주어짐 자체를 특권화하는 것이 현상학의 참된 목적 가운데 하나라면, 이 시도는 우리에게 나타나고 주어지며 자신을 내보여주는 현상 자체의 지위를 그 누구보다 더 철저하게 격상시키기 위한 준비작업이라는 점에서, 그것은 분명 현상학의 새 장을 열기 위한 서막이었다. 실제로 마리옹보다 조금 앞선 세대의 또 다른 탁월한 현상학자 미셸 앙리 역시 '환원만큼, 바로 그만큼의 주어짐'을 현상학의 역사 가운데 등장한 가장 중요한 네 가지 원리 가운데 하나라고 인정한 바 있다.

이런 사전작업을 기반으로 삼아 두 번째 책 『주어진 것』에서 마리옹은 본격적으로 자신의 고유한 현상학으로서의 주어짐의 현상학을 개진한다. 여기서 그는 현상학적 원리에 대한 규정을 반복하고, 자신이 내세운 규정을 따라 '환원된 주어짐'에 대한 더 새로운 이해를 제안하는데, 그것이 바로 '순수한 주어짐/주어진 것으로의 환원'이다. 현상학은 주어짐 그 자체만이 고유한 것이라고 주장하는 데 그치는 철학이 아니라 개념화나 서술적 규정에 앞서 우리에게 주어지고 나타나는 바로 그것을, 사태 그 자체로 나타나게 하는 작동 방식을 규명하는 작업이다. 그래서 주어진 것으로서의 현상 자체를 드러내는 방법적 조치 내지 작용을 보통 현상학에서는 환원이라고 부른다. 이런 점에서 마리옹은 현상학적 사유에서는 환원이 없이는 주어짐이란 결코 나타나지 않는다고 본다. 그렇다면 이 맥락에서 우리는 대상성이나 존재사건이 아닌 주어짐 자체를 특권화하고 절대화하기 위한 방편으로서의 '순수한 주어짐/주어진 것으로의 환원'이 대체 무엇을 말하는지 물어야 한다.

마리옹은 이 환원을 설명하기 위해 선물의 모형을 제시한다. 그는 선물이 가진 특성, 곧 누군가에게 어떤 것을 **줌/받음**이라는 특성을 고려할 때, 경제적 교환체계로 소급되지 않는 순수한 줌으로서의 선물이 가능하다면, 순수한 현상의 환원 역시 가능할 것이라는 논지를 편다. 왜냐하면 현상 역시 줌과 받음의 작용 속에 우리에게 주어지고 나타나기 때문이다. 결론만 말하자면, 마리옹은 이른바 삼중의 환원, 곧 주는 자의 괄호침, 받는 자의 괄호침, 선물의 대상성에 대한 괄호침을 통해 순수한 선물이 가능하다고 주장한다. 선물을 받는 입장에서 주는 자가 누구인지 알려지지 않는다면, 그것은 어떤 보상 내지 보답의 체계를 벗어날 수 있다. 또한 주는 자의 입장에서 받는 자가 선물을 선물로 받지 않는다면, 혹은 선물을 받을 자가 알려지지 않거나 받은 자가 선물을 받았는지도 모른다면 거기서 어떤 보답도 나올 수 없을 것이다. 더나아가 선물이 어떤 교환가치를 지닌 경제적 대상성을 벗어난다면, 선물과 관련해서 무엇인가를 계산하여 주고받는 일은 일어나지 않을 것이다. 과연 이런 사태가 단번에 동시다발적으로 일어날 수 있는지 의문이지만, 그럼에도 불구하고 마리옹이 제안한 이론은 선물 이론에서나 주어짐에 관한 이론에서 상당한 시사점을 갖는다. 이것이 비록 일차적으로 순전한 사고실험에 불과하다고 하더라도, 선물과 관련해서, 데리다가 사유한 선물의 불가능성을 넘어 가능성으로의 길을 제안했다는 점에서 우리는 그 유의미함을 인정할 수 있다.

이처럼, 순수한 선물의 현상성을 기반으로 삼아 순수한 주어짐을 발견할 수 있는 가능성을 수립한 다음, 마리옹은 순수한 주어짐이 내포하는 기본적인 특징들, 이를테면 왜상anamorphose, 예기치 않은 도래 arrivage, 기정사실fait accompli, 우연적인 일incident이라는 성격을 기술한다. 주어짐으로서의 현상이 다른 어떤 것에 의존하지 않고 주어질 경우 그것은 나의 시선으로 소급되거나 나의 체험지평 안에서 변형되기를 거부한다. 이런 점에서 현상은 나의 관점을 거부하고, 내 관점이 주어진 것에 입각해서 변형되어야 자신을 볼 수 있게 허용해준다는 점에서 왜상효과를 함축한다. 또한 순수한 주어짐으로서의 현상은 나의 체험지평으로 환원되지 않는 것이므로 주체의 예상이나 기대를 벗어난다. 이런 점에서 순수한 현상의 현상성은 나에게 불시에, 예기치 않게 도래하는 성격을 갖는다. 이와 더불어 그것은 기정사실이다. 왜냐하면 주어진 현상은, 어떤 다른 변형을 더 거쳐야 하는 감각자료나 감성에 수용된 어떤 것이 아니기 때문에, 더 이상의 철학적 변형이나 근거 제시나 발생 원인을 제시할 필요가 없는 그 자체가 완전하게 성취된 하나의 사실이기 때문이다. 만일 현상이 형이상학적 체계성을 부과받거나 개념화를 거쳐야 하는 것이라면 그때의 현상은 그저 어떤 원인에 뒤이어 나온 결과에 불과한 것이지 더 이상 사태 그 자체로서의 주어진 것이 되지는 못할 것이다. 마지막으로, 그것은 우연적인 일이다. 이것은 마리옹이 현상의 성격에 그 어떤 형이상학적 대상 규정도 거부하기 위해 제안한 것이다. 전통 형이상학에서 우연적인 일, 우연적인 것에 해당하는 것은 언제나 비-존재로 간주된다. 이를테면 하양이란 속성은 하양 그 자체로 존재하는 것이 아니라 존재에 부속해서 우연적으로만 말해진다. 물론 마리옹의 현상이 그런 속성과 같은 것일 수는 없다. 여기서 마리옹은 우연적 속성에 비-존재로서의 위상이 부과되는 것처럼, 존재자라는 대상적 규정성을 갖지 않는 사태로서의 순수한 현상의 현상성은 우연적 사태로 간주될 수 있다고 말하는 것이다. 이런 점에서 마리옹이 의도하는 우연적 일이란 사건으로서의 함의를 갖는다. 다만 그것은 존재사건과 같은 큰 사건이 아니라 존재론적 규정성에 앞서 우리에게 끊임없이 나타나고 주어지는 특성을 가진다는 점에서 작은 사건으로서의 우연적 일이라 할 것이다.

　　여기서 우리는 한 가지 의문을 제기할 수 있다. 과연 모든 현상이 이런 특성을 가진다는 말인가? 우리에게는 그냥 단적으로 판단될 수 있는 소박한 현상들이 있지 않은가? 이런 식의 물음에 답하기 위해 마리옹은 지금까지 서술한 기본 특징에 더하여 주어짐/주어진 것으로서의 현상이 언제나 동일한 등급, 동일한 수준에서 주어지지 않는다는 점을 강조한다. 우선 그는 수학적 형식이나 범주적 직관과 같이 감각적으로 체험될 수 없는 일련의 현상을 직관상에서 빈약한 현상이라고 부른다. 또한 상품이나 기술체계 안에서 주어지는 것들에 대해 공통현상이라는 이름을 부과한다. 이 두 차원은 모두 우리에게 주어지긴 하지만 어떤 표준적인 체계성이나 개념성을 반드시 거부하지는 않는다. 하지만 마리옹은 어떤 표준적 틀을 벗어난 채로, 곧 개념과 직관의 불일치 때문에 도저히 파악 불가능한 현상의 층위가 있다고 주장하는데, 이 점을 강조하기 위해 그가 벼리어낸 개념이 바로 다름 아닌 '포화된 현상'이고, 이것이 현상학자 마리옹의 사유의 모험이 성취해낸 가장 탁월한 발견이다.

마리옹이 포화된 현상에 대한 연구를, 본서 『과잉에 관하여』에서만 다룬 것은 결코 아니다. 이미 이 현상의 이론적 가능성에 관해서는 1992년에 발표되어, 이후 미셸 앙리, 폴 리쾨르 등과 함께 쓴 『현상학과 신학』*Phénoménologie et Théologie*(Paris: Critérion, 1993)이란 책에 수록된 「포화된 현상」Le phénomène saturé에 상세하게 서술되어 있다. 여기서 마리옹은 전통 현상학이 "내용 없는 사고는 공허하고 개념 없는 직관은 맹목이다"라고 한 칸트의 인식론을 따라 현상을 대상화시키려고 했다고 본다. 현상학에서는 분명 직관이 인식의 권리원천으로 간주되긴 하지만, 그 직관은 언제나 자아의 체험지평 안에서 지향적으로 충족되어야 할 직관으로 다루어진다. 이것은 전통 진리론에서의 진리 규정인 '사물과 지성의 일치'adaequatio rei et intellectus라는 도식을 따르는 후설 현상학의 한계인데, 후설은 그러한 일치이론으로서의 진리관을 지향과 충족의 쌍개념을 통해 나타낸 것이다. 마리옹은 이것이 바로 후설 역시 칸트 인식론의 기본 원리를 크게 벗어나지 못하는 이유라고 본다. 또한 그는 지향된 대상이 직관에 자신을 남김없이 내어주는 절대적이고 완전한 충전성의 성취를 칸트적 의미에서의 이념과 같은 것으로 간주한다. 그것은 우리의 사유를 규제하지만 구성할 수는 없는 일종의 사유의 규준에 불과하다. 왜냐하면 우리의 지각체험은 우리에게 나타나고 주어지는 것을 신적 직관이 수행하는 것처럼 단번에 포괄해내지 못하기 때문이다. 이런 점에서 절대적인 충전성은 우리의 직관의 유한성을 넘어 주어진 것의 직관의 초과로 인해 결코 완벽하게 이루어질 수 없다. 이에 마리옹은, 결코 우리에게 직관적으로 충족되지 않는, 지향과 충족, 개념과 직관의 불일치를 일으키는 직관의 과잉으로 인해 개념 저편의 의미를 일으키는 현상을 직관상에서 포화된 현상이라고 정의한다. 요컨대, 우리의 지향적 파악 작용보다 더 큰, 더 많은 의미를 동반하는 것이 포화된 현상의 주어짐이고, 여기에 반응하는 우리의 작용은 개념적 파악이 아니라 그러한 주어짐에 대한 놀람과 경탄이다.

마리옹은 이러한 포화된 현상의 가능성을 이론적으로 정립해내는 데 그치지 않고 그 실제적 유형까지 제시한다. 그는 그 유형을 기본적으로 사건(역사적인 또는 일상적인 일의 일어남), 우상(회화), 살(나의 살의 자기-촉발), 아이콘(타인의 얼굴)이라는 네 가지로 제시하며, 이 네 가지 유형의 특징을 모두 아우를 수 있는 포화된 현상의 가장 탁월한 범례를 계시 현상이라고 규정한다. 본서에서는 다름 아닌 이 네 가지 유형에 대한 구체적 기술이 이루어지고, 이와 더불어 「포화된 현상」이나 『주어진 것』에 쏟아진 비판적 반응에 대한 응답을 곳곳에서 (명시적으로나 암시적으로) 제시한다. 마리옹에 의하면, 사건은 양에서, 우상은 질에서, 살은 관계에서, 아이콘은 양태에서 각기 직관의 초과 내지 과잉을 동반하고, 계시는 이 모든 초과를 모두 동반한다. 이것이 대체 무엇을 뜻하는지 하나하나 짚어보자.

본서에서 마리옹은 이러한 포화된 현상이 절대로 특수한 체험 영역에서만 이루어지는 것이 아니라 흔하게 일상적으로도 나타날 수 있는 것이라고 주장한다. 우선 사건의 경우 역사적으로 기록되는 거대한 사건만이 아니라 어떤 연설이나 학술회의처럼, 보통 우리가 경험할 수 있는 사건까지도 포화를 일으키는 주어짐/주어진 것이 된다. 마리옹이 본문에서 말하듯이, 우리가 학술회의에 참여할 때, 해당 행사의 주제를 미리 알고 있거나 사회자, 발제자, 논평자, 장소에 대한 정보를 사전에 입수했다고 해도, 실제로 거기서 일어나는 일 자체를 전부 예상하고 파악할 수는 없다. 그 일어나는 일의 직관의 양은 우리의 체험지평을 전부 범람해버리는 것이다. 우상, 곧 그림 내지 회화의 현상은 그 색채와 면에서 뿜어져 나오는 질감의 강도에서 우리에게 경이 내지 경탄을 일으킨다. 우상으로서의 회화가 나타날 때, 우리는 그것을 단변에 포착할 수 없다. 어떤 작품을 본다고 할 때, 우리는 액자라는 제한된 틀 안에 갇혀있는 그것을 마치 나의 시선 아래 포착하려고 이러저러하게 시도할 수 있다. 하지만 우리를 압도하는 작품들, 특별히 마리옹이 예시로 들고 있는 마크 로스코의 색면추상 예술에 입각한 작품들은 우리의 시선을 그 색의 질감으로 교란시키고 사로잡는 가운데 나의 시선으로 견뎌낼 수 없는 것들을 선사한다. 그 작품은 어떤 주제화나 개념화로도 완전히 이해되지 않은 채 색과 면의 질감이나 성질의 강도로서 우리의 자아를 능동적 구성자가 아닌 수용자로 만든다. 살은 관계에서 포화한다. 여기서 관계의 포화란 모든 관계로부터의 사면을 가리킨다. 그 대표적인 예가 살, 그것도 나의 살의 자기-촉발이다. 측정 가능한 이론적 관조의 대상이 될 수 있는 물리적 신체의 변화만으로는 설명되지 않는 나의 살의 변화(이를테면 나이 듦을 통한 변화), 나의 살에 가해지는 쾌락, 고통은 절대 타인이 대신 느껴줄 수 있는 것도 아니고 외부의 어떤 기준을 통해 수치적으로 개념화할 수 있는 것도 아니다. 물론 우리는 살의 변화를 생체리듬의 순환이나 변경의 도식 아래 측정할 수 있다. 하지만 그 측정은 신체를 물리적으로 대상화하는 경우에만 가능하다. 하지만 다른 어떤 것보다도, 의식적으로나 무의식적으로, 그리고 직접적으로 느껴지는 살의 변화와 체험은 측정을 거부한 채, 어떠한 관계의 유비도 거부한 채 오지 나의 것으로만 일어난다. 바로 이런 점에서 살의 체험은 다른 어떤 관계로 환원되기를 거부한 채 오직 나에 의해서 나에게만 느껴지는, 나를 촉발시키고 나에게 어떤 일을 겪는 살을 가진 나를 주는 주어짐의 현상이다. 아이콘과 관련해서, 마리옹은 그것을 타인의 얼굴로 이해한다. 레비나스의 영향이 크게 느껴지는 이 포화된 현상의 유형은, 우리의 시선을 보이는 것에서 보이지 않는 것으로 이행시키는 힘으로 작용한다. 한 예로 레비나스가 말한 타인의 얼굴의 절대적 현현은 일단 눈에 보이는 시선으로 주어진다. 하지만 그것은 단지 시선을 통한 포착으로 의미가 충족되는 현상이 아니다. 그것은 오히려 다음과 같은 일종의 목소리로서의 윤리적 명령을 전달하며 주어진다. "너는 나를 죽이지 말라." 이 윤리적 요구 앞에 아이콘을 받아들이는 나는 보이는 것에 동반된 보이지 않는 어떤 명령을 따라 반응할 수밖에 없고, 바로 이 점에서 아이콘의 현상은 주체의 어떤 판단작용이나 인식능력에도 종속되지 않는다. 다시 말해 아이콘은 칸트가 제시하는 양태의 범주에서 포화를 일으킨다. 칸트에게 양태는 대상을 판단하기 위한 규정성으로서의 가능성, 현실성, 필연성을 뜻한다. 그런데 이 가능성, 현실성, 필연성은 각각 인식 주체의 경험의 일반 조건, 지각, 지각들의 연관이 일어날 때 얻어지는 규정성이다. 이런 규정성들이 경험의 조건이 된다는 것은 다른 말로 하면 경험이 저러한 판단에 종속된다는 것을 뜻한다. 그런데 타인이 이런 판단에 종속되지 않은 채로 도덕적 명령을 부과한다면, 그 아이콘으로서의 타인의 얼굴은 사실상 우리의 인식작용을 넘어 나타나는 것이 된다. 여기서 주의할 것은 마리옹의 아이콘이 레비나스의 얼굴과 일견 유사하게 보여도 같지 않다는 것이다. 왜냐하면 마리옹은 이 타인의 얼굴이라는 아이콘을 단지 윤리적인 것으로만 국한시킬 필요가 없다고 보기 때문이다. 타인의 얼굴은 어떤 경우에는 나를 따라 믿음의 세계로 들어오라는 종교적 명령으로, 다른 경우에는 나를 사랑해달라는 에로틱한 명령으로도 주어질 수 있다. 이런 점에서, 타인의 얼굴은 우리에게 끝없는 해석학을 요구하기에, 마리옹에게 이 아이콘의 의미는 레비나스보다 더 넓게 확장된 채로 사고되고 있음을 알 수 있다.

　이러한 포화된 현상의 네 유형에 대한 정립을 기반으로 삼아 마리옹은 계시 현상에 대해 논한다. 이것은 사건, 우상, 살, 아이콘의 특징을 모두 아우르는 것인데, 본서에서 마리옹은 계시 현상에 관한 구체적 진술을 담기보다, 계시 현상의 신비가 현전의 형이상학이 아닌 신비신학과 공명하는 포화된 현상이라는 점을 입증하는 데 초점을 맞춘다. 이것은 데리다가 부정신학을 겨냥하여 가한 비판에 응답해야 할 책임에서 비롯된 논의이다. 데리다나 다른 학자들로부터 부정신학으로 기울어졌다는 평가를 받아온 마리옹은, 데리다의 현전의 형이상학 비판과 부정신학 비판이 계시 현상의 신비, 곧 존재론적 진술을 넘어선 신비에 대한 탈-형이상학적 성격을 주목하지 않은 결과라고 역으로 비판한다. 존재 저편에서 도래하는 것, 또는 존재와 다른 것으로서의 계시는 우리에게 현전으로 주어지거나 존재론적 진술을 일으키는 사태가 아니라 어떤 이름으로도 지명할 수 없는, 비-지명의 당혹감을 선사함으로써 역설적으로 우리에게 탈-형이상학적 반응을 일으키는 탁월한 포화된 현상이다. 여기서 말하는 반응이 바로 찬양과 기도이다. 독자들은 이를 두고 지나치게 신학으로 기울어져 버린 것이 아니냐고 비판할 수 있다. 하지만 부정신학 역시 변형된 형이상학에 불과하다는 데리다의 비판에 맞서, 계시가 초래하는 탈-형이상학 반응의 공간을 냈다는 점은 높이 평가할 수 있다. 마리옹이 강조하는 찬양과 기도는 신비적인 계시 현상에 대한 우리의 반응이다. 여기서 찬양과 기도를 단순히 존재론적 진술이나 개념화라고 할 수 있는가? 적어도 마리옹에게서 신비에 대한 반응에서 나타나는 찬양과 기도는 형이상학 내지 존재신론의 신의 이름으로서의 자기원인이라는 개념적 진술과는 전적으로 다르다. 그것은 우리의 체험지평으로 환원되지 않는 어떤 신비에 대한 경탄이자 존재 저편의 대화이다. 이런 점에서 형이상학적 언어의 전형성을 벗어난 어떤 새로운 현상의 주어짐의 공간이 바로 신비적 계시의 주어짐에서 비롯한다. 물론, 여전히 이것은 너무 신학적이고, 너무 초월적으로 보인다. 하지만 우리에게 주어지는, 이미 성취된 기정사실로서의 현상은, 후설부터 지금에 이르기까지 결코 진술이나 증명의 대상이 아니라 기술의 대상으로 다루어져왔다. 이런 점에서 계시가 현상학적 사실성의 영역에 있다면, 그것을 굳이 신학이라는 영역으로 밀어낼 이유는 없다. 그것 역시, 철학 곧 현상학의 기술을 위한 주제이기 때문이다. 마리옹이 계시를 통해 탐사하려고 하는 것이 바로 이 신비적 현상의 영역이고, 이는 오늘날에도 여러 현상학자들이 기술하고 개척하려 하는 금맥처럼 여겨지기도 한다.

지금까지 제한적이긴 하지만 독자들의 이해를 돕기 위해 본서에 앞서 형성된 마리옹의 현상학을 간략하게 개괄하고 본서의 핵심 내용을 또한 간추려서 전달해보았다. 마리옹에 관한 더 풍부한 논의로는 필자의 『선물과 신비』를 참조할 수 있다. 또한 향후 비록 단언할 수는 없지만, (바라건대) 필자의 손을 거쳐 번역될 다른 마리옹의 저술들을 통해 더 깊은 담론이 형성되길 기대한다. 마지막으로 본서의 출간과 관련해서 도움을 주신 많은 분들에게 감사를 드린다. 무엇보다 그린비 출판사의 인내와 헌신에 감사드린다. 이 작업을 마무리하기 위해 5년 넘는 시간을 쏟았는데, 이는 출판사에 큰 부담을 주는 일이다. 하지만 본 출판사는 이런 역자의 게으름과 잘못을 감내해주었고, 결국 이 책을 세상에 선보이게 해주었다. 출판사 편집부에도 큰 감사의 말을 전한다. 마리옹의 난해한 문장과 여러 차례 등장하는 그리스어와 라틴어 사용, 무엇보다 역자의 졸역을 감당하느라 큰 고생을 하셨다. 마지막으로, 항상 내 시선을 역으로 규정하며 명령하는 두 고양이 선생 폴리와 주디, 그리고 어떤 특별한 이익을 창출하는 것이 아님에도 나의 작업의 가치를 인정해주고 늘 사랑과 헌신의 신비를 몸소 보여주는 아내 김행민 님에게 각별한 감사의 말을 건네고 싶다. 그녀의 사랑과 헌신은 직관을 초과하는 사건으로 늘 나에게 주어지고 있다.

2020년 1월 어느 날

김동규

# 지은이/옮긴이 소개

## 지은이 장 뤽 마리옹

1946년 프랑스에서 태어난 마리옹은 리세 콩도르세(Lycée Condorcet) 시절부터 철학에 심취하기 시작하여, 당시 이 학교 철학 교사였던 장 보프레로부터 서양 형이 상학을 하이데거의 시선으로 볼 수 있는 관점을 배운다. 이후 낭테르대학교, 소르본 대학교, 고등사범학교에서 철학을 공부한다. 고등사범학교에서는 그 당시 학생들 의 교수자격시험 준비를 도와주던 조교 루이 알튀세르, 그리고 특별히 자크 데리다 등에게서 많은 것을 배웠고, 최종적으로 소르본대학교에서 데카르트 연구의 대가 인 페르디낭 알키에의 지도 아래 1980년 박사학위를 취득한다. 이후 푸아티에대학 교, 낭테르대학교 등에서 가르치다가 1996년 소르본대학교에 철학 교수로 부임하 면서 학계의 거장으로 자리 잡기 시작한다. 특히 2004년부터 2010년까지 폴 리쾨르 의 후임으로 시카고대학교의 존 누빈(John Nuveen) 석좌교수로 재직하면서, 프랑 스어권만이 아니라 영어권에 이르기까지 폭넓은 명성을 얻기에 이른다. 2008년에 는 프랑스 학술원의 종신회원으로 선출되었고, 카를 야스퍼스 상을 받았다. 2011년 부터 2016년까지는 세계적으로 저명한 가톨릭 교육 및 연구 기관인 파리가톨릭대 학교에서 도미니크 뒤바르(Dominique Dubarle) 석좌교수직에 올라 학생들을 가르 쳤으며, 현재는 20세기 현대 신학의 한 페이지를 장식한 데이비드 트레이시(David Tracy)의 후임으로, 시카고대학교 신학대학원의 앤드루 토머스 그릴리&그레이스 맥니컬스 그릴리(Andrew Thomas Greeley and Grace McNichols Greeley) 석좌교 수로 여전히 왕성한 활동을 이어가고 있다.

주요 저서로 『환원과 주어짐』, 『주어진 것』, 『과잉에 관하여』의 현상학 3부작이 있으 며, 이외에도 『우상과 거리』, 『존재 없는 신』 등이 있다.

## 옮긴이 김동규

총신대학교에서 신학을 공부하고, 서강대학교 대학원 철학과에서 폴 리쾨르 연구로 석사학위를, 마리옹과 리쾨르의 주체 물음에 관한 연구로 철학박사학위를 받았다. 또한 벨기에 루뱅대학교(KU Leuven) 신학&종교학과에서 마리옹의 계시 현상에 관한 연구로 석사학위를 받았다. 옮긴 책으로는 피에르 테브나즈의 『현상학이란 무엇인가』(그린비), 에마뉘엘 레비나스의 『탈출에 관해서』(지만지), 『후설 현상학에서의 직관 이론』(그린비), 폴 리쾨르의 『해석에 대하여: 프로이트에 관한 시론』(공역; 인간사랑), 재커리 심슨의 『예술로서의 삶』(공역; 갈무리), 메롤드 웨스트팔의 『교회를 위한 철학적 해석학: 누구의 공동체? 어떤 해석?』(도서출판 100) 등이 있다. 지은 책으로는 『미술은 철학의 눈이다』(공저; 문학과지성사), 『프랑스 철학의 위대한 시절』(공저; 반비), 『선물과 신비: 장-뤽 마리옹의 신-담론』(서강대학교출판부)이 있고, 이외에 현상학, 해석학, 종교철학에 관한 다수의 연구논문이 있다. 2019년 현재 서강대학교 생명문화연구소 연구원, 인문학&신학연구소 에라스무스의 운영위원으로 일하고 있으며, 네덜란드 암스테르담 자유대학교(VU Amsterdam)종교&신학과 박사과정에서 현대 유럽대륙철학과 종교철학, 종교 간 대화 문제 등을 연구하고 있다.

철학의 정원 034

**과잉에 관하여 : 포화된 현상에 관한 연구**

**발행일** 초판1쇄 2020년 2월 20일 | **지은이** 장 뤽 마리옹 | **옮긴이** 김동규

**펴낸곳** (주)그린비출판사 | **펴낸이** 유재건 | **주소** 서울시 마포구 와우산로 180, 4층

**주간** 임유진 | **편집·마케팅** 방원경, 신효섭, 이지훈, 홍민기 | **디자인** 권희원

**경영관리** 유하나 | **물류유통** 유재영, 이다윗

**전화** 02-702-2717 | **팩스** 02-703-0272 | **이메일** editor@greenbee.co.kr | **신고번호** 제2017-000094호

ISBN 978-89-7682-999-3 93100

이 도서의 국립중앙도서관 출판예정도서목록(CIP)은 서지정보유통지원시스템(http://seoji.nl.go.kr)과 국가자료종합목록구
축시스템(http://kolis-net.nl.go.kr)에서 이용하실 수 있습니다.(CIP제어번호: CIP2019050004)

철학과 예술이 있는 삶 **그린비출판사**